Performance Humana
Saúde e Esporte

Performance Humana
Saúde e Esporte

Idico Luiz Pellegrinotti

Professor de Educação Física – UNIMEP
Mestre em Ciências - FOP –UNICAMP
Doutor em Ciências Biológicas - Anatomia Humana – UNESP – Botucatu/SP
Professor Adjunto - aposentado – do DCE – FEF – UNICAMP
Professor de Graduação e Pós-Graduação em Educação Física – FACIS -UNIMEP

Tecmedd®

**CIP - Brasil Catalogação na Publicação
Câmara Brasileira do Livro, SP.**

Copyright ® 2003 - *Tecmedd Editora*.

É proibida a duplicação ou reprodução deste volume, no todo ou em parte, sob quaisquer formas ou por quaisquer meios (eletrônico, mecânico, gravação, fotocópia, distribuição na web e outros), sem permissão expressa da Editora.

2004

PRODUÇÃO EDITORIAL

PRODUÇÃO EDITORIAL
Diretor Responsável - José Roberto M. Belmude
Coordenação Científica - Ídico Luiz Pellegrinotti
Projeto Gráfico, Editoração e Laser Filme - Jean Carlos Barbaro
Capa - José Roberto Maronato Belmude

ISBN 85-8665030-7

Reservado todos os direitos de publicação, em língua portuguesa, à:

**Tecmedd® Editora
Matriz:**
Av. Maurílio Biagi, 2850 – City Ribeirão
14021-000 – Ribeirão Preto – SP
Fone: (16) 3993-9000 – Fax: (16) 3993-9010

Filial:
Rua Amaral Gurgel, 127 10° Andar Salas 101/102 – Vila Buarque
01221-000 – São Paulo – SP
Fone: (11) 3337-1121 – Fax: (11) 3338-2648

Tecmedd®

SAC 0800 99-2236
www.tecmedd.com
editora@tecmedd.com

*A minha esposa e filhos Jussara, Thais, Daniel
e Cristina que juntos organizaram um universo
e dentro dele construíram nosso mundo.
Ao professor Dr. Wagner Wey Moreira, que com sabedoria
e competência, implantou o Curso de mestrado
em Educação Física na UNIMEP
Universidade Metodista de Piracicaba
Ofereço aos trabalhadores do campo, pesquisadores
a tecnologia da agricultura, pois sem seus trabalhos de cultivo
e carinho com a terra não haveria vida na Terra.*

O autor.

Agradecimentos

Agradeço a participação dos autores dos capítulos. Sei que além dos afazeres acadêmicos e profissionais se dispuseram a encontrar tempo para discutir e redigir seus trabalhos para está obra; assumindo, de forma simples e objetiva, compromisso com a divulgação do conhecimento da Performance Humana em saúde e esporte.

Não poderia deixar de externar os agradecimentos ao professor doutor Rui Cury – ICB – USP/SP que desde o inicio do curso de Pós-Graduação de Mestrado em Educação Física FACIS/UNIMEP vem colaborando com textos, palestras e organização de eventos de abrangência internacional.

A conclusão deste livro se deu em virtude da atenção do sr. Ivan Cordeiro da Livraria Crisbook, UNIMEP/ Piracicaba SP, e do apoio da Editora Robe que juntos aceitaram o desafio da divulgação.

Obrigado a todos

Colaboradores

Aguinaldo Gonçalves
Médico –UNESP-Botucatu –SP.
Pós-Doutorado – USP
Professor Titular do Departamento de Ciências do Esporte, FEF –Unicamp
Coordenador do Grupo Saúde Coletiva/Epidemiologia e Atividade Física, FEF/Unicamp

Alessandra Mônaco Rigatto
Fisioterapeuta – UNIMEP
Especialista em Fisioterapia Cardiorrespiratoria – Instituto Dante Pazzanese
Mestre em Educação Física – Performance Humana –UNIMEP
Chefe do Departamento de Pesquisa e Professora do Curso de Fisioterapia da UNISCATELO – Descalvado SP.

André Sturion Lorenzi
Professor de Educação Física – UNIMEP

Anderson Marques de Moraes
Professor de Educação Física – PUCCAMP
Mestre em Educação Física – Performance Humana – UNIMEP
Professor de Educação Física da Prefeitura Municipal de Campinas SP

Claudia Regina Cavaglieri
Farmacêutica-bioquímica - PUCCAMP
Mestre em Fisiologia Humana – IB – UNICAMP
Doutora em Fisiologia Humana – ICB – USP/SP e Departamento de Bioquímica – Universidade de Oxford/ Inglaterra
Professora de Fisiologia Humana da FACIS – Pós-Graduação em Educação Física –UNIMEP
Coordenadora de Pesquisa - UNIMEP

Enori Helena Gemente Galdi
Professora de Educação Física – UNIMEP
Mestre em Educação –UNIMEP
Doutora em Educação Física – Adptada – UNICAMP
Professora do Departamento de Ciências do Esporte da Faculdade de Educação Física -UNICAMP

Flávia Maria de Brito Lira Cielo
Técnica em Enfermeira - UNICAMP
Professora de Educação Física – UNIMEP
Especialista em Treinamento Esportivo: teoria e aplicações– UNESP/Rio Claro SP
Mestre em Educação Física – Performance Humana – UNIMEP
Coordenação de natação e esportes aquáticos do CQV/UNIMEP

Idico Luiz Pellegrinotti
Professor de Educação Física – UNIMEP
Mestre em Ciências - FOP –UNICAMP
Doutor em Ciências Biológicas - Anatomia Humana – UNESP – Botucatu/SP
Professor Adjunto - aposentado – do DCE – FEF – UNICAMP
Professor de Graduação e Pós-Graduação em Educação Física – FACIS -UNIMEP

Jair Rodrigues Garcia Júnior
Professor de Educação Física – UNESP – BAURU/SP
Mestre em Ciências Nutricionais – FCF – UNESP – Araraquara/SP
Doutor em Fisiologia Humana – ICB – USP/SP
Professor do Departamento de Educação Física da UNESP –Bauru/SP

José Fernando de Oliveira
Professor de Educação Física – PUCCAMP
Especialista em Ciências do Esporte – PUCCAMP
Mestre em Educação Física – Performance Humana – UNIMEP
Professor do Centro Regional Universitário Espirito Santo do Pinhal (CREUPI)
Instituto Mairiporã de Ensino Superior – SP(IMENSU)

José Francisco Daniel
Professor de Educação Física – UNIMEP
Mestre em Educação Física – Performance Humana – UNIMEP
Professor de Treinamento Desportivo da Faculdade de Americana – FAM
Coordenador do setor de Fisiologia do Rio Branco Esporte Clube de Americana SP.

Marcy Garcia Ramos
Professora de Educação Física – PUCCAMP
Mestre em Educação Física – UNICAMP
Doutora em Educação Física- UNICAMP
Professora do DCE – FEF- UNICAMP

Mariangela G. Caro Salve
Professora do Departamento de Ciências do Esporte, FEF/Unicamp
Professora das Disciplinas de Monografias e Estágio
Supervisionados em Treinamento em Esportes, FEF/Unicamp
Coodenadora do projeto de extensão: atividade Física para sedentárias, FEF/Unicamp.

Magalí Rodrigues Serrano
Psicóloga pela PUCCAMP
Doutoranda em Psicologia pela PUCCAMP
Coordenadora do Centro de Estudos Aplicados em Psicologia - UNIMEP

Marcelo Bandiera Sávio
Bacharel em Educação Física – DCE –FEF – UNICAMP
Mestre em Educação Física – Performance Humana - UNIMEP
Professor do Centro Regional Universitário Espírito Santo do Pinhal
Professor de Educação Física da Prefeitura Municipal de Campinas SP

Maria de Fátima Nepomuceno
Professora Titular de Bioquímica da UNIMEP
Mestre e Doutora em Bioquímica pela Unicamp
Pós-Doutorado em Bioenergética – Unicamp

Marcelo de Castro Cesar
Médico – FCM- UNICAMP
Mestre em Fisiologia -UNFESP
Doutor em Fisiologia – UNFESP
Professor de Graduação e Pós-Graduação em Educação Física – FACIS – UNIMEP

Paulo Roberto de Oliveira
Professor de Educação Física – USP/SP
Mestre em Educação Física – USP/SP
Doutor em Educação Física – DCE – FEF – UNICAMP
Professor da Graduação e Pós-Graduação em Teoria do Treinamento Desportivo do DCE – FEF/ UNICAMP
Coordenador do Laboratório de Ciências da Atividade Física e Performance Humana – FEF/Unicamp

Ricardo Luis S. Guerra
Fisioterapeuta – PUCCAMP
Mestre em Educação Física – Performance Humana - UNIMEP
Professor da Universidade Paulista (UNIP) de Campinas e Jundiaí- SP
Professor da Disciplina Eletroterapia do Curso de Fisioterapia da UNIP

Rui Curi
Farmacêutico-bioquímico – UEM/Maringá/PR
Mestre e Doutor em Fisiologia Humana – ICB – USP/SP
Pós-doutor em Bioquímica – Universidade de Oxford – Inglaterra
Professor Visitante – Merton Colleg e Dunn School of Pathology – Oxford, Universidade Livre de Bruxelas – Bélgica, NIH e USUHS – Washington/EUA
Professor Titular do Departamento de Fisiologia e Biofísica – ICB – USP/SP
Comenda do Mérito Farmacêutico em 2001

Ricardo Yukio Asano
Professor de Educação Física – ESEF – Jundiaí – SP
Especialista em Fisiologia do Exercício – FMU
Mestre em Educação Física – Performance Humana - UNIMEP

Ricieri Ricardo Neto
Fisioterapia – UNESP- Presidente Prudente - SP
Professor de Educação Física – ESEFIC – Catanduva – SP
Especialização em Fisioterapia Esportiva – Gama Filho – RJ
Mestre em Educação Física – Performance Humana – UNIMEP
Professor de Anatomia e Biomecânica - ESEFIC e UNORP

Tania Cristina Pithon-Curi
Professora de Educação Física – UNIABC
Especialista em Ciências do Esporte – UNIABC
Mestre em nutrição – UNIFESP
Doutora em Fisiologia Humana – ICB – USP/SP
Pós-doutora – USUHS – Washington / EUA
Professora de Graduação e Pós-Graduação em Educação Física – FACIS - UNIMEP

Silvia Cristina Crepalde Alves
Bióloga – UNESP/Bauru/SP
Doutora em Biologia - Unicamp
Professora da Graduação e Pós-Graduação em Educação Física da FACIS/UNIMEP

Prefácio

A tarefa de apresentar esta obra, cujo eixo é o debate do fenômeno Esporte nas suas múltiplas perspectivas, me é muito prazerosa, embora haja capítulos de autores pertencentes a diversas instituições de ensino, tenho o privilégio de trabalhar com alguns deles, especialmente o Prof. Dr. Ídico Luiz Pellegrinotti, na Faculdade de Educação Física da UNICAMP, cuja contribuição e conhecimento acerca da Educação Física são reconhecidos por toda a área. Sua convicção no trato com o Esporte nos faz compreender melhor este fenômeno.

O Esporte está cada vez mais presente na vida das pessoas e, certamente, podemos afirmar que há claros indicativos de que a adesão à prática esportiva será cada vez maior neste século. A evolução e expansão deste fenômeno sócio cultural – Esporte – ampliou suas formas de expressão, e hoje atende a diferentes segmentos da sociedade: atletas, portadores de necessidades especiais, crianças, jovens, adultos, idosos de ambos os sexos. O esporte pode trazer benefícios para todos os cidadãos, e é neste contexto que vem sendo praticado em ambientes distintos, como sejam as escolas, clubes, academias e praças esportivas.

O aumento do número de praticantes, bem como de locais destinados à prática esportiva resultou na diversidade de funções que podemos atribuir ao esporte. Destacamos o profissionalismo, o lazer, a reabilitação, e enfim a educação. Qualquer que seja o local e sua função, o Esporte adquiriu uma característica fundamental: está sempre centrado no Homem. Podemos afirmar, portanto, que se trata de um fenômeno humano.

Enquanto fenômeno sócio cultural e humano, o Esporte torna-se cada vez mais importante para as pessoas, sobretudo na busca da melhoria da qualidade de vida. Desta forma, é preciso cada vez mais dar ao Esporte um tratamento científico e, para tanto, é fundamental o estudo permanente de todas as diferentes dimensões que podem ser abordadas.

Para mim, é exatamente este o principal subsídio que esta obra, organizada pelo professor Ídico traz para nossa área de conhecimento; ou seja, contribuir para os avanços científicos e tecnológicos, bem como para evidenciar a evolução e afirmação das ciências do Esporte. Tendo em vista essa missão, os autores apresentam temas de extrema relevância, e aprofundam discussões usando o Esporte como objeto de estudo.

Quero agradecer o privilégio do convite recebido para fazer este prefácio e cumprimentar todos os autores desta coletânea na pessoa do amigo Ídico, por esta obra que sem dúvida vai interessar a todos que buscam dar à Educação Física e ao Esporte um tratamento científico.

Roberto Rodrigues Paes

Sumário

Introdução 17

Seção I
Performance e Saúde

Capítulo 1
Performance do Asmático: Conceito e Intervenção 27

Capítulo 2
Exercício e performance na obsidade 53

Capítulo 3
Exercício e performance no diabetes 81

Capítulo 4
Musculação: estudo exploratório para grupos especiais 103

Capítulo 5
Atividade Física em Extensão Universitária: Estudo Descritivo Sobre Perfil de Usuários, na Unicamp, SP. 139

Capítulo 6
Atividade física e sistema imunitário 159

Seção II
Performance e Esportes

Capítulo 7
O processo de desenvolvimento da resistência motora e sua relação com a preparação geral e específica 181

Capítulo 8
Efeito do exercício de longa duração em mulheres 231

Capítulo 9
Avaliação Física no futebol 253

Capítulo 10
Teste de Conconi em esterira: avaliação do limiar aneróbio
em jogadoras de basquetebol na faixa etária de 17 a 23 anos.   277

Seção III
Nutrição e Performance

Capítulo 11
Efeito da suplementação de creatina em nadadores 293

Capítulo 12
Creatina e o transporte de ácidos graxos: observações prós
e contras da suplementação no exercício físico 307

Capítulo 13
Bases para a suplementação de glutamina na atividade física   329

Introdução

Saúde e Esportes

Idico Luiz Pellegrinotti

A performance humana não é obra do acaso, é sim, a própria vida no Universo. Entender a performance humana como sendo a natureza individual do ser humano na caminhada cósmica, exige uma nova forma de observar os fenômenos que ocorrem em nosso planeta. A dimensão dada à performance até então, é estar vinculada a seres humanos responsáveis por grandes espetáculos, estejam eles ligados à arte, ao esporte ou à dança; todos com movimentos que parecem ser realizados por pessoas não humanas. Nasce desse conceito os grandes equívocos de pensadores que buscam uma análise crítica da corporeidade nas comparações entre indivíduos. Chegando a colocar os atletas como os verdadeiros vilões, por nascerem com capacidade de representações corporais diferentes de outros seres humanos. Porém, para a ciência da atividade física e esporte, o respeito à individualidade é regra básica, pois os conhecimentos sobre performance humana levam os profissionais a programarem atividades que respeitem o equilíbrio das dimensões *performática* de cada praticante. Assim, o entendimento de performance deve ser a observação da natureza humana em harmonia com o Universo, e não com movimentos melhores ou piores.

A natureza humana possui em seu caminhar a complexidade das transformações bio-psico-sociais nas imutáveis etapas de seu desenvolvimento e, por ser complexa, podemos buscar explicações nas atividades simbólicas e emocionais por meio da performance, porque ela é a expressão fiel da realidade que o indivíduo expressa nos diferentes momentos de sua trajetória pela vida. Neste contexto, performance é o estágio do ser humano em diferentes situações de sua existência.

Todos os ramos científicos, conscientes ou não, observam a grandeza humana que chamamos de performance. A beleza da vida esta na diversidade, e o ser humano em harmonia com a ecologia traz o sentido de universo, embora as observações nos diferentes campos do conhecimento ainda insistem em uma análise no campo planetário. Preferimos observar no campo cósmico. Nada das realizações humanas estão desvinculadas das interferências cósmicas. Neste contexto a saúde é, também, performance.

A performance humana no campo da saúde contempla a visão sociocultural e as transformações que ocorrem nos diferentes sistemas orgânicos dos indivíduos. O nosso olhar é observar modificações dos sistemas orgânicos e compreendê-las que o organismo buscou uma nova organização para responder aos movimentos diferentes dos exigidos no cotidiano. Assim é na corrida, na ginástica, nas danças clássica e moderna, nas artes, nos cantos e em todas as realizações sistematizadas para melhoria das ações complexas do organismo.

O propósito deste livro é observar o performance humana nos campos da saúde e dos esportes, e quando falamos de saúde ligada a performance, estamos buscando compreender as respostas humanas vinculadas à sua natureza.

O ser humano possuidor de sua performance, deve buscar como fazer uso dela, e ao mesmo tempo tomar contato de seus limites. Limites esses totalmente modificáveis. Pois o movimento corporal é um indicador importante das modificações orgânicas.

Os profissionais envolvidos com a ciência da atividade física e esporte se devem respaldar no pressuposto científico de Prigogine e Stangers[1] – a auto-organização –, procurando aplicar atividades que possam sensibilizar as

---

[1] Prigogine I, Stangenrs, I, a nova aliança 3ª ed. Ed. UNB, Brasilia, 1997.

estruturas corporais; a intensidade representa um desequilíbrio, e o organismo procura uma nova organização funcional para realizar uma habilidade motora com eficiência e harmonia. A saúde de cada pessoa está vinculada ao seu meio ambiente, estilo de vida e atendimento profissional. O processo educacional se integra como o principal meio da melhoria da performance humana. Pois os avanços científicos e tecnológicos devem ser transmitidos a todos os seres humanos, pois a prevenção e o conhecimento dos mecanismos de funcionamentos da corporeidade foram muito mais eficientes na saúde da população do que o tratamento das doenças.

Ao vincular o novo paradigma de performance, ou seja, abandonar a idéia preconcebida de competição, estaremos inaugurando a valorização do ser humano dentro de sua perspectiva individual de corpo e realizações. A competição é apenas um confronto de performances, que está ao alcance de todos os seres humanos, desde que respeitem sua natureza. Qualquer pessoa pode praticar esportes, dançar, cantar e representar diferentes expressões corporais. A diferença está no indivíduo, possuidor de performance; e os agrupamentos na maioria das vezes estão condicionados à natureza representativa. Assim são os esportes profissionais e de espetáculo que escolhem as melhores performances para representá-los. Isto não invalida que uma pessoa que corra os 100 metros em 20 segundos não estabeleça um recorde individual, já que seu resultado está de acordo com sua natureza e o grau de desenvolvimento de sua performance.

A partir daí, será possível observar os resultados de cada ser humano, e colocá-lo no contexto das realizações corporais sem medo de se expor e de ser taxado de menos apto. Todos ganharão com os trabalhos de atividades físicas e esportivas na melhoria da saúde e da qualidade de vida, já que melhorar a performance é inserir o indivíduo na cultura corporal, e acima de tudo integrá-los nas vivências corporais, respeitando sua performance que se traduz na própria evolução da vida.

A idade, o gênero e a composição corporal, dentre outros atributos, não serão mais obstáculos para a participação nas atividades físicas e esportivas, porque o que se descortina nessa nova visão de corpo, não é a diferença de resultados, mas sim a participação independente nas dimensões infinitas de práticas. Nasce daí a noção de saúde, que fica bem próximo ao conceito da Organização Mundial de Saúde (OMS) que é o bem-estar físico, psíquico e social do indivíduo.

Os trabalhos científicos que observam as diferentes dimensões do indivíduo, mesmo que sejam de observações celulares, estão associados a performance e à saúde da pessoa. Pois os resultados são conhecimentos produzidos com o sentido de entender o ser humano em diferentes situações de esforços e de auto-organização para melhoria da saúde e da qualidade de vida no estágio de sua performance momentânea, que poderá se modificar quando em contato com outras intervenções físicas, ambientais, culturais e educacionais.

Performance humana e saúde é a compreensão das transformações do indivíduo na escala cósmica, que se chama vida.

O ser humano é uma unidade biopsicossocial que se evidencia na realidade objetiva de suas ações no viver coletivo. Esta interação implica uma abordagem interdisciplinar da complexidade da performance e da saúde, necessitando aprofundamentos nas pesquisas científicas e tecnológicas, na formação de profissionais, na pedagogia e na prática para não permanecer preso somente às terminologias conceituais.

Assim sendo, a performance humana se apresenta pluralista, abrigando em seu meio, diferentes áreas científicas, que desenvolvem pesquisas específicas dos fenômenos da natureza, ao mesmo tempo que buscam delimitar os domínios de seu objeto de estudos, sem contudo, deixar de entender o ser humano numa perspectiva sistêmica e integradora a partir de uma relação ser humano/atividade física/esporte/saúde/universo.

Neste livro os leitores encontrarão as seções: Performance e Saúde; Performance e Esporte e Nutrição e Performance que balizarão os conhecimentos específicos para intervenção na qualidade das habilidades motoras nos campos da saúde e do esporte.

Em síntese, não estamos advogando a atividade física e esportes como uma cura simplista de doenças, mas sim, inserindo o ser humano no universo da atividade física e do esporte de forma consciente e crítica de sua corporeidade. Pois, a eficiência dessa interação estará condicionada ao grau de informação dos conhecimentos produzidos, propiciando, uma cultura na aplicação dos avanços científicos e tecnológicos pelos profissionais da área da performance.

O princípio básico que irradia desta forma de compreender o rendimento humano é que os organismos vivos possuem uma dinâmica de se auto-organizarem frente as modificações cósmicas. Permitindo aos pesquisadores, respaldados na história cultural das teorias científicas, organizarem as observações interpretativas das respostas aos estímulos que interferem na dinâmica da natureza dos indivíduos.

Esta forma de pensar é entender o humano como um ser sensível, autônomo e capaz de no meio da complexidade de suas ações estabelecer entre elas, uma ressonância necessária à ampliação de sua estrutura e função para projetar condições de rendimento e de adequação para permanência no meio ambiente.

Pesquisar a performance, é comprometer-se com ser o humano na sua marcha pela vida, que quer respostas para sua existência e diferenças. E, mais ainda, é na prática das atividades física e dos esportes que ele observa à sua vida, e inicia a busca de formas de vivenciar o seu corpo no sentido da auto-superação e entender-se melhor.

É por intermédio da expressão performance, que nasce a realidade da humanização da ciência e da cultura da atividade física e esporte, para contribuir na valorização da vida.

Seção I
Performance e Saúde

capítulo 1

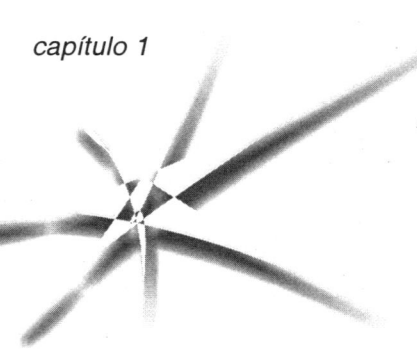

Performance do Asmático: Conceito e Intervenção

Flávia Maria de Brito Lira Cielo

Prevalência

No Brasil, os estudos epidemiológicos referentes à asma buscam identificar as razões de seu aparecimento, contudo, ainda desconhece-se a dimensão da doença nas diferentes regiões do país. Este fato dificulta em muito o planejamento e a execução de programas que visam sua prevenção. (II Consenso brasileiro no Manejo da Asma, 1998).

Dentre as referências sobre a asma, o trabalho publicado pelo jornal de Pneumologia, no II Consenso Brasileiro no Manejo da Asma (1998) apresenta o resultado da pesquisa realizada em algumas cidades brasileiras (Recife, Salvador, Itabira, Uberlândia, São Paulo, Curitiba e Porto Alegre), revelando os valores mais sobre prevalência cumulativa de asma diagnosticada. Os dados do estudo demonstram que na faixa etária de 06 a 07 anos, entre 13.204 crianças entrevistadas, a prevalência de asma oscilou entre 4,7% e 20,7%. Na faixa etária de 13 a 14 anos, entre 17.555 adolescentes entrevistados, a prevalência oscilou entre 4,8% e 21,9%. Considerando-se as duas populações, a prevalência cumulativa média foi de 13,3%.

A revisão aponta ainda estudos feitos em Brasília, aplicando o questionário da União Internacional contra a Tuberculose, encontrou prevalência de asma de 7,3% em adultos e crianças. E, também, ambulatórios gerais, a asma tem sido responsável por 5% das consultas pediátricas. Em serviços de urgência pediátrica tem atingido até 16% dos atendimentos e, entre adultos, ao redor de 12%. (II Consenso Brasileiro no Manejo da Asma, 1998.)

Para melhor compreender o comportamento de uma enfermidade o melhor indicador é a taxa de incidência, pois ela é capaz de demonstrar o aumento ou diminuição de uma doença, pois quantifica os episódios ou eventos novos, relativos a ela, ocorridos em um período definido. Em nosso meio, estes estudos são raros. Durante os anos de 1975 a 1995 estudou-se a incidência média mensal de crises e asma e as hospitalizações por asma em crianças atendidas em unidades assistenciais em Santo André (SP).Observou-se elevação significante, indo de 35,57 / 10.000 crianças atendidas em 1975 a 43,38 / 10.000 em 1994 e 33,67 / 10.000 a 94,66 / 10.000 em 1990, com queda para 64,49 / 10.000 em 1995.

Shephard (1997) relata que a asma se manifesta e atinge tanto a Inglaterra quanto os Estados Unidos e, que depende de alguns fatores: do clima, fumaça de cigarro poluição da área urbana e insatisfatório diagnóstico. Outra observação é a incidência de doenças pulmonares obstrutivas crônicas (DPOC), entre elas a hiperreatividade brônquica, a bronquite crônica e o enfisema, sendo que prevalência dessas doenças situa-se mais no sexo masculino.

Outra informação apresentada é que os homens na idade de 65 anos, 50% dos trabalhadores semiqualificados e 20% de profissionais com especialidades, sofrem de bronquite crônica, e que 90% dos fumantes severos apresentam como sinal à tosse crônica, (Shephard 1997).

Embora a morte por asma seja um evento raro, ela existe e têm aumentado nos últimos anos em várias localidades do mundo. Estudo realizado em São Paulo, entre os anos de 1970 e 1995, documentou um aumento três vezes no número de óbitos por asma. Isso ocorreu ao aumento deste número entre as mulheres e sobre tudo na faixa etária de 15 a 34 anos.

Apesar dos conhecimentos sobre os mecanismos da asma e da melhoria dos esquemas de tratamento e prevenção, as exacerbações agudas continuam sendo a causa freqüente de visitas a serviços de emergência e de hospitalizações.

Conceituação

A asma é uma síndrome caracterizada pela obstrução do fluxo aéreo que varia acentuadamente, espontaneamente e com o tratamento, (Barnes, Pj; Godfrey, S; Naspitz, Ck, 1997).

Há, portanto um tipo especial de inflamação nas vias aéreas que as tornam hiperreativas a uma grande variedade de desencadeantes, de forma que as vias aéreas se estreitam excessivamente. O estreitamento da via aérea geralmente é reversível, mas em alguns pacientes com asma crônica pode haver um elemento de irreversibilidade da obstrução do fluxo aéreo.

A manifestação da asma está comumente associada ao edema e espessamento da mucosa, aumento da secreção que provoca sibilos característicos ocasionando obstrução das vias aéreas. Geralmente é acompanhada por tosse e febre (Bierman & Pearlman, 1983).

Asma seja qual for sua gravidade, é uma doença inflamatória crônica das vias aéreas, entretanto possui implicações para sua prevenção e tratamento. A gravidade da doença está na dependência dos fatores: 1) do grau de predisposição genética; 2) da intensidade dos contatos com os fatores desencadeantes; 3) do número, intensidade e duração das crises; 4) e o grau de comprometimento morfológico, funcional e físico. Para melhor compreender a intensidade da crise usa-se a classificação de asma leve, moderada e grave, embora seja difícil padronizar tais níveis (Fortes, 1986). Como classificação da gravidade da asma (fora da crise) ela pode ser: a) asma leve quando não há sintomas diurnos, sendo as noites normais ou interrompidas por asma 02 vezes por mês, ou apenas com exercícios; b) asma moderada entre sintomas diurnos mais de 02 vezes por semana, mas não dias contínuos, e o sono interrompido menos de 02 vezes por semana; c) asma grave quando há dias com sintomas contínuos, e noites de sono interrompidas por asma mais de 02 vezes por semana, nesses casos os indivíduos correm risco de vida, necessitando de internação. (Sociedades Brasileiras de Pneumologia e tisiologia, Alergia e Imunopatologia e Pediatria, 1999).

A exarcebação aguda de asma, geralmente, é definida como a obstrução das vias aéreas em curto período de tempo. Apresenta-se pela combinação de sintomas: desconforto respiratório, tosse, sibilância e aperto no peito.

A obstrução pode ser leve e autolimitada (asma induzida por exercício) ou pode associar-se a risco de vida se não for prontamente tratada. (Solé, 2001).

Devido à complexidade da asma o tratamento adequado merece o envolvimento especial de vários profissionais, (pneumologista, pediatra, psicólogo, enfermeiro, professor de educação física e fisioterapeuta), no entanto a chave para a reversão dos sintomas é antes de tudo a eliminação e o distanciamento dos fatores desencadeantes.

Na tentativa de controlar os episódios de crises, a principal medida terapêutica é a prevenção, e em casos de exacerbações agudas e/ou crônicas é necessário conhecimento sobre o tipo de medicação a administrar. Além do tipo de tratamento e da medicação orientada, é de vital importância que exista um relacionamento de afetividade e confiança entre os profissionais com a família e, principalmente, com a pessoa asmática (Araújo, 1989).

A educação é um dos pilares do tratamento da asma. O fornecimento de informações e a participação em atividades físicas podem melhorar o controle da asma e permitir uma vida normal. As Pessoas asmáticas devem aprender a reconhecer todos os possíveis sintomas da asma e reconhecer que estes sintomas podem ocorrer isoladamente.

Sinais e Sintomas de Crises de Asma

Os indivíduos asmáticos apresentam uma sensibilidade específica a um ou mais fatores/agentes desencadeadores de crises de asma. Quando em contato com o alérgeno, manifestam-se os sintomas mais comuns, tosse, sibilos ou chiado que é um ruído ocasionado pela passagem de ar, dificultado pelo estreitamento dos brônquios. As respostas do organismo sensível aos agentes desencadeadores de crise, que provocam o estreitamento da passagem do ar são: I) limitação ao fluxo aéreo devido a bronconstrição aguda; II) edema; III) formação de tampões de muco e IV) remodelamento. Este quadro representa uma alteração na dinâmica ventilatória, que torna difícil tanto a entrada do ar nos pulmões, como também a saída.

O estreitamento das vias aéreas na asma é produzido pela contração do músculo liso, espessamento da parede das vias aéreas e muco intraluminal, ocorrendo um aumento da resistência da passagem do ar e uma diminuição do fluxo, e também o possível fechamento de vias aéreas menores. Estas manifestações provocam uma modificação na mecânica ventilatória, aumentando o trabalho dos músculos acessórios da inspiração, para vencer a obstrução pulmonar. Entretanto esta situação limita-se, quando o volume corrente se aproxima do volume do espaço morto pulmonar, ocasionando, a partir deste momento a hipoventilação alveolar resultante (Bierman & Pearlman, 1983).

O indivíduo durante a crise de asma tem uma sensação de aperto no peito e falta de ar, entretanto, o que realmente ocorre é uma dificuldade expiratória que impede a entrada de ar nos pulmões. Desta maneira, com a redução do calibre dos brônquios, se faz necessária uma adaptação do mecanismo respiratório que compensa a dificuldade com uma inspiração forçada, com ação dos músculos diafragma, intercostais externos e acessórios, já a expiração, que ocorre do relaxamento destes músculos, não é suficiente para expulsar o ar inspirado, e assim, aos poucos ou subitamente, ocorre um acúmulo de gás carbônico nos pulmões, decorrente da insuficiência respiratória. A pessoa passa a respirar com maior freqüência, descontrolando a respiração normal. A esse descontrole chamamos de dispnéia.

A hiperinsuflação pulmonar e torácica monstra de um estado agudo de crise de broncoconstrição, ou seja, a retenção de ar nos pulmões impossibilita a inspiração necessária. Um recurso para que haja uma expiração forçada adequada, são os exercícios respiratórios e de relaxamento. Moisés (1996) sugere o controle da expiração com expiração forçada calma e prolongada, para a saída de ar dos pulmões e, conseqüentemente, maior ventilação alveolar; esta manifestação de obstrução brônquica vem induzir a pessoa a uma situação de estresse muscular, provocando tensão na musculatura acessória da inspiração com a realização da respiração forçada, e também estresse emocional, pois a ansiedade e a dispnéia levam ao nervosismo, medo da crise e medo da morte. (Moisés et al, 1993)

O procedimento clínico imediato é a administração de medicamentos, orientados pelo médico responsável. Quando o profissional se depara com o aluno, atleta ou paciente em crise, deve-se agir da seguinte maneira:

- Manter a calma – ansiedade sempre piora a crise;
- Procurar identificar e afastar o agente que está causando a crise;
- Encontrar uma postura para facilitar a respiração, não forçar demais a entrada de ar para facilitar a saída daquele que já está dentro dos pulmões;
- Se piorar, ou não melhorar, com o uso da medicação prescrita procurar imediatamente um pronto – socorro.

Causas das Crises de Asma

Fatores Desencadeantes de Broncoespasmo

Como ainda não existe uma cura definitiva para a asma, a melhor forma de conviver com ela é evitar os agentes desencadeantes da crise, alguns nem sempre fáceis de ser identificados. Existem alguns fatores que podem influenciar o aparecimento da asma, são eles: do uso de cigarros (a fumaça do cigarro é um dos poluentes internos mais comuns, o fumo passivo é claramente associado com risco aumentado de infecções do trato respiratório inferior em crianças); do sexo; da predisposição genética; exposição a poluentes do ar e a alérgenos domésticos; história de infecções respiratórias crônicas dos pacientes (Shephard, 1997).

A predisposição está na dependência de fatores genéticos relacionados a alterações imunológicos e a hiperreatividade das vias aéreas. Além desses depende da exposição aos estímulos presentes no ambiente, que, em contato, vem desencadear as crises de broncoespasmo (Costa, 1993).

Fatores precipitantes da asma podem ser classificados como infecciosos (infecções por vírus), alérgicos (inalantes, alimentares e medicamentosos), irritantes (poluentes, produtos de limpeza), sazonais (mudança de clima), emocionais (medo da crise, insegurança, baixa auto estima), o exercício físico (atividades físicas executadas de maneiras inadequadas), por hipersensibilidade não alérgica a drogas e produtos químicos (AAS – ácido acetil salicílico), hormonais (gravidez) e refluxo gastroesofagiano (causado por relaxamento do esfíncter esofagiano inferior, mais freqüente em asmáticos do que na população geral) (Costa, 1993).

A inflamação brônquica constitui o mais importante fator fisiopatogênico na asma, alérgica e não alérgica. Esta inflamação é resultante de interações complexas entre células inflamatórias, mediadores e de outras células residentes na via aérea.

Gordon (1993) cita que as doenças pulmonares obstrutivas crônicas (DPOC) provocam desordem respiratória acompanhada de tosse e febre. Este autor relata que a bronquite crônica é devido ao uso freqüente do fumo; a asma decorrente da sensibilidade a diferentes fatores químicos, ambientais, emocionais, o próprio exercício físico; e o enfisema, onde se tem a ação inibida de proteção de enzimas do pulmão, é decorrente do uso do fumo ou por deficiência na produção de enzimas.

Yue Chen et al, (2001), citam que as obesas têm maior risco de desenvolver asma bronquial em relação às mulheres com o peso normal. A mesma constatação não foi observada em homens obesos.

Uma outra situação que merece atenção especial ocorre entre as mulheres asmáticas durante a gravidez. Asma é a doença pulmonar mais comum encontrada durante a gravidez. A gravidez pode associar-se com mudanças no curso da asma, e a asma pode afetar seu desfecho. A asma é geralmente menos grave durante as últimas 04 semanas de gestação. Nesse período alguns fatores podem relacionar-se à melhora da asma. Há aumento dos corticosteróides e da progesterona; e elevação desta resulta em redução da resistência pulmonar. Ocorre ainda redução da imunidade mediada por células, o que pode diminuir a reação materna a antígenos. Existe aumento da prostaglandina E, que é broncodilatadora. Em resumo, há um aumento relativamente pequeno de complicações da gravidez em asmáticas.

Este estudo é relacionado à execução de atividades físicas aquáticas, e para melhor entendimento sobre o assunto é necessário que se conheça sobre a causa que muito afeta as pessoas com asma: o exercício físico. Pois, será a partir de conhecimentos específicos, que se poderá elaborar um programa de atividades físicas no meio líquido que impeça o aparecimento de crises por esforço, permitindo a prática normal das atividades.

Asma Induzida pelo Exercício (AIE)

A asma induzida pelo exercício é o termo usado para descobrir o aumento transitório da resistência das vias aéreas que segue no exercício vigoroso em pessoas asmáticas. A ocorrência de AIE depende do nível de ventilação alcançado e sustentado durante o exercício, a quantidade de água e ar inspirado durante o exercício e o intervalo desde o exercício após o ataque de asma induzida. AIE pode ocorrer em qualquer idade e é igualmente comum em adultos e crianças.

Estudos demonstram que 70 a 90% das pessoas com asma possui sintomas desencadeantes pelos exercícios físicos (II Consenso Brasileiro no manejo da Ama, 1999). Devido a este elevado percentual, tão alto, é que as pesquisas são numerosas neste tema, em busca de maiores conhecimentos sobre o mecanismo de reação do AIE, pois ainda encontram-se desconhecidos as explicações sobre tais manifestações.

Estudos têm mostrado que o broncoespasmo induzido pelo exercício é iniciado pela perda de água das vias aéreas trazendo grandes volumes de ar para os alvéolos em condições relativamente curtos de tempo. Anderson (1983), afirmou que o exercício é o fator desencadeante de crises de asma mais comum e por esta razão, a atividade física é freqüentemente evitada pelas pessoas asmáticas. A maior parte das crianças gostaria de ser ativa, porém o AIE tem tido um efeito desastroso sobre os aspectos sociais de suas vidas e sobre a possibilidade de realizar exercícios no limite de suas capacidades preditas.

Alguns indivíduos com AIE, ao término do exercício, desenvolvem sintomas clássicos, como tosse, dispnéia e sibilância. Outros podem queixar-se somente de tosse ao final do exercício ou falta de ar desproporcional ao exercício executado. AIE é confirmada por quedas na ventilação expiratória forçada (VEF1) ou pico de fluxo expiratório (PFE) de 15% ou mais após 05 a 10 minutos da interrupção de atividade física vigorosa com duração de 05 a 06 minutos, em que a freqüência cardíaca (FC) de 80 a 90% da máxima alcançada. (II Consenso Brasileiro do Manejo da Asma, 1999).

Muitos autores indicam que a utilização de drogas b2 – adrenérgicos por via inalatória pode vir a beneficiar o asmático com AIE, quando ministradas antes do início de qualquer atividade física (Anderson, 1983). Estes autores citam também a atividade física como sendo capaz de trazer benefícios para o portador de AIE.

O exercício que provoca a asma é muito comum em crianças e representam 5% da população pediátrica na França, (Menardo; Mazeran, 1990). O mecanismo pelo qual a prática da natação protege contra AIE não está claro Matsumoto, (1999). De qualquer maneira há poucos relatos dos efeitos de um treinamento de natação sobre asma induzida pelo exercício. Fitch et al, (1997) relataram que os sintomas da asma em crianças aumentaram depois de um ano de treinamento de natação e a AIE não aumentou.

As pessoas asmáticas podem aumentar suas capacidades físicas a partir de um programa de condicionamento físico. O treinamento de natação é bem aceito pela comunidade asmática e é a forma de exercício freqüentemente prescrita para crianças asmáticas, porque parece precipitar menos exacerbações do que outros exercícios em terra. Embora os programas de treinamento sejam elaborados para melhorar a capacidade física, o efeito do exercício sobre a AIE permanece com controvérsias.

A performance do asmático é aperfeiçoada por meio do treinamento, entretanto o termo é comumente entendido e simbolizado como preparação para atletas, e/ou jogadores. Porém, devemos entendê-lo como um processo de observação da individualidade humana. Assim sendo esse termo deve ir além da simples observação de gestos específicos. Pois, o treinamento não possui restrições, já que todo trabalho deve ser adequado a cada performance.

Barbanti (1997) esclarece que o treinamento tem a função de manutenção, melhora da recuperação da capacidade de rendimento e da saúde. Nesse contexto, podemos dizer que o termo treinamento físico é indicado como metodologia que permite desenvolver e melhorar as capacidades e os traços que afetam o nível de desempenho biopsicossocial dos indivíduos envolvidos com práticas de atividades físicas e esportivas de lazer, saúde, aprendizagem e competitiva.

Seguindo esta linha de pensamento, o treinamento ou execução de exercícios no meio líquido para pessoas asmáticas é um processo organizado de aperfeiçoamento das dimensões humanas, de forma integral.

Relatos de estudos anteriores citaram que a AIE foi significantemente aumentado depois de um treinamento de resistência em pacientes asmáticos. Eles usaram a mesma intensidade de exercício antes e depois do treinamento. Embora o relato de um aumento na AIE possa ser devido à redução na ventilação minuto em resposta ao início do trabalho seguido de um programa de treinamento o qual melhorou o condicionamento cardiorrespiratório, o grau de AIE depende da ventilação minuto durante o exercício, resultando numa menor broncoconstrição.

Segundo Matsumoto (1999), um treinamento de natação individualizado resulta em um aumento na capacidade aeróbica e proteção contra o broncoespasmo induzido pelo exercício (BIE). Já para Bar –Or et al, (1992), a natação traz benefícios e efeitos deletérios, devido à inalação de cloro nas piscinas aquecidas. Segundo Huang et al, (1989), após um programa de treinamento em natação na cidade de Baltimore, as crianças apresentaram um significante diminuição em todas as variabilidades clínicas incluindo sintomas, hospitalizações, idas ao pronto socorro e abstinência escolar, comparada com suas histórias médicas. Esses benefícios continuaram a ser observados durante 12 meses após o término do programa.

Segundo Fjellbirkeland (1995), as piscinas cobertas e aquecidas possibilitam maiores desencadeamentos dos sintomas para os asmáticos, devido ao cloro ser um agente irritante.

Os sintomas desencadeados pelo exercício desaparecem, espontaneamente, após período variável, geralmente, uma hora após seu término. Contudo, uma parcela deles pode manifestar sintomas, cerca de quatro a dez horas após o desencadeamento inicial. Tal fenômeno denomina-se fase tardia da AIE. Esta, por sua vez, tem características semelhantes às da fase tardia da reação desencadeada por alérgenos.

Esta resposta tardia tem efeito semelhante da imediata, e pode aparecer em 30 a 60% dos indivíduos asmáticos (Costa et al, 1993). Já Jardim e Cendon (1995) citam que o broncoespasmo induzido pelo exercício se manifesta após 5 a 10 minutos de esforço e que geralmente regride espontaneamente após 30 a 40 minutos. Citam que um terço de asmáticos com resposta imediata ao exercício, podem ter de novo broncoespasmo 4 a 8 horas depois do exercício, regredindo espontaneamente após 12 a 24 horas. Em pesquisa utilizando exercícios em bicicleta e esteira durante 6 a 8 minutos, a uma intensidade proporcional a 80% / 90% da capacidade máxima do indivíduo, mostra que o exercício na esteira é mais asmagênico, uma vez que requer maior volume ventilatório de mesmo nível de trabalho na bicicleta (Solé, 1998).

Estes autores evidenciam o período refratário. Quando há uma repetição do exercício no espaço de tempo de 1 a 2 horas após o desencadeamento do broncoespasmo, ocorre o período refratário, no qual o indivíduo fica protegido de uma nova crise de mesma intensidade, este fenômeno acontece em 40% dos asmáticos.

As medidas de função pulmonar manifestam, em casos de confirmação de AIE, diminuição menor que 15% no volume expiratório forçado (VEF1) e maior de 20% no fluxo expiratório forçado entre 25 e 75% da capacidade vital forçada (CVF). Para os asmáticos a queda do fluxo expiratório máximo após o exercício físico fica em torno de 50%, enquanto que para o não asmático é menor em 10%. O AIE ocorre em 40 a 90% dos asmáticos, sendo que a exposição que predispõe ao AIE está na dependência das condições ambientais (inalação de ar com mudanças bruscas de quente para frio, úmido para seco), os tipos de exercícios e os critérios de avaliação para diagnóstico (Costa et al, 1993).

Episódios de AIE podem ser atenuados através de um período de aquecimento antes do exercício. A presença de AIE é um indicador de não controle da asma e estabilização da doença pode ser requerida antes que um controle efetivo de AIE possa ser alcançado, porém muitos asmáticos continuam a ter AIE apesar de manter a asma bem controlada.

A prevenção e diminuição destas ocorrências impedem o surgimento de alterações nos diferentes aspectos do desenvolvimento humano. A seguir apresentamos conseqüências decorrentes da repetição seriada das crises de asma.

Consequências da Asma

Orgânicas

O acúmulo de secreção nos pulmões na crise de asma pode limitar o fluxo nas vias aéreas ou, até, fechar totalmente a passagem de ar. A produção excessiva de secreção pode formar moldes na árvore bronquial, tendo em sua composição células desprendidas da mucosa e outros elementos celulares como eosinófilos, macrófagos e plasmócitos. No caso de inflamação encontrar-se-á leucócitos polimorfonucleares por rolhas de muco, impedindo a passagem de ar para regiões alveolares e que, por sua vez, não receberão o ar necessário e assim sendo colabam. A razão disso é que o ar interno é reabsorvido pelos tecidos vizinhos, favorecendo a atelectasia bronquial. A atelectasia além de impedir troca gasosa facilita o surgimento de infecções (Bierman & Pearlman, 1983), o que diminui a ventilação dos alvéolos e, conseqüentemente, a capacidade vital nos asmáticos.

Podem ocorrer alterações na homeostase do pH. Há produção de alcalose respiratória, com pressão arterial de CO_2 baixa por hiperventilação e concomitante aparece à acidose metabólica devido ao aumento do trabalho respiratório com pressão arterial de O_2 baixa, aumento do consumo de O_2 e gasto cardíaco. No inicio há comprometimento respiratório e posteriormente comprometimentos de outros órgãos, é observado também vasoconstrição periférica e aumento da pressão arterial (Costa, 1993).

Morfológicas

Um dos aspectos importantes para se observar quando se trabalha com crianças asmáticas é a sua postura. A hiperinsuflação torácica, durante as crises, causada pela tentativa de expansão e melhor acomodação dos pulmões para se realizar a respiração resulta em: hipertensão da musculatura respiratória superior e deformidades ósseas na caixa torácica devido a má dinâmica respiratória e diafragmática.

As alterações posturais comumente encontradas nos asmáticos, citadas por Gama (1993), são:

1. *Tórax redondo ou peito em tonel:* há aumento do diâmetro antero posterior do tórax, em relação do diâmetro transverso. Há elevação das costelas e ombros, os músculos anteriores do colo tornam-se proeminentes e finalmente um aumento da cifose dorsal. Pode haver perda da mobilidade do tórax.
2. *Tórax em quilha ou peito de pombo:* há um aumento do diâmetro antero posterior do tórax, pela projeção do esterno à frente e elevação das costelas, é chamado popularmente de "peito de pombo".

3. *Cifose:* É o aumento da curvatura torácica da coluna dorsal, com elevação de ombros, podendo também ser acompanhada por um aumento na curvatura da coluna lombar e cervical;
4. *Cifolordose:* ocorre na maioria das vezes devido à cifose, criando curvas cervicais e lombares. Pode também ser decorrente da fragilidade da musculatura do tronco.
5. *Elevação e projeção de ombros à frente:* É a deformidade mais comum encontrada nos asmáticos durante as crises. Deve-se trabalhar a mobilidade da cintura escapular se durante os períodos intercrises esta postura for mantida.
6. *Depressões sub-mamárias:* essas depressões podem ser unilaterais e são mais comuns à esquerda e sua origem é devido à má mecânica do diafragma.
7. *Prodentia:* a projeção da acada dentária à frente é causada pela freqüência da respiração oral, pela pressão do fluxo aéreo constante e pela frouxidão da musculatura dos lábios.

Psicológicas

Embora não se possa traçar um comportamento homogêneo para todos os casos, pode-se dizer que o impacto emocional da asma geralmente correlaciona-se de maneira direta com a gravidade da doença. E se as crises são freqüentes, mesmo não sendo tão graves, da mesma maneira estabelece-se um nítido prejuízo das atividades sociais (dificuldade de comparecer e acompanhar as aulas, brincadeiras, atividades físicas, por exemplo). O sujeito quando recebe um diagnóstico de asma, obrigando-o a conviver com a cronicidade de sua doença, poderá entrar num processo paulatino de desmoronamento de todo seu corpo. Daí origina a depressão, angústia entre outros. Mas é importante ressaltar que cada pessoa reagirá de maneira própria. A reação da criança, por exemplo, dependerá inclusive, da maior ou menor implicação de seus pais no tratamento. Vários autores citam a importância da família no tratamento da asma e a importância de orientação multiprofissional sobre esclarecimentos específicos.

Atividades Físicas para Asmáticos

Capacidade Aeróbia da Criança com Asma

À medida que a criança cresce, observa-se a melhora de sua performance, este fenômeno relaciona-se ao desenvolvimento dos sistemas neuromuscular e nervoso central, e a produção de energia anaeróbica e aeróbica, entre outros componentes. O componente aeróbio correlaciona-se ao desenvolvimento dos sistemas respiratório, cardiovascular e muscular, diretamente associados a capacidade de consumo máximo de oxigênio (VO2 máx). Estudos realizados em crianças de diferentes idades mostram que o consumo máximo de oxigênio (ml/kg/min) é regulado em valores ótimos, apesar da grande mudança no tamanho corporal que ocorre durante o crescimento (Cooper et al, 1984).

O consumo máximo de oxigênio, em valores absolutos (l/min), aumenta com o crescimento, atingindo o seu pico mais alto na maturidade. O crescimento de VO2 máx é semelhante entre meninos e meninas pré-púberes, apresentando os meninos valores um pouco mais elevados.

A determinação da capacidade aeróbia máxima (VO2 máx.) é considerada um bom indicador da condição física da resistência aeróbia de um indivíduo. A quantidade máxima de oxigênio que o corpo é capaz de utilizar durante esforço intenso pode ser mensurada diretamente. A análise do ar expirado mostra a quantidade de oxigênio que o corpo é capaz de consumir.

Entre outros fatores que podem interferir no desenvolvimento da capacidade aeróbia, encontra-se o treinamento físico e os seus efeitos. A criança normal, desde que tenha ambiente e oportunidades adequadas, atinge naturalmente um alto grau de condicionamento físico, sem que haja um treinamento específico (Shephard, 1982). A criança poderá ter uma condição aeróbia inferior ao esperado se, por algum motivo, não conseguir exercitar-se adequadamente. Isto poderá ocorrer em função de doenças que afetam sua saúde ou por falta de oportunidades para realizar quantidades suficientes de exercício.

Fitch et al (1976), propuseram um trabalho de treinamento aeróbio, através de um programa de natação durante cinco meses, para um grupo de crianças asmáticas. O regime de treinamento proposto foi suficiente para desenvolver aumento da capacidade de trabalho, porém não houve nenhuma melhora na diminuição do grau de asma induzida pelo exercício. No entanto os autores relataram diminuição da freqüência e duração das crises de asma.

Orenstein et al, (1985), observaram melhora significativa da tolerância ao exercício e do condicionamento cardiopulmonar, em crianças asmáticas, que participaram de um programa de treinamento físico, envolvendo a corrida (20 min/dia, três vezes por semana), durante quatro meses, mas que, previamente aos exercícios faziam prevenção da asma induzida por exercício, com inalações de medicamentos do tipo B2. Os pacientes com asma grave não obtiveram melhora.

Diversos autores têm considerado programas específicos de treinamento físico para adaptar as crianças asmáticas ao exercício e à atividade normal. Esses programas envolvem exercícios respiratórios, exercícios aquáticos, ginástica respiratória e outros.

Exercícios Respiratórios e Natação

A execução de exercícios respiratórios, antes das aulas de natação, contribui para que o tratamento global seja eficaz, compreende em atividades que auxiliam no desenvolvimento da consciência e controle da respiração. A execução de exercícios respiratórios, aliado às atividades de natação, apresenta características benéficas como conduta preventiva.

Wardell et al (2000) sugere treinamento respiratório antes das aulas de natação, pois muitas crianças apresentam dificuldades no controle da respiração e a respiração profunda executada rapidamente pode causar chiado.

No ato respiratório normal existem duas fases, a saber:

a) Inspiração ativa, onde o volume pulmonar, ou seja, a quantidade de ar que entra nos pulmões depende da amplitude da caixa torácica e elevação das costelas, assim como da contração do músculo diafragma. Na inspiração, apesar de não percebemos, está havendo um trabalho no múscu-

lo diafragma, além dos músculos acessórios da inspiração, que promovem a elevação das costelas. De certa forma tudo isto depende de uma pressão intrapulmonar que nos obriga a respirar.
b) Expiração passiva, onde há um recuo elástico dos pulmões à sua posição normal.

Durante a respiração forçada utilizamos a contração abdominal com o propósito de promover um deslocamento do diafragma à posição mais alta dentro do tórax. Não podemos contrair o diafragma, mas com a contração da musculatura abdominal, promovemos uma maior ventilação pulmonar.

Para o aprendizado dos exercícios respiratórios, é conveniente que seja na posição deitada, em decúbito dorsal, pernas flexionadas, mãos sobre o abdômen, para sentir a elevação e contração.

A natação é reconhecida como o exercício menos asmagênico que os demais exercícios (Fitch & Morton, 1976; Pituch e Bruggeman, 1982), e, portanto, a mais indicada e recomendada pelos médicos para pessoas portadoras de asma. Há muito tempo se sabe sobre a ação e importância da água para o homem, tanto para seu bem estar físico como para seu bem estar mental.

A natação, se destaca por ser altamente atrativa e estimulante. Além destes qualificativos, as propriedades mecânicas do meio líquido colocam o corpo em uma situação gravitacional diferenciada, a qual permite maior diversidade das habilidades motoras.

No desenvolvimento motor, a natação dá ao praticante a oportunidade de evitar a lei da gravidade em diferentes posições e controle sobre seu corpo. O nadar depende do controle das habilidades motoras na água, que demandam um processo de aprendizagem a partir de novas informações sobre o meio líquido e o corpo.

Para Wardell (1999) "... *A natação aumenta a auto-estima e segurança das crianças asmáticas*".

Os objetivos de um trabalho em natação para crianças asmáticas são atingidos positivamente por ser a água altamente prazerosa. O trabalho de atividades motoras adaptadas às necessidades dos asmáticos tem a intenção de proporcionar relaxamento e trabalho postural por meio da água. A água oferece pressão sobre o tórax, desenvolvendo resistência a inspiração e favorecendo a expiração importante para o treinamento do controle respiratório preventivo; o vapor existente sobre a superfície da água, mantém úmidas as vias aéreas superiores, prevenindo o ressecamento da mucosa e o broncoespasmo, (Wardell, 2000).

As pessoas com asma moderada e grave são propensas a apresentarem problemas posturais decorrentes da má mecânica diafragmática e respiratória e das alterações fisiológicas. Correia (1993) cita que "a natação auxilia na melhoria dos problemas posturais, por sua prática simétrica (nado peito) e assimétrica (nado costas e crawl)". A natação, apesar de ser considerada uma atividade física menos asmagênica (Fitch & Morton, 1976; Laraqui, 1989) e recomendável pelos médicos, pode não ser a atividade mais eficiente para auxiliar a criança a controlar a crise de asma (Betti, 1996). Mesmo quando a natação em programa generolesticos e que não oferece conteúdos fundamentais para prevenção de crises de broncoespasmo, pode beneficiar o asmático de maneira mais geral.

A pessoas com asma, podem apresentar características como insegurança, medo da crise, ausência de experiências motoras e sensação de aperto no peito, devido ao próprio quadro vivenciado pelos asmáticos durantes as crises.

Entretanto, a participação das atividades motoras na água demonstram resultados satisfatórios e influenciam diretamente em uma maior autoconfiança e maior auto estima e, conseqüentemente, melhor rendimento fisiológico, motor, cognitivo e emocional.

Pode-se concluir que a prática da natação para crianças asmáticas é recomendada, devido aos benefícios que o treinamento adequado propõe ao seu desenvolvimento necessitando apenas de oportunidade de realização.

Referências Bibliográficas

ANDERSON, S. D. et al, Exercise-*induced asthma (EIA) without airway cooling?* American Review of Respiratory Disease. v.127, 228, 1983.
ARAÚJO, R.P.M. *A asma vista pelo pneumologista.* Editorial, Jornal da Asma. I (2), 1989.
BARBANTI, V. J. *Teoria e Prática do Treinamento Desportivo.* 2ª ed. São Paulo. Ed. Edgard Blücher, 1997.
BAR-OR O; INBAR O. *Swimming and asthma. Beneftis and deleterious effects.* Sports Medicine, 14 (6): 397 –405. 1992
BARNES, P. J; GODFREY, S; NASPITZ,C. K. *Asma.* Ed. Martin Dunitz. Edição revisada, Espanha, 1997.
BIERMAN, C.W. & PEARLMAN, D. S. Asma. In Kending, E. L. e Chernic, V. *Alteraciones del aparato respiratorio en niños.* Vol. II, Buenos Ayres: Panamericana, 1983.
CHEN, Y. *Obesas têm quase o dobro de risco de desenvolver asma bronquial.* Revista Notícias Médicas. 01, (8);12, 2001.
COSTA, N. P. et al, O Broncoespasmo induzido pelo exercício. In Moiséis, M. P. et al, *Atividades físicas e a criança asmática.* Brasília: Ministério da Educação e Desporto, Secretaria de Desporto, 1993.
EMERSON,F; JANÓLIO, F.S.C; MENDES, K.A,P.;SILVA, S.C. Medicina E Psicanálise: Uma Visão Diferenciada Sobre Asma. Caderno de Alergia, Asma e Imunologia. Vol.XII, nº 1, 2000.
FITCH, K. D; MORTON, A.R.; BLANKSBY, B. A. *Effects of swimming training on children with asthma.* Arch. Disease in childhood, 51: 190- 194, 1976.
FJELLBIRKELAND L., GULSVIK A., WALLOE A. *Swimming – induced asthma.* Tidsskr Nor Laegeforen;115 (17): 2051-3, 1995.
GAMA, R. I.R. B. A postura da criança asmática. In MOISÉS, M. P. et al, *Atividades físicas e a criança asmática.* Brasília: Ministério da Educação e Desporto, Secretaria de Desporto, p.69 – 79, 1993.
GODFREY, S. *Exercise-induced asthma, clinical, phisiological and therapeutic implications.* J.ALLERGY Clin. Immunol., 1975.
Asma aguda na criança. Editora Lemos. P. 17 – 22, 2001.

II Consenso Brasileiro no Manejo da Asma. Sociedade Brasileira de Pneumologia e Tisiologia. Editorial, Jornal da Asma, 1999.

II Consenso Brasileiro no Manejo da Asma. Sociedade Brasileira de Pneumologia e Tisiologia. Editorial, Jornal da Asma, vol. 24, nº 4, 1998.

HUANG S-W, VEIGA R. SILA U, REED E. HINES S. *The effect of swimming in asthimatic children – participants in a swimming program in the City of Baltimore.* J Asthma, 26: 117 – 21, 1989.

JARDIM, R. B. & CENDOM, S. P. *Asma induzida por exercício.* Âmbito Medicina Desportiva, I (9), 1995.

LARAQUI, C. H. *Asthma and sports.* Médicine du Sports – T. 63, 1, 37 – 41, 1989.

MATSUMOTO I. *Effects of swimming training on aerobic capacity and exercise induced bronhoconstriction in children with bronchial asthma.* Tórax 1999;54:196 –291.

MENARDO, MAZERAN, G; MICHEL, F. B.; MENARDO, J. L.; *Childhood asthma and sport in school:* A survey of Teacher on Sports and Psysical Education. Rev. Mal. Resp; 7 (1): 45-9 (1990).

MOISÉS, M. P. *Atividades físicas e a criança asmática.* Brasília; Ministério da Educação e Desporto, Secretaria dos Desportos, 1993.

_____. *Exercício Respiratório. Orientações gerais para a prevenção de crises asmáticas.* Ed. Sprint, 1996.

PITUCH, M. & BRUGGEMAN, J. *Lungs inlimited –A Self care program for asthmatic children and their families.* Children Today. 23 (3):28-35, 1982.

SHEPHARD, R. J. *Aging, physical activity and health.* USA: Human Kinetcs, 1997.

SOLÉ, D. *Asma induzida por exercício em crianças: estudo comparativo entre corrida livre e em esteira ergométrica.* Atualidades em Medicina Respiratória, ano 01, vol.01,1998.

WARDELL,C.P. *A swimming program for children with asthma. Does it improve their quality of life?* Medical Journal of Australia, vol.173. 4/18, 2000.

WARDELL CP, IBISTER C. *Report on thirty years of the asthma Children's Swimming Program.* Sydney: Asthma foundation NSW, 1995.

Capítulo 2

Exercício e Performance na Obesidade

Alessandra Monaco Rigatto
Silvia Cristina Crepaldi Alves

Introdução

Quando se fala em performance existe uma tendência à relação com esporte de alto nível, o que vem sendo desmitificado pelas inúmeras publicações analisando a performance em vários níveis. De um modo geral a Performance Humana abrange a pesquisa do ser humano em situação de auto – organização, entendendo a natureza humana em sua estreita relação com o binômio matéria/energia e a associação saúde/qualidade de vida. Podemos dizer que o ser humano passa por situações de auto-superação, estimulando mecanismos de adaptação e respostas com comportamentos variáveis.

"Saúde é o estado de completo bem-estar físico, mental e social e não apenas ausência de doença". Este conceito, adotado pela Organização Mundial da Saúde (OMS) em 1948, está distante da realidade, simbolizando um grande compromisso. Fica implícito aqui a idéia de "saúde ótima", "estável", sendo que esta estabilidade não é atingida na vida.

A própria compreensão de saúde é subjetiva, na medida em que o referencial histórico permite que uma sociedade julgue o grau de saúde conforme os padrões da época considerada. A obesidade traz limitações, podendo desestabilizar a relação saúde/qualidade de vida. Desta forma os mecanismos de adaptação dão início a alterações na performance que estarão relacionadas não somente ao grau da obesidade, mas também a fatores culturais e históricos.

Em populações adultas, o Índice de Massa Corporal dos indivíduos é a medida escolhida para calcular a prevalência da obesidade, embora não meça proporção de gorduras no corpo, diversos estudos têm mostrado uma alta correlação entre o IMC e gordura corporal, e ainda um aumento do risco de mortalidade associado a altos valores de IMC.

Segundo a OMS, em 1995, estimava-se que a população de adultos obesos no mundo, era de 200 milhões, além de 18 milhões de crianças menores de cinco anos com sobrepeso. No ano de 2000 este número passou para 300 milhões, sendo que nos países em desenvolvimento, 115 milhões de habitantes sofrem com doenças relacionadas à obesidade (Sobrepeso e obesidade www.saúde.gov.br/programas/carências/epidemiologia/sobrepeso.html <http://www.saúde.gov.br/programas/carências/epidemiologia/sobrepeso.html>, 07/01/2002).

Em países como Alemanha, Estados Unidos e Canadá, com nível de riqueza um pouco menor que Japão e Suécia, a prevalência da obesidade é bastante elevada, entre 15% e 20% nos homens e entre 15% e 25% nas mulheres. Já na Holanda e Inglaterra, com riquezas semelhantes, a prevalência é distinta, 8% e 13%-16%. Observa-se assim que os aspectos culturais parecem ser mais importantes na prevalência da obesidade, do que os aspectos econômicos.

O Ministério da Saúde afirma que a primeira causa de óbito no Brasil são as doenças cardiovasculares e que poderiam ser reduzidas em cerca de 30% com a prevenção da obesidade. Além disso, os custos com a obesidade atingem um percentual de 2% a 7%, aproximadamente, dos valores gastos com a saúde. Devido a todos os transtornos relacionados à obesidade, a mesma tem sido uma grande preocupação para o governo.

Em 1997 foi publicado um relatório pela comissão de especialistas da OMS, onde afirmaram, ser o Brasil o único país da América Latina que dispunha de uma pesquisa de nível nacional sobre o problema nos últimos 10 anos. O texto cita a Pesquisa Nacional de Saúde e Nutrição (PSNS), realizada em 1989, segundo a qual a obesidade era prevalente e afetava, na época, 6% das mulheres e 13% dos homens. Houve também um aumento considerável da obesidade entre as mulheres na região nordeste, enquanto na sudeste, os índices deste patologia apresentaram um pequeno declínio (Sobrepeso e obesidade, www.saúde.gov.br/programas/carências/epidemiologia/sobrepeso.html < http://www.saúde.gov.br/programas/carências/epidemiologia/sobrepeso.html > – 07/01/2002).

Está sendo observada uma diminuição da obesidade em mulheres de classes mais favorecidas, devido ao aumento na quantidade de informações obtidas através de veículos de comunicação que relatam os problemas relacionados ao desequilíbrio alimentar, sedentarismo e obesidade. Acredita-se que campanhas informativas sobre o problema poderiam ter algum resultado na sua prevenção (HAPERN, 1999).

Dado a evolução e a alta incidência da obesidade dispomo-nos neste capítulo a definir e classificar brevemente a obesidade e discutir a expressão da performance de indivíduos obesos.

2. Obesidade

A obesidade pode ser definida pelo acúmulo excessivo de gordura relacionado à massa magra (HALPERN *et al*, 1998). Quando o indivíduo possui um Índice de Massa Corpórea (IMC), maior ou igual a 40Kg/m2, considera-se como obesidade mórbida (tabela 1).

A OMS considera a obesidade uma doença crônica epidêmica, apresentando padrão de crescimento em países com vários níveis de desenvolvimento, estando associada a outras patologias e conseqüentemente a uma mortalidade elevada.

É um problema que vem aumentando a cada dia por diferentes fatores: problemas psicológicos; ambientais; familiares; raciais; distúrbios endócrinos e metabólicos entre outros. Outra causa importante é o sedentarismo, baixos níveis de atividade física estão associados com o aumento da obesidade (MCARDLE et al, 1998).

Por ser considerada um problema de saúde pública, indivíduos com obesidade mórbida ou que possuem patologias associadas e que ofereçam risco de vida, podem contar com a terapêutica gastroplastia redutora, que consiste na redução do reservatório gástrico promovendo conseqüentemente a redução do peso. Porém, esse tipo de tratamento possui um custo elevado, aumentando a cada dia as filas de espera na rede pública hospitalar (COUTINHO, 2001).

Classificação da Obesidade

Quanto à etiologia, aproximadamente 98% dos casos de obesidade são decorrentes da Obesidade Exógena, que se refere ao excesso de gordura corporal causado por um equilíbrio energético positivo entre ingestão e demanda, os 2% restante são de causas endógenas, originados por alterações do metabolismo tireoidiano, gonadal, hipotálamo-hipofisário, e de tumores e síndromes genéticas: Prader Willi e Lawrence Moon Biedl (GUEDES, GUEDES, 1998).

A classificação da Obesidade quanto à quantidade de gordura é baseada na relação peso/altura, conhecida como IMC (tabela 1). Esse parâmetro apresenta grande precisão oferecendo baixa margem de erro, porém com o inconveniente de não distinguir o aumento de gordura ou músculo nem sua distribuição. O IMC definido pelo astrônomo Belga Quetelet, conhecido também como índice de Quetelet, de uso prático, simples, reprodutível, com valor diagnóstico e prognóstico, é atualmente um dos meios de diagnóstico mais atualizado (HALPERN et al, 1998).

O cálculo do IMC é obtido dividindo-se o peso do indivíduo em quilogramas (Kg) pela altura ao quadrado (altura x altura) em metros (m):

$$IMC = \frac{Peso\ (Kg)}{ltura^2\ (metros)}$$

Tabela 1: Classificação da obesidade pelo IMC

IMC (Kg/m²)	NOMENCLATURA
18,5 - 24,9	Normal
25 - 29,9	Sobrepeso
30 - 34,9	Obesidade leve
35 - 39,9	Obesidade moderada
40 - 49,9	Obesidade grave (mórbida)
>50	Super Obesidade

Um indivíduo é considerado com peso normal, quando seu IMC estiver entre 18,5 a 24,9 kg/m². Um IMC entre 25 a 29,9 kg/m² caracteriza uma condição de sobrepeso. Na obesidade leve, o IMC atinge entre 30 a 34,9 kg/m², na moderada, de 35 a 39,9 kg/m², na grave ou mórbida, ou grau III, de 40 a 49,9 kg/m² e representando extrema gravidade, classifica-se como super obesidade, o IMC estando igual ou superior a 50 kg/m² (COUTINHO, 2001).

Quanto à anatomia do tecido adiposo, a obesidade pode ser classificada como obesidade hiperplásica (definida por um aumento acentuado da quantidade de células adiposas) e obesidade hipertrófica (caracterizada pelo aumento no tamanho das células adiposas). Nos programas de Controle de Peso Corporal ocorrem modificações apenas no tamanho das células adiposas e não em seu número, assim um dos fatores importantes na prevenção da obesidade é evitar o aparecimento de novas células adiposas e controlar o tamanho das já existentes (GUEDES, GUEDES,1998).

Também é possível classificar a obesidade quanto à distribuição regional da gordura no corpo. É relevante o conhecimento da maior concentração de gordura na região central (tipo andróide) ou na região periférica (tipo ginóide).

Na obesidade tipo andróide, a deposição de tecido adiposo localiza-se na região abdominal, elevando o risco de hiperinsulinemia, resistência à insulina, hipertensão arterial, hipercolesterolemia, diabetes, entre outras patologias.

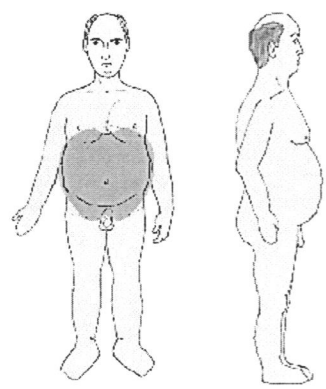

Figura 2. *Obesidade tipo andróide.*

Na obesidade tipo ginóide, a deposição de tecido adiposo está localizada em regiões glúteas e femorais.

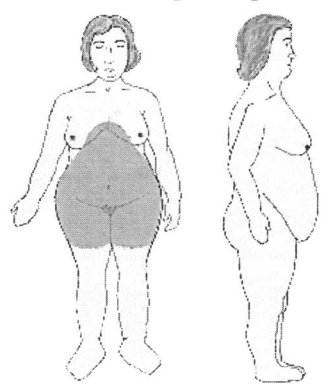

Figura 3. *Obesidade tipo ginóide.*

Essa distribuição da gordura se dá hereditariamente pela atividade de uma enzima chamada lipase lipoproteica (LPL), que facilita a captação e armazenamento de triglicerídeos pelo adipócitos (célula de tecido adiposo). As variações na atividade da LPL são responsáveis também na distribuição da gordura que ocorre durante a gravidez, nas pessoas de meia idade e na gordura corporal total e em sua diferente distribuição entre homens e mulheres (MCARDLE et al, 1998).

Epidemiologia, História Natural do Peso Saudável e Sobrepeso

Nas diferentes etapas do ciclo da vida dos seres humanos, estes, são um produto acumulado da interação do patrimônio genético herdado e do macro ambiente sócio-econômico cultural e educativo, micro ambiente individual e familiar em que as pessoas são concebidas, crescem,

se tornam maduras, reproduzem-se, involuem e morrem.
Para se identificar os fatores não genéticos que contribuem para explicação do aumento da incidência e da prevalência da obesidade, é fundamental considerar, a satisfação integral das necessidades básicas das pessoas, e o papel que esta desempenha no crescimento e desenvolvimento nas pessoas nas distintas etapas da vida.

Desta maneira pode-se identificar e valorizar os ambientes e as condições que promovem, entre outras coisas um peso saudável, ou a obesidade e o sobrepeso.

Se as condições de saúde e nutrição dos pais é apropriada, somando-se às condições do macro e micro ambiente, provavelmente seja mais favorável a geração de bebês com peso gestacional saudável. A necessidade dos alimentos e nutrientes se inicia no útero, onde a alimentação é suprida por via direta, ou placentária. Na seqüência, a alimentação deve sempre suprir as necessidades da vida diária para as atividades realizadas em cada época da vida.

A necessidade de realizar atividades físicas e interação social está estreitamente relacionada às áreas geográficas em que vivem as pessoas. Países diferentes, condições climáticas, estilo de vida, comodidades da vida moderna, podem reduzir o gasto energético e serem fatores contribuintes ao aumento e prevalência da obesidade e sobrepeso (COUTINHO, 1999).

Durante o processo de crescimento ocorre uma harmonia entre peso e altura. Na vida adulta, principalmente a partir dos 40 anos, e principalmente dos 50 aos 60 anos, os indivíduos podem apresentar um menor volume na massa magra e pequenos acúmulos no peso, levando a uma desarmonia, sendo este fator mais representativo nas mulheres, devido a maior quantidade de tecido adiposo.

Vale a pena ressaltar, que ao final do processo de crescimento o índice de massa corporal aceito como saudável encontra-se entre 18 a 25 Kg/m (ALBERNATHY & BLACK, 1996).

O sobrepeso é uma condição onde ocorrem alterações substanciais na composição do compartimento gorduroso em largos períodos de tempo, conduzindo a um peso mais elevado do que o saudável. Freqüentemente, este é adquirido devido à ingestão de alimentos com um maior número de calorias necessários para o metabolismo de repouso, o crescimento, a atividade física e a ação termogênica dos alimentos. É fato que não somente a ingestão alimentar, mas, múltiplos fatores como macro e microambiente e variabilidade biológica se somam para determinar as variações entre os indivíduos; o que irá determinar se estarão ou não nos limites convencionais, chamado também de peso saudável.

Tanto em países desenvolvidos, como nos menos desenvolvidos, existe uma tendência do aumento da obesidade quando estes superam crises, e os alimentos apresentam-se mais a disposição da população (COUTINHO, 1999).

A variabilidade biológica das pessoas em relação ao armazenamento do excesso de energia ingerida é muito grande, e está relacionada à suscetibilidade individual e ao patrimônio genético, o que determina as alterações de peso ao longo da vida.

Também um estímulo pode ser gerado pelo macro e microambiente quando existe desenvolvimento sócio econômico. A urbanização dos países, propicia a migração do campo e nas cidades, o nível de atividade física é notadamente menor, acompanhado por um número maior de horas vendo televisão e alimentando-se (COUTINHO, 1999).

Dados publicados na PSNS em 1991 mostram que no Brasil entre 1974 e 1989, a proporção entre pessoas com excesso de peso aumentou de 21% para 32%. Dentre as regiões do país, o Sul apresenta maiores prevalências de obesidade, sendo estas semelhantes e, até mesmo superiores, a países desenvolvidos. Neste período, com relação ao sexo, a ocorrência entre os homens passou de 2,4% para 4,8%, enquanto nas mulheres, foi de 7% para 12%. O fato da maior freqüência de obesidade nas mulheres é desconhecido (GIGANTE, 1997).

Fisiopatologia

A obesidade é resultante de uma balança energética positiva, ou seja, um desequilíbrio entre a ingestão alimentar e o gasto energético. Segundo HALPERN (1999), vários fatores permitem definir a obesidade como uma doença multifatorial, incluindo fatores genéticos que podem ser influenciados por fatores ambientais (sedentarismo, atividade física, alimentação), e em alguns casos podem ser determinantes da obesidade constitucional. Também estão incluídos os fatores psicológicos, psicossociais e culturais (adaptação ao estresse e distúrbios emocionais).

Os fatores geneticamente transmissíveis originam o genótipo e, esses fatores associados às condições ambientais, formam o fenótipo. Assim o genótipo estabelece um limite para o potencial genético que pode ser alterado pela ação do meio ambiente de forma positiva ou negativa mostrando que o fenótipo depende da predisposição herdada e das condições favoráveis ou desfavoráveis em que vive o indivíduo (GUEDES, GUEDES, 1998).

O gasto energético é composto: pelo metabolismo basal – MB, que corresponde a aproximadamente 60% a 70% do gasto energético diário; pelo efeito térmico da alimentação, correspondendo a 15%; e pela atividade física que corresponde a 25% do gasto energético diário em um indivíduo sedentário.

O início da alimentação é decorrente de modificações das atividades de neurônios hipotalâmicos localizados nos núcleos paraventriculares, ventromediais e laterais do hipotálamo. O neuropeptídeo Y (NPY), produzido pelo núcleo arqueado relaciona-se a "vontade de alimentar-se", e também induz o aumento dos níveis de insulina e corticóides. A serotonina e o hormônio liberador de corticotrofina (CRH) inibem a ingestão alimentar.

O bolo alimentar no trato gastrointestinal estimula a liberação de sinais humorais de origem gastrointestinal como colecistoquinina (CCK), bombesina e apolipoproteína A4 (APOA4) e sinais mecânicos que são transmitidos ao sistema nervoso central, pelo nervo vago e determinam o término da alimentação. Outros sinais metabólicos nutricionais como concentração de glicose, lactato, oxidação de ácidos graxos, também podem mandar informações centrais para modular a ingestão alimentar (HALPERN et al, 1998).

Assim, pode-se dizer que diferentes neurotransmissores regulam o comportamento alimentar, induzindo e suprimindo a ingesta alimentar. Peptídeos como a insulina, a colecistoquinina (CCK), calcitonina, bombesina, hormônio liberador de corticotrofina (CRH), neurotensina, glucagom, entre outros, suprimem a alimentação. Ao contrário, peptídeos como a beta-endorfina, a dinorfina, o neuropeptídeo Y (NPY) e a galanina induzem a ingesta alimentar (COUTINHO, 2001).

O Papel da Leptina

Em 1994, houve a descoberta e identificação de um gene de camundongo responsável pela obesidade. Esse gene controla a produção de uma proteína chamada ob-proteína ou leptina. Essa proteína é produzida no tecido adiposo e pode ser dosada na circulação periférica. Com a identificação e síntese dessa proteína, foi possível avaliar os efeitos de sua administração experimental, o que causou uma redução da ingesta alimentar e um aumento no gasto energético.

Algumas evidencias demonstram que a leptina interage com o neuropeptídeo Y (NPY), agindo juntos num circuito periférico – central que liga um sinal do tecido adiposo aos mecanismos centrais do apetite e atividade metabólica.

Ainda não foi determinada a relação entre a leptina e a regulação do peso corporal, mas tanto em indivíduos quanto em animais obesos a quantidade de leptina é maior que em indivíduos e animais magros demonstrando que altos níveis de leptina não impedem o ganho de peso ou a obesidade, porém ela reflete a quantidade de tecido adiposo no corpo.

Portanto acredita-se que o defeito na regulação do peso corporal esteja em alterações dos receptores da leptina (ob-receptor), identificados no cérebro juntamente com o gene responsável pela sua produção, e não na própria proteína, explicando assim o aumento dos níveis de leptina no plasma sangüíneo (HALPERN et al, 1998).

Fatores Genéticos na Obesidade Humana

As crianças com mãe e pai obesos têm 80% de risco de tornarem-se obesas, se apenas o pai ou a mãe é obeso o risco é de 40%. Em crianças cujos pais não são obesos o risco é de 10%.

A base genética da obesidade é muito complexa. Provavelmente ocorre a interação de vários genes suscetíveis. Cada gene apresenta um pouco de efeito na variância do peso corporal e o acúmulo desses efeitos de cada gene tornam-se significantes quando há interação com fatores ambientais. Segundo Bouchard, 1993 (apud HALPERN et al, 1998), estes 'genes da obesidade' poderiam codificar proteínas que teriam ações nas várias vias metabólicas implicadas na ingestão alimentar, através de modificações dos fatores da saciedade e seus receptores e diminuindo a ingestão alimentar após aumento de tecido adiposo. Ainda teriam ações nas vias metabólicas implicadas no gasto energético e seus componentes, no metabolismo basal, no efeito térmico da alimentação, na atividade física e sistema nervoso simpático, demonstrando que cada componente do balanço energético possui uma base genética.

Em síntese, os fatores de risco metabólico para o ganho de peso corporal são: baixa taxa metabólica, baixa atividade física, baixas taxas de oxidação de gordura, sensibilidade aumentada à insulina, baixa atividade nervosa simpática, baixa concentração plasmática de leptina, aumento da atividade do neuropeptídeo Y.

A Importância da Atividade Física no Tratamento da Obesidade

O sobrepeso e a obesidade ficaram tão comuns que estão substituindo problemas de saúde mais tradicionais como a desnutrição e doenças infecciosas. A epidemia da obesidade pode ser atribuída, em parte, a fatores ambientais que promovem inatividade física e consumo excessivo de alimentos altamente calóricos (PESCATELLO, VANHEEST, 2000).

Indivíduos com sobrepeso e obesos são mais freqüentemente hipoativos que hiperconsumidores de alimentos, o que significa que a inatividade física é um fator importante na explicação do excessivo peso corporal e sua manutenção (GUEDES, GUEDES, 1998). Segundo alguns estudos a prática de atividade física está associada a menores índices de mortalidade em indivíduos com sobrepeso ou obesos ativos, quando comparados com indivíduos inativos. Assim, mesmo que a prática de atividade física não consiga tornar um indivíduo magro, somente o fato de torná-lo ativo, pode trazer importantes benefícios à saúde, ainda que o mesmo permaneça obeso ou com sobrepeso (LEERMAKERS et al, DUNN, BLAIR, 2000).

Estudos epidemiológicos e experimentais demonstram uma correlação positiva entre a atividade física e a diminuição da mortalidade, mostrando também uma diminuição nos riscos de patologias cardiovasculares, bem como no perfil dos lipídios plasmáticos, na manutenção da densidade óssea, na redução das dores lombares, no controle de enfermidade respiratórias e no diabetes. Ainda pode-se observar efeitos positivos também no tratamento primário ou complementar da arteriosclerose, de patologias venosas periféricas, da osteoporose assim como menor prevalência de certos tipos de câncer. Além de benefícios psicológicos como melhora da auto imagem, do humor, do auto-conceito, diminuição da ansiedade, estresse e da depressão. E mais recentemente, já é possível observar efeitos positivos na longevidade da população.

Ainda não está totalmente esclarecido o papel da atividade física na prevenção e tratamento da obesidade, porém vários estudos mostram que atividade física regular traz grandes benefícios para a saúde física e mental, sendo muito importante na promoção de saúde e prevenção de doenças (COUTINHO, 2001).

Vários estudos revelam pequenas perdas de peso como resultado de exercícios, porém outros já demonstram uma acentuada redução do peso. Essa variação entre os resultados se dá por diversos fatores. Na grande maioria eles não ultrapassam 12 a 15 semanas de acompanhamento, tempo este insuficiente para que um indivíduo obeso e sem condicionamento físico tenha condições físicas para, através do exercício, produzir um balanço energético negativo. Grupos de indivíduos heterogêneos também constituem outro fator, geralmente os indivíduos mais jovens é que são submetidos ao tratamento através do exercício. Outro fator também muito freqüente é a comparação entre os efeitos obtidos através da atividade física e da dieta hipocalórica, visto que é muito mais fácil reduzir a ingestão do que praticar exercícios (LEERMAKERS, DUNN et al, 2000).

Os melhores resultados no tratamento da obesidade são obtidos através da atividade física associada à dieta hipocalórica. O exercício altera a proporção de carboidratos e gordura utilizados tanto durante o exercício como durante o repouso, facilitando assim a combinação entre os dois métodos, exercício e dieta, promovendo maior perda de gordura corporal (HALPERN et al, 1998).

Intensidade do Exercício e Perda de Peso

Durante a prática de exercícios de baixa intensidade, por exemplo, andando a 25% do VO2 máx, pode ocorrer um aumento de até cinco vezes no teor de ácidos graxos livres no plasma (Ra AGL), comparativamente com o seu teor em condições de repouso (KLEIN et al, 1994). Quando a intensidade passa de 25% para 65% do VO2 máx (como por exemplo, em uma corrida de duas horas), a forma substancial para atender a demanda energética passa a ser o glicogênio muscular. O AGL no plasma passa a diminuir à medida que ocorre um aumento na intensidade do exercício, porém, o total de gordura oxidada aumenta.

Quando a intensidade do exercício aumenta para próximo de 85% do VO2 máx, as reservas de glicogênio muscular passam a ser a principal fonte de energia. O aumento significativo das catecolaminas circulantes no exercício de alta intensidade promove um aumento na velocidade da lipólise e a maior parte dos AGL não entra no plasma. Em 1995 Coyle sugeriu que a redução do fluxo sanguíneo ao tecido adiposo no exercício de alta intensidade resulta no menor teor plasmático de albumina, que é responsável pelo transporte do AGL dos adipócitos, contribuindo em menor parte para a produção de energia que o glicogênio muscular (apud MELBY, 1999).

Phean et al, (1997) estudaram os efeitos dos exercícios de alta e baixa intensidade em mulheres eumenorreicas e encontraram, que a oxidação dos carboidratos foi maior em 75% do VO2 máx do que quando em 50% do VO2 máx. O total de gordura oxidada (após exercício, mais três horas de recuperação) foi maior no exercício de baixa intensidade, porém a oxidação das gorduras foi maior após os exercícios de alta intensidade. Também em outros estudos, como os de Tuominen et al (1997) e Schrauwen et al (1997), ficou constatado que exercícios que promovem depleção aguda do glicogênio muscular, aumenta a oxidação das gorduras no período pós-exercício (apud MELBY, 1999).

No período da perda de peso, a porcentagem perdida de massa livre de gordura aumenta quanto mais hipocalórica for a dieta. Quando o indivíduo se encontra em jejum total, a proporção entre a perda de gordura e de massa magra é de 50% respectivamente, já, na presença de dieta hipocalórica passa para 75% e 25% respectivamente (WILMORE, 1999). Portanto esses dados nos permitem dizer que devem ser consideradas as intensidades do exercício, sua duração, bem como, o período de recuperação, para que se possa avaliar o efeito dos exercícios, quanto à energia produzida e a utilização de carboidratos e gorduras.

Outro fato é que, o treinamento capacita mais o indivíduo a oxidar mais gordura que aqueles não treinados (VOTRUBA, 2000 M). O exercício de intensidade moderada aumenta transitoriamente a taxa metabólica, pois as calorias consumidas, são as do trabalho executado. No obeso, o exercício moderado não chega a auxiliar na redução da ingesta, mas esta não aumenta potencialmente com o consumo suplementar, como ocorre em indivíduos magros, ajudando na indução da perda ponderal (PI-SUNYER, 1997).

Para esclarecer quanto ao gasto energético necessário para que haja déficit calórico, citamos uma correlação do consumo energético entre algumas atividades realizadas por 30 minutos em indivíduos respectivamente com 49,83 Kg e 95,13 Kg:

Basquetebol	207	396
Ciclismo – 9,4 mhp	150	285
Caminhada – 4 mhp	120	228
Dança – discoteca	156	294
Esfregar o chão	96	171
Ficar deitado ou sentado	33	63
Ficar em pé parado	39	72
Jardinagem	150	285
Judô	294	558
Tênis	165	312
Tênis de mesa	102	195
Aeróbica – passo jogging	159	300

Modificado de BENNET & PLUM, 1997.

Exercício de Carga e Perda de Peso

Pouco se fala na literatura, porém, o que se acredita até o momento, que haja uma grande contribuição das gorduras no período de recuperação nas atividades de carga, da mesma maneira que nas atividades de alta intensidade, as gorduras ficam disponíveis para a ressíntese do glicogênio (MELBY, 1999).

Exercício e a Redistribuição da Gordura Corporal

Acredita-se que atividade muscular específica, ou seja, exercício localizado, causa uma perda da gordura adjacente ao músculo exercitado, ou da gordura localizada. Porém estudos revelam que não há alterações no tecido adiposo dessa região exercitada. Se houver balanço energético de gordura devido ao exercício, haverá diminuição da gordura em qualquer região, independente de ser ou não a região exercitada.

Tem-se observado que, além da redução de todos os depósitos de gordura, há uma maior redução na região abdominal, a gordura intra-abdominal é a primeira a ser mobilizada durante a perda de peso, mesmo através do exercício. As células adiposas da região abdominal possuem uma taxa de lipólise menor do que as células adiposas das vísceras e do tecido localizado na região de coxas e quadris, por isso a gordura do tipo ginóide é a mais difícil de ser mobilizada (HALPERN et al, 1998).

Portanto, devido ao fato de que o excesso de gordura localizada na região abdominal está associado a vários fatores de risco de doenças cardiovasculares, o exercício físico torna-se um ponto de grande importância em programas de controle de peso corporal (GUEDES, GUEDES, 1998).

Exercício, Massa Magra e Gasto Energético

Ao perder tecido adiposo, o indivíduo obeso perde também massa magra, ou seja, água, eletrólitos e tecido muscular. Num programa de controle de peso onde não há prática de exercícios, quanto maior for a perda de peso, maior também será a perda de massa magra, podendo chegar acerca de 25% a 30% da redução total do peso (HALPERN et al, 1998).

A prática regular de exercícios pode reduzir a quantidade de gordura corporal sem que haja perda de massa magra ou com o mínimo de perda, além disso, ainda pode aumentar a utilização das gorduras para a produção de energia, tornando-se assim mais efetiva na redução de peso corporal.

Associadas à perda dessa massa magra, que apresenta trabalho metabólico mais elevado que o tecido adiposo, as dietas hipocalóricas podem reduzir em cerca de até 20% a energia necessária para manutenção da temperatura do corpo em estado de repouso e dos sistemas integrados associados às funções básicas e essenciais, denominada taxa metabólica de repouso ou TMR (GUEDES et al, 1998), que representa cerca de 60% a 70% do gasto energético diário total.

Assim, em fases mais avançadas das dietas hipocalóricas, ocorre uma redução no ritmo da perda de peso devido a diminuição da TMR, criando uma adaptação metabólica na tentativa de poupar energia para períodos de restrições calóricas prolongadas. Através dos exercícios físicos, é possível compensar essas adaptações metabólicas e manter a TMR aos níveis inicias da dieta.

O exercício poderia ajudar ainda na redução de peso corporal através do aumento da TMR que pode durar até 12 horas após o exercício físico. A magnitude de sua elevação depende da intensidade e duração do exercício (GUEDES, GUEDES, 1998). A prescrição de exercícios físico para obesos deve ser de intensidade baixa a moderada, não permitindo a obtenção de grandes resultados em termos de perda de peso (HALPERN et al, 1998).

Outros fatores importantes que determinam a TMR são a idade e o sexo. As mulheres apresentam TMR cerca de 5% a 10% menor que os homens, pois apresentam mais gordura. Também as modificações na composição corporal causadas pela redução de massa ou pelo acumulo de gordura na vida adulta são responsáveis pela redução da TMR em cerca de 2% a 3% por década, explicando assim a redução da TMR observada com o envelhecimento (MCARDLE, KATCH, KATCH, 1998).

Complicações Metabólicas e o Exercício Físico

Indivíduos obesos que praticam exercício regularmente, apresentam uma menor morbidade e mortalidade do que os obesos sedentários. Isso se deve aos efeitos benéficos do exercício no controle das complicações metabólicas associadas à obesidade. Pode-se observar a redução da incidência de diabetes, dislipidemias, doenças cardiovasculares e hipertensão arterial.

Através do exercício físico é possível mobilizar os estoques de glicogênio e a oxidação de ácidos graxos, aumentar a sensibilidade à insulina e reduzir a sua necessidade, aumentar a utilização da glicose pelos músculos e manter a normoglicemia.

O exercício físico pode reduzir também os níveis de triglicerideos, aumentar o HDL. Diminuir a pressão arterial através da redução do tônus vascular. E ainda diminui os riscos de acidentes trombóticos e infarto agudo do miocardio porque reduz o fator inibidor da enzima ativadora do plasminogênio e também a agregação plaquetária (HALPERN et al, 1998).

Outros Benefícios dos Exercícios

Segundo dados da ACSM (American College of Sports Medicine), o exercício pode propiciar benefícios nas funções cardiovascular e respiratória, tais como: aumento na captação máxima de oxigênio devido a adaptações centrais e periféricas; diminuição da ventilação minuto até uma dada intensidade submáxima; diminuição do gasto de oxigênio miocárdico para uma dada intensidade; diminuição da freqüência cardíaca e da pressão sangüínea até uma dada intensidade; aumento da densidade capilar no músculo esquelético; aumento do limiar de exercício para o acúmulo de lactato no sangue.

Podem ainda ser obtidos outros benefícios como: diminuição do estresse, da ansiedade e da depressão; aumento da sensação de bem estar e auto – estima; melhora da performance no trabalho, momentos de recreação e atividades esportivas.

Aspectos Psicológicos do Exercício no Tratamento da Obesidade

O exercício e aumento dos níveis de atividade física trazem benefícios claros na perda de peso e sua manutenção. Por muitos anos foi dado maior atenção e importância a dietas hipocalóricas somente, e muitas outras dietas inadequadas ao balanço energético foram elaboradas e colocadas à disposição dos obesos. Nos últimos anos, o papel do exercício tem sido cada vez mais ressaltado, e, portanto, a discussão sobre aderência dos indivíduos aos programas de exercício torna-se freqüente.

Embora seja questionado se a inatividade física causa a obesidade, ou se a obesidade causa a inatividade física, é fato que menores níveis de atividade predispõe à obesidade. Alguns mecanismos que envolvem o sucesso do exercício incluem aumento do gasto energético, supressão do apetite, aumento do TMR, mudança quanto à preferência das dietas mais gordurosas pelas menos gordurosas e alterações no *status* psicológico. A especificidade na alteração dos fatores psicológicos envolvem a modulação na regulação do estresse e melhora nos esquemas cognitivos responsáveis por fatores como otimismo *versus* pessimismo.

Para prescrição dos exercícios deve-se analisar, portanto a influência dos esquemas cognitivos, a interferência direta na mudança desses esquemas, os tipos de exercícios e preferências pessoais, o reforço dos eventos e um esforço máximo do profissional para aderência aos programas (BROWNELL, 1995).

No esforço para entender as relações nas influências de comportamento (atividade física, dieta, status funcional e bem estar emocional) os estudos recentes utilizam monitoramento das atividades físicas e práticas nutricionais (RICHARDS et al, 2000), além de um questionário sobre a qualidade de vida validado por CICONELLI (1997), que usa um questionário auto aplicável com a finalidade de avaliar os efeitos do exercício quanto à saúde e aos aspectos emocionais.

Em um estudo aplicado em mulheres obesas mórbidas no Conjunto Hospitalar do Mandaqui em 2001, RIGATTO *et al,* (2002) observaram melhora significativa no nível de qualidade de vida em saúde, bem como, melhora no condicionamento físico, não ocorrendo neste caso perda de peso no grupo. As figuras 4, 5 e 6 evidenciam os momentos de aquecimento, condicionamento e relaxamento na caminhada aplicada 3 vezes por semana.

Figura 4. *Aquecimento aplicado na caminhada no Conjunto Hospitalar do Mandaqui (SP)*

É possível observar que a atividade foi realizada em terreno plano, arborizado e com toda segurança oferecida por se encontrar dentro do ambiente hospitalar.

Figura 5. *Momento do condicionamento durante a caminhada onde as pacientes realizavam a auto aferição da freqüência cardíaca*

Figura 6. *Momento do relaxamento com alongamentos após o término da caminhada*

Considerações Finais

Quando se fala em performance de indivíduos obesos, existe uma associação direta com a condição de doença, o que não representa erro, pois este é um conceito adotado pela OMS e aceito em todo mundo. Mas dá a noção de incapacidade na realização de atividades físicas, o que não é uma verdade absoluta.

O indivíduo obeso pode realizar um menor número de atividades, mas possui seus movimentos específicos em relação ao universo. Este fato não nos permite afirmar que existe desarmonia, mas sim, um grande grupo de indivíduos com performance humana semelhante.

Portanto, na obesidade são exigidas também realizações sistematizadas no cotidiano para melhoria de ações complexas. Entender os aspectos fisiopatológicos, genéticos, metabólicos, psicológicos, culturais, e muitos outros que poderíamos citar, são de igual importância, e a relação entre estes sistemas resulta em uma performance específica a cada organismo. Claramente, existe um prejuízo evidente em relação à saúde, visto acarretar aumento na mortalidade e comorbidades que pode trazer prejuízo à qualidade de vida. Deste modo, fica clara a necessidade de mais estudos na área da performance para que dúvidas venham a ser sanadas, e com elas, diminuam-se os problemas trazidos com a obesidade.

Referências Bibliográficas

ALBERNATHY RP BLACK, R. Healthy body weights: na alternative perspective. *Am J Clin Nutr*, 1996, 63 (suppl): 51 S.
American College of Sports Medicine. *Guidelines for Exercise Testing and Prescription*. 6th Edition, 2000.
BROWNELL, Kelly D., Exercise and obesity treatment: psychological aspects, *International Journal of Obesity*, 19, Suppl 4, 122-125, 1995.
CICONELLI, R. M.. *Tradução para o português e validação do questionário genérico de avaliação de qualidade de vida "Medical Outcomes Study 36-Item Short-Form Health Survey (SF-36)"*. São Paulo; s.n; 1997. P. ilus, tab. Tese Doutorado apresentado à Universidade de São Paulo. Escola Paulista de Medicina.
COUTINHO, W. (2001). *Consenso Latino Americano sobre Obesidade*. http://www.abeso.org.br/consenso.doc
GIGANTE, Denise P., Prevalência de obesidade em adultos e seus fatores de risco, *Rev. Saúde Pública*, 31 (3): 236-46, 1997.
GUEDES, D. P; GUEDES, J. E. R. P. *Controle do peso corporal: composição corporal, atividade física e nutrição*. Londrina, Midiograf, 1998.
HALPERN, A. A Epidemia de Obesidade. *Arq Bras Endocrinol Metab*; 43 (3): 145-146, 1999.
HALPERN, A; MATOS, A. F. G; SIPLICY, H. L; MANCINI, M. C; ZANELLA, M. T. *Obesidade*. São Paulo, Lemos Editorial, 1998.
KLEIN, S., COYLE, E.F, WOLF, R.R, Fat metabolism during low-intensity exercise in endurance trained and untrained mem. Am Journal Physiol, 267: E 934-E 940, 1994.
LEERMAKERS, E. A.; DUNN, A. L.; BLAIR, S. N.. Exercise management of obesity. *Med Clin North Am*; 84 (2): 419-40, 2000.
LIMA, S. E. J.; CASTRO, B. J.; TARDELLI, R. et al,. Manual de orientação ao paciente do Conjunto Hospitalar do Mandaqui: Obesidade Mórbida Tratamento Cirúrgico. São Paulo. 2001.

LYONS, R. A.; LO, S. V.; LITTLEPAGE, B. N. C.. Comparative health status of patients with 11 common illnesses in wales. J. *Epidemiol. Com. Health*; 48: 388-390, 1994.

MCARDLE, W.D.; KATCH, F.I. e KATCH, V.L.. *Fisiologia do Exercício: Energia, Nutrição e Desempenho Humano*. 4ª ed. Rio de Janeiro – RJ, Guanabara Koogan, 1998.

MELBY, Cristopher L, O. HILL, James, Exercício, regulação dos macronutrientes e regulação do peso corporal, Sports Science Exchange, Nutrição do esporte, num 23, jul/ago/set, 1999.

PESCATELLO, L. S; VANHEEST, J. L.. Physical activity mediates healthier body weight in the presence of obesity. *Lifestyle physical for weight loss in the obese*. 85-93, 2000 Jan.

PI-SUNYER, F.Xavier in CËCIL, Tratado de medicina interna, 20ª Ed, vol 1, Ed Guanabara Koogan, 1297p, 1281-1289, 1997.

RICHARDS, Maria Matthews, ADAMS, Ted D., HUNT, Steven C., Funcional status and emotional well-being, dietary intake, and physical activity of severely obese subjects, Journal of The American Dietetic Association, vol 100, n 1, jan, 2000.

RIGATTO, Alessandra Monaco, ANDRADE, Cleunides Dantas, CREPALDI-ALVES, Silvia Cristina, Análise da Qualidade de Vida em um programa de atividade física em obesos mórbidos, *2º CONGRESSO CIENTÍFICO LATINO AMERICANO FIEP-UNIMEP, Piracicaba, maio, 2002*.

VEIGA. F. (2001). *Obesidade Mórbida*. http://www.obesida demorbi-da. med.br/intro.htm

VOTRUBA S. B.; HORVITZ M. A.; SCHOELLER D. A.. The role of exercise in the treatment of obesity. *Nutrition;* 16 (3):179-88, 2000 Mar.

WILMORE, Jack H in, NIEMAN, David C., Exercício e saúde, Editora Manole Ltda, 227-243, 316p, 1999.

Capítulo 3

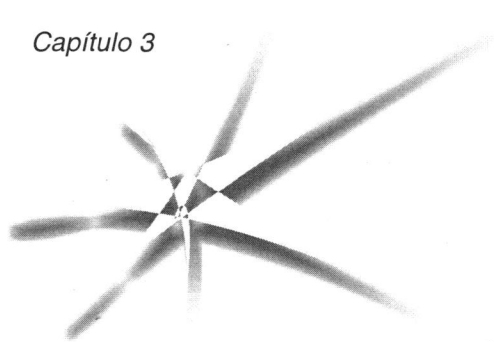

Exercício e Performance no Diabetes

Ricardo Luis S. Guerra
Silvia Cristina Crepaldi Alves
Magali Rodrigues Serrano

Introdução

Nos dias atuais, muitos pesquisadores estudam as relações entre os benefícios e os riscos do exercício para indivíduos em diversas condições especiais, tais como câncer (THUNE & FURBERG, 2001), aids (ROUBENOFF, 2000), transplantes (BRAITH & EDWARDS, 2000), doenças cardiovasculares (FAGGIANO et al, 2000; PASINI, 2000); respiratórias (AMBROSINO, 2000), e diabetes (PEIRCE, 1999), entre outras.

O diabetes mellitus é hoje um dos distúrbios crônico-degenerativos mais importantes, constituindo nos EUA a quarta razão mais comum, pela qual os indivíduos procuram os serviços médicos, e sendo a principal causa de cegueira, doença renal terminal e amputações não traumáticas de membros inferiores (BENNETT & PLUM, 1997).

A doença é caracterizada por um defeito metabólico associado à deficiência absoluta ou relativa de insulina, diminuindo a capacidade do organismo de consumir e armazenar a glicose retirada dos alimentos (NIEMAN, 1999); compreendendo um grupo heterogêneo de alterações associadas à hiperglicemia (WILSON & FOSTER, 1998). Pode ser diagnosticada clinicamente por um quadro de hiperfagia (aumento da fome), polidipsia (aumento da sede), poliúria (aumento do volume urinário), com glicosúria (perda de glicose na urina), hiperglicemia (aumento na concentração de glicose no sangue), tendência à desidratação, acidose metabólica e coma (sintomas agudos), além de alterações vasculares, renais e neurológicas (sintomas crônicos) (BENNETT & PLUM, 1997).

Os avanços nos estudos tiveram como marco, a descrição das ilhotas pancreáticas de Langerhans, em 1869 (LANGERHANS, 1869) e a descoberta da estrutura molecular da insulina em 1950. Em 1921 conseguiu-se isolar a insulina do pâncreas de um cachorro e, em 1 ano injeções de insulina tornaram-se disponíveis, mas logo os pesquisadores descobriram que o diabetes nem sempre é causado pela ausência de insulina no corpo (NIEMAN, 1999).

Atualmente, o diabetes mellitus é dividido basicamente em 3 sub-tipos (Tabela 1), são eles: tipo 1, que, na maioria das vezes se manifesta nas 3 primeiras décadas de vida, no qual o pâncreas tem pouca ou nenhuma capacidade de secretar insulina; tipo 2, manifesta-se predominantemente após os 40 anos de idade, o pâncreas pode ter capacidade de produzir insulina, porém de forma insuficiente para vencer o grau de resistência à ação do hormônio; e o diabetes secundário, que surge associado a outra condição ou síndrome identificável (BENNETT & PLUM, 1997). A American Diabetes Association acredi-

DIABETES MELLITUS	FAIXA ETÁRIA	FISIOPATOLOGIA	FATORES AMBIENTAIS
Tipo 1	3 primeiras décadas de vida	Pouca ou nenhuma capacidade de secretar insulina pelas células B pancreáticas	Frio, alguns vírus, falta de amamentação e outros
Tipo 2	Predominantemente após os 40 anos	Alta resistência à ação da insulina nos tecidos periféricos.	Obesidade, sedentarismo, raça, concentração de lipídeos no sangue.
Secundário		Associação da fisio-patologia dos dois tipos primários, dependendo da patologia de base.	Relacionado a uma patologia de base.

Tabela 1 – *Fatores ambientais relacionados ao desenvolvimento do Diabetes Mellitus*

ta que dois fatores são importantes para o desenvolvimento da patologia. Primeiro, o indivíduo deve herdar uma predisposição genética, e segundo, o ambiente onde vive este indivíduo predisposto deve conter algum fator desencadeante da patologia (HAMDY, GOODYEAR & HORTON, 2001).

O exercício regular e orientado produz benefícios físicos e psicológicos conhecidos e amplamente discutidos, entretanto sua prática, em algumas situações apresenta literalmente poder terapêutico. Pode melhorar as funções cardiovascular, respiratória e muscular, e ajudar a manter os níveis de glicose plasmática (normoglicemia); promovendo portanto a saúde orgânica (VIORI, 1998).

Neste texto iremos abordar a necessidade, os benefícios e os riscos da prática regular de atividade física por indivíduos diabéticos.

Diagnóstico

A classificação e os critérios diagnósticos atuais, foram introduzidos em 1979 nos EUA, e reconhecidos pela Organização Mundial da Saúde em 1980, com modificações em 1985 e 1994 (McCANCE et al, 1997).

O principal teste para o diagnóstico do diabetes mellitus é a glicemia de jejum, onde o valor diagnóstico recomendado pela American Diabetes Association (ADA) é acima de 126 mg/dl (WILSON & FOSTER, 1998).

CONDIÇÃO	GLICEMIA DE JEJUM	GLICEMIA PÓS PRANDIAL	GTTo
Normal	Entre 70 e 110 mg/dl.	Abaixo de 200 mg/dl.	Não se realiza com valores normais de glicemia de jejum.
Intolerante a glicose	Entre 110 e 126 mg/dl.	Abaixo de 200 mg/dl.	Abaixo de 200 mg/dl em todos os momentos.
Diabético	Entre 110 e 126 mg/dl.	Sem valor diagnóstico.	Acima de 200 mg/dl a qualquer momento.
Diabético	Acima de 126 mg/dl.	Sem necessidade para o diagnóstico.	Sem necessidade para o diagnóstico.

Tabela 2 – *Valores diagnósticos para diabetes mellitus*

Outros exames podem ser realizados para complementação do diagnóstico, entre eles estão: teste de tolerância oral a glicose (GTTo), teste de tolerância intravenosa a glicose (ITT) e hemoglobina glicosilada (WILSON & FOSTER, 1998).

A Tabela 2 mostra os critérios diagnósticos aceitos atualmente pela ADA baseados nos exames de glicemia e de GTTo.

Papel do Exercício no Tratamento e Prevenção do Diabetes Mellitus

A incidência do diabetes mellitus aumenta dramaticamente à medida que o estilo de vida ocidental é adotado pelas pessoas das sociedades em desenvolvimento. A American Diabetes Association acredita que haja vários desencadeadores ambientais do diabetes mellitus tipo 1, que incluem tempo frio, certos tipos de vírus ou a falta de amamentação. No diabetes mellitus tipo 2 os principais fatores de risco são: a história familiar, o envelhecimento, a raça, a obesidade e as concentrações de lipídios no sangue (NIEMAN, 1999).

Existem relatos na literatura de que na antiguidade, a medicina já relacionava o diabetes ao sedentarismo e discutia a importância do exercício no tratamento da doença (ROLLO, 1798; LAWRENCE, 1926). Nos países ocidentais, de 25 a 35% da população apresenta um certo grau de resistência a ação da insulina, levando ao desenvolvimento posterior de diabetes mellitus tipo 2. A realização de um programa regular de exercícios, reduz em um terço o aparecimento de diabetes nestes indivíduos (GRIMM, 1999).

O risco de desenvolvimento de diabetes mellitus tipo 2 aumenta em relação direta com o grau de obesidade (NIEMAN, 1999); desta forma, a associação correta de exercícios e dieta, é eficaz na redução deste fator de risco (GRIMM, 1999) e podem influenciar positivamente na qualidade de vida; o grande problema hoje, no Brasil, é que a maioria dos diabéticos desconhece a evolução lenta e silenciosa da doença (MARTINS & DUARTE, 1998).

Os efeitos do exercício no metabolismo dos carboidratos são complexos e envolvem o tipo, a intensidade e a duração do exercício; a composição corpórea, a ingestão alimentar, o grau de deficiência de insulina e a sensibilidade à insulina (RICHTER & GALBO, 1986; ZINKER et al, 1994).

Estas variáveis ainda não estão bem definidas, quanto a forma mais adequada para os diabéticos (PEIRCE, 1999), assim a atividade física deve ser individualizada e associada a dieta, para promover controle metabólico adequado (WHEELER, 1999), garantir a segurança do indivíduo, além de estimulá-lo a realizar a atividade durante toda a vida (NUNES, 1997).

Mudanças no estilo de vida são necessárias para o tratamento do diabetes mellitus, sendo que aparentemente todos os diabéticos devem realizar atividade física diariamente. Os indivíduos devem se submeter, além do programa de exercícios e da dieta, a monitorização regular de glicemia, taxas lipídicas, hemoglobina glicosilada, pressão arterial e peso, para manter-se um bom controle da patologia (FRANZ, 1997; MARTINS & DUARTE, 1998).

O fato do diabetes tipo II ser caracterizado por resistência periférica no músculo esquelético; ou seja, alteração na ação celular da insulina, possibilita que o treinamento físico tenha efeito terapêutico, principalmente por aumentar a sensibilidade à insulina e a atividade das proteínas transportadoras de glicose (GLUTs), presentes nas membranas das células. Estudos em indivíduos diabéticos tipo II que praticam atividade física, demonstram uma diminuição na mortalidade por coronariopatias; uma redução na pressão arterial e uma melhora parcial das dislipidemias. Além disso, quando associado à dieta, os benefícios do exercício são ainda maiores, pois pode haver redução no peso corpóreo, principalmente na gordura intra-abdominal, o que reduz os fatores de risco relacionados. Além disso, o exercício protege contra o desenvolvimento da doença, em populações de alto risco (SCHNEIDER & GULERIA, 2000, PEIRCE,

1999; LAMPMAN & SCHTEINGART, 1991), e sendo feito de forma intensiva, reduz a mortalidade (RATNER, 1998). A melhora na tolerância a glicose está relacionada a intensidade do exercício e a mudança na quantidade de tecido adiposo (KELLEY & GOODPASTER, 1999); e os exercícios de força tem demonstrado uma melhor eficiência na redução da resistência a ação da insulina, quando comparados com os exercícios de resistência aeróbia (GRIMM, 1999).

No diabetes tipo I, a obtenção de benefícios com a prática de exercício, requer cuidados, principalmente no sentido de se evitar a ocorrência de hipoglicemia. Isso pode envolver uma diminuição da dose de insulina exógena, a injeção do hormônio em locais distantes dos músculos ativos, e uma ingestão adicional de carboidratos associada à atividade física (PETERSEN et al, 1979; SCHNEIDER & GULERIA, 2000; WASSERMAN & ZINMAN, 1994). Porém esses procedimentos devem ser feitos de maneira altamente planejada e individualizada e orientada por profissionais especializados.

A utilização de atividade física para o tratamento de indivíduos diabéticos, tem como objetivos principais reduzir os fatores de risco de mortalidade e os sintomas da hiperglicemia (GORBENKO, 1999). A aplicação de um programa de exercícios evidencia melhora no controle do diabetes mellitus tipo 2, apesar de alguns estudos não evidenciarem um efeito crônico do exercício sobre os níveis glicêmicos (MARTINS & DUARTE, 1998); mas este controle não é notado no tipo 1; porém, os dois tipos se beneficiam com a redução dos níveis de mortalidade (ZINKER, 1999).

A figura 1 sintetiza os principais efeitos do exercício físico, que podem contribuir para a melhora da qualidade de vida de indivíduos diabéticos.

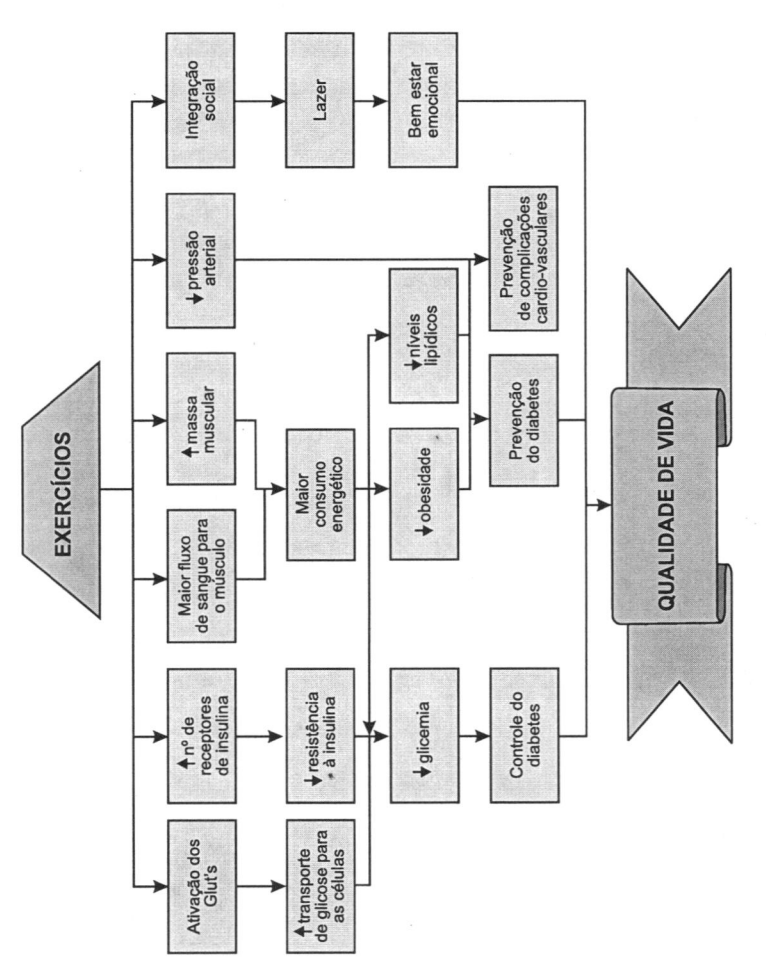

Figura 1: Efeitos do exercício na melhora da qualidade de vida do diabético.

Aspectos Psicológicos do Diabetes e Efeitos Psico-sociais do Exercício

O tratamento eficiente de portadores de diabetes mellitus deve envolver esforços de uma equipe multidisciplinar de saúde para fornecer novos padrões de comportamentos em seus pacientes; pois as mudanças comportamentais certamente contribuirão com as fisiológicas (SURWIT *et. al.*, 1982; SKYLER, 1981; GLASGOW *et. al.*, 1997).

Os benefícios clínicos também parecem estar diretamente relacionados à satisfação do paciente, seu bom estado emocional, sua integração social e esclarecimentos básicos relacionados ao diabetes (SOUZA *et. al.*, 1998). Assim, a atividade física deve propiciar suficientes distrações e recreações, minimizando o estresse da vida diária, o acúmulo de tensão, a ansiedade e as frustrações.

Frente às exigências que a doença requer no que tange a mudanças de vida, principalmente dos hábitos alimentares, surge o problema da aceitação e adesão ao tratamento, podendo desencadear uma descompensação, estresse emocional e depressão.

Nesse sentido, trabalhos recentes relatam contribuições importantes da ciência comportamental para o diabetes, incluindo orientação e esclarecimentos sobre a doença que são fundamentais aos pacientes. A melhora na qualidade de vida desses pacientes e o seu bem estar físico e mental podem ser obtidos com programas comunitários e acompanhamento de profissionais capacitados, assim como utilização de técnicas específicas.

Outro aspecto importante a ser analisado é o significado do adoecer para cada indivíduo. Um indivíduo com diabetes mellitus muitas vezes não se vê como uma pessoa que tem um órgão adoecido, mas sente estar doente como um todo. Evidentemente nem todos adoecem do mesmo modo, ou seja, não se comportam de maneira uniforme em relação à vivência de ficar e estar doente. Estas variações dependem não apenas da gravidade da doença, forma aguda ou crônica, mas também de outras condições individuais, dentre as quais podem se destacar: idade, sexo, nível intelectual, o conjunto de peculiaridades de cada indivíduo, vida particular, modo de reagir frente as dificuldades e capacidade de superar as situações criticas. Pode-se dizer também que a postura do indivíduo no mundo, diante da vida, exerce influencia no modo de adoecer, de estar enfermo, e até morrer.

Diante destes fatos, o clínico, quando se encontra com indivíduo enfermo, fica de frente não só com a doença mas com o doente, devendo então tratar não só a parte ou órgão afetados mas também o indivíduo como um todo. Diante desses fatores, o diabético deve acima de tudo ser considerado como um indivíduo que tem angústias e aspirações. Na medida do possível ele deve ser encorajado a colocar suas dúvidas, a opinar sobre o tratamento e a propor soluções para cada fato novo que aparece.

Baseado nesse importante impasse que enfrenta o diabético, onde há uma grande mudança em sua vida no que diz respeito a dieta alimentar, a rotina do dia a dia que influencia consideravelmente os aspectos emocionais, vários autores se preocuparam em elaborar formas de atuar no que consiste em aumentar a adesão dos pacientes, evitando-se portanto uma descompensação, estresses emocionais e depressões.

Segundo MALERBI (1990) a adesão esbarra em problemas como a aceitação do indivíduo frente a doença; a questão da auto-valorização e em conseqüência um autocontrole, ou seja, há uma relação significativa com a dificuldade de se adaptar às regras, que pode ser percebida pelo doente como uma punição o que consequentemente resultaria numa extinção do comportamento necessário.

GUIMARÃES (1999), enfatiza a questão da ansiedade que é gerada no paciente frente a necessidade de autocontrole, considerando também a questão da auto-estima como fator desencadeante de um melhor auto-controle.

Diante desses preceitos MALERBI (1990) cita como fundamental a educação dos pacientes frente a doença elaborando uma metodologia de atuação com grupos educativos com duração aproximada de uma hora, visando: 1) promover a aceitação dos limites imposto pelo diabetes; 2) estimular a busca de informações sobre o tratamento; 3) encorajar verbalizações a respeito das dificuldades relacionadas com a diabetes; 4) reforçar relatos: a) do cumprimento da dieta adequada; b) da prática de exercícios físicos; c) do seguimento de orientação médica quanto às doses e os horários de auto-aplicação de insulina; d) da monitoração; 6) incentivar o uso da "carteira de identificação de diabéticos"

VIVOLO (1993), do Departamento de Medicina Preventiva da Escola Paulista de Medicina, também enfatiza a importância da educação como sendo a mais valiosa adjuvante terapêutica no tratamento do diabetes mellitus e apresenta um proposta de educação à jovens diabéticos do tipo I, junto a uma equipe multidisciplinar em experiências com colônias de férias onde são feitas vivências de auto-aplicação e manuseio de insulina, além de outros ensinamentos.

É consenso na literatura que o exercício exerce efeitos na redução da ansiedade e da depressão, na melhora do humor e no bem estar emocional. Existem várias teorias propostas para explicar esse processo (YEUNG, 1996; DUBNOV & BERRY, 2000). A "hipótese termogênica" relaciona a elevação da temperatura corporal como causa da melhora no humor após atividade física. A "hipótese da distração" propõe que a distração da mente dos estímulos estressores do cotidiano, pela atividade física, é a maior causa da melhora no humor. A "hipótese da dominação" associa as mudanças no humor com as sensações de conquista e realização do esporte. E finalmente a "hipótese das endorfinas", na qual a beta endorfina (secretada pela adenohipófise) além de outros opióides endógenos liberados durante o exercício, são responsáveis por diversos efeitos no sistema nervoso central e no músculo esquelético.

Fisiologicamente, o nosso estado emocional é produto de uma complexa integração entre neurônios cerebrais e neurotransmissores. O exercício físico ativa um sistema estressor neuroendócrino que inicia várias cascatas metabólicas resultando na ativação de neurotransmissores (principalmente noradrenalina, dopamina e serotonina), que podem afetar não apenas o humor, mas também o apetite, o sono e a percepção de dor. Portanto, os benefícios emocionais da atividade física provavelmente resultem de uma série de fatores neuroendócrinos e metabólicos. Em relação ao diabético, a prática de exercícios físicos de intensidade moderada, principalmente coletivos, possibilita a obtenção de inúmeros efeitos psico-sociais positivos e a melhora na qualidade de vida (GLASGOW *et. al.*, 1997).

Prescrição de Exercícios para Diabéticos

A realização de atividade física por indivíduos diabéticos, como já foi exposto, é de grande importância terapêutica, porém a melhor forma de realizá-la é a grande questão ainda hoje. Há divergência na literatura quanto ao tipo, intensidade e duração do exercício a ser praticado por esses indivíduos, por isso iremos abordar agora, as variáveis que envolvem a prescrição do exercício, da forma mais correta possível, para cada sujeito.

Para que um programa de atividade física seja bem sucedido, sua elaboração deve ser dividida em fases; assim conseguimos uma maior segurança para o indivíduo, além de motivá-lo a realizar sempre as atividades propostas.

Sabe-se que o diabético, com a evolução da doença, apresenta várias complicações, principalmente dos sistemas cardiovascular, renal e nervoso (BENNETT & PLUM, 1997), assim o primeiro passo a ser realizado é o de classificar o indivíduo em relação a atividade física. Com base em exames clínicos, físicos, laboratoriais e nutricionais, podemos inicialmente utilizarmos de 4 situações (NUNES, 1997):

1. admitir o indivíduo no programa,
2. encaminhá-lo a um programa com maior nível de supervisão,
3. encaminhá-lo a avaliação clínica mais detalhada e/ou tratamento antes de iniciar a atividade, e
4. rejeitar a participação do mesmo.

Para os indivíduos que são aceitos no programa de exercícios, a implementação deve ser bem sucedida, observando-se todas as variáveis para conseguir motivação para participação regular, segurança e divertimento. É muito importante se observar tudo que envolve a boa realização do programa, de acordo com as necessidades individuais de cada participante, para assim escolher as características físicas do local onde se realizará os exercícios, a capacitação e o nível de supervisão da equipe, nível de monitorização e os planos emergenciais disponíveis. Todas estas variáveis devem ser reavaliadas periodicamente e alteradas se necessário.

A motivação para a prática regular é muito importante, já que tratamos de uma patologia progressiva, para isso a observação das pretensões do sujeito é de grande valia. Vários indivíduos tem como objetivo, na prática de atividade, benefícios não relacionados diretamente com a fisiopatologia da doença, tais como:

1. divertir-se,
2. socializar-se,
3. melhorar a aparência física,
4. melhorar a flexibilidade,
5. lidar melhor com as pressões da vida diária,
6. sentir-se menos cansado, entre outros.

A prescrição dos exercícios deve seguir princípios metodológicos. O primeiro deles é o princípio da sobrecarga. Seguindo as características fisiopatológicas do diabetes mellitus, dá-se preferência a exercícios rítmicos de grandes grupos musculares, com início gradual, onde a duração depende diretamente da intensidade utilizada.

O segundo princípio é o da continuidade; realizando um aumento progressivo da carga utilizada e calculando os intervalos entre as sessões, de acordo com o programa seguido. Para se conseguir tal evolução, deve-se evitar intervalos longos; uma pausa total no programa, durante 3 semanas, reduz a performance em torno de 20%.

Seguindo os princípios metodológicos, resta apenas se definir variações entre intensidade e volume. Aconselha-se que durante a fase básica do programa, utilize-se volumes mais altos, com intensidades mais baixas; e em fase específica inverta-se esta relação.

Ao se elaborar o programa de exercício a ser utilizado, é aconselhada a opção por exercícios que sejam capazes de aumentar a capacidade de adaptação dos sistemas orgânicos ao esforço, conseguindo atingir e manter uma condição tal, que atinja um equilíbrio adequado entre o aporte e o consumo de energia.

A evolução na intensidade e no volume de treinamento é importante, pois há adaptações precoces ao esforço; entre elas estão:

1. aumento do tônus e da força musculares,
2. aumento do fluxo de sangue capilar,
3. aumento das mioglobulinas,
4. aumento no número de mitocôndrias e
5. diminuição na produção de ácido lático.

Para que todas estas adaptações metabólicas ocorram progressivamente, melhorando cada vez mais as capacidades orgânicas, é que se faz necessário que os indivíduos sejam reavaliados preferencialmente de 2 em 2 meses, ou no máximo de 3 em 3 meses; e que se realize as mudanças necessárias no programa.

Basicamente, podemos citar valores de referência para intensidade, duração e freqüência dos exercícios, mas vale lembrar que isto não é uma regra, e que deve-se procurar a melhor forma para cada indivíduo. Para os sujeitos que fazem uso de insulina exógena, pela dificuldade no controle da dose insulina administrada, o ideal é que se realize exercícios diariamente, mantendo-se assim sempre a mesma dose diária do hormônio; e para uma maior segurança utiliza-se intensidades de moderada a alta, durante 20 a 30 minutos. Já os indivíduos que não fazem uso de insulina exógena, não há a necessidade tão rigorosa da prática diária, sendo suficiente a realização da atividade de 5 a 6 vezes por semana; e pelo risco de hipoglicemia durante a prática ser menor, pode se realizar com uma intensidade menor por períodos de até 60 minutos.

Benefícios, Riscos e Cuidados a serem Tomados Durante a Execução dos Exercícios

São vários os benefícios trazidos pela prática de atividade física, podendo eles estar relacionados a princípios fisiológicos, sociológicos, profissionais, etc. Abordando as características fisiopatológicas do diabetes mellitus, os benefícios principais são:

1. redução imediata da glicemia e, apesar da literatura ser muito divergente neste ponto, há a possibilidade de melhora no controle glicêmico a longo prazo;
2. aumento da sensibilidade à insulina;
3. redução do colesterol LDL e possível aumento no colesterol HDL;
4. melhora em quadros de hipertensão de leve a moderada;
5. aumento do gasto energético, como auxiliar da dieta na redução da massa corporal;
6. melhora na capacidade física de trabalho; e
7. maior bem-estar, redução da ansiedade e do estresse e aumento na motivação para o tratamento, melhorando a qualidade de vida.

Porém, na prática de atividade física por diabéticos também há riscos, e estes devem ser considerados na hora de admitir o indivíduo para a realização dos exercícios e, no momento de escolher o exercício a ser realizado. Os riscos mais evidentes são:

1. hipoglicemia durante e após o exercício, ocorrendo mais em diabéticos que estão em uso de insulina exógena;
2. rápido aumento da glicemia e das cetonas após o exercício;
3. aumento do risco de complicações cardiovasculares já existentes;
4. aumento do risco de doença articular degenerativa; e
5. piora das complicações do diabetes a longo prazo.

Como podemos ver, é necessário se avaliar os riscos e os benefícios do exercício, tanto a curto como a longo prazo, antes de se iniciar a prática. Porém, os riscos podem ser minimizados, tomando-se alguns cuidados durante a prática:

1. reduzir a dose de insulina em 20% (em pacientes que fazem uso exógeno);
2. ingerir 10 gramas de carboidratos a cada 30 minutos de atividade;
3. monitorizar a glicemia durante e após a atividade, em pacientes de maior risco;
4. orientar o paciente e interromper o exercício aos primeiros sinais de hipoglicemia;
5. não permitir que o diabético realize os exercícios sozinho;
6. realizar reposição adequada de líquido; e
7. observar o calçado e a higiene dos pés.

Portanto, um indivíduo diabético pode controlar sua doença e ter uma performance que lhe garanta boa qualidade de vida, associando dieta, medicação apropriada e atividade física orientada e supervisionada. Esse último aspecto enfatiza a importância de profissionais da área da Educação Física, terem conhecimentos sobre a fisiopatologia do diabetes, para garantirem o atendimento adequado, seguro e muitas vezes em equipes multidisciplinares, a essa população.

Referências Bibliográficas

AMBROSINO, N. Exercise and noninvasive ventilatory support. *Monaldi Arch Chest Dis.*, 55 (3): 242-6, 2000.

BENNET, J.C. & PLUM, F. Diabetes mellitus. *CECIL – Tratado de Medicina Interna*. Ed. Guanabara. 20ª ed. Volume 2. 2647 p, 1997.

BRAITH, R.W. & EDWARDS, D.G. Exercise following heart transplantation. *Sports Med.,* 30 (3): 171-92, 2000.

DUBNOV, G. & BERRY, E.M. Physical Activity and Mood in: WARREN, M.P. & CONSTANTINI, N.W. *Sports Endocrinology*. 1th ed., Hardcover, 2000, 486p.

FAGGIANO, P.; GUALENI, A.; DÁLOIA, A. Physiopathology of exercise. Cardiac adaptation. *Ital Heart J.*, 1 (3): 332-8, 2000.

FRANZ, M. J. Lifestyle modifications for diabetes management. *Endocrinol Metab Clin North Am.* 26 (3): 499-510, 1997.

GLASGOW, Russel; RUGGIERO, Laurie; EAKIN, Elizabeth; DRYFOOS, Janet; CHOBANIAN, Lisa. Quality of life and associated characteristics in a large national sample of adults with diabetes, *Diabetes care*, vol. 20, no. 2, april 1997.

GORBENKO, N. I. The current aspects of the pharmacological correction of hyperglycemia in patients with non-insulin-dependent diabetes mellitus. *Eksp Klin Farmakol.* 62 (5): 71-8, 1999.

GRIMM, J. J. Interaction of physical activity and diet: implications for insulin-glucose dynamics. *Public Health Nutr.* 2 (3A): 363-8, 1999.

GUIMARÃES, Flávia Fonseca; KERBAUY, Rachel Rodrigues. Autocontrole e adesão a tratamento em diabéticos, cardíacos e hipertensos, *In: Comportamento e Saúde*, 1999.

HAMDY, O.; GOODYEAR, L. J. & HORTON, E. S. Diet and exercise in type 2 diabetes mellitus. *Endocrinology and Metabolism Clinics of North America*. 30 (4): 883-907, 2001.

KELLEY, D.E. & GOODPASTER, B.H. Effects of physical activity on insulin action and glucose tolerance in obesity. *Med. Sci. Sports Exerc.* 31 (11 Suppl): S619-23, 1999.

LAMPMAN, R.M. & SCHTEINGART, D.E Effects of exercise training on glucose control, lipid metabolism and insulin sensitivy in hipertriglyceridemia and non-insulin-dependent diabetes mellitus. *Med. Sci. Sports Med.* 23 (6): 703-12, 1991.

LANGERHANS, R.D. *Über die mikroskopische Anatomie des Pankreas.* Inaugural-Dissertation. Berlin: G. Lange, 1869.

LAWRENCE, R.D. The effect of exercise on insulin action in diabetes. *Br. Med. J.* 1: 648-52, 1926.

MALERBI, Fani Eta Korn. Adesão ao tratamento, in: *Sobre Comportamento e Cognicão*, vol 5, ed. Set, 1990.

MARTINS, D. M.; DUARTE, M. F. S. Efeito do exercício físico sobre o comportamento da glicemia em indivíduos diabéticos. *Atividade Física e Saúde*, 3 (3): 32-44, 1998.

McCANCE, D.R. et. al. Diagnosing diabetes mellitus – do we need new criteria? *Diabetologia.* 40: 247-55, 1997.

NIEMAN, D. C. *Exercício e Saúde*, Editora Manole, 1ª Ed., 1999.

NUNES, V. G. S. Prescrição de exercícios físicos para pessoas com diabetes mellitus. *Atividade Física e Saúde*, 2 (4): 76-86, 1997.

PASINI, E. Physiopathology of exercise. Vascular adaptations. *Ital Heart J.*, 1 (3): 343-6, 2000.

PEIRCE, N.S. Diabetes and Exercise. *Br. J. Sports Med.*, 33 (3): 161-72, 1999.

PETERSEN, C.M.; JONES, R.L.; DUPUIS, A. et al, Feasibility of improved blood glucose control in patients with insulin dependent diabetes mellitus. *Diabetes Care*, 2: 329-335, 1979.

RATNER, R. E. Type 2 diabetes mellitus: the grand overview. *Diabet Med.* 15 Suppl 4: S4-7, 1998.

RICHTER, E.A. & GALBO, H. Diabetes, insulin e exercise. *Sports Med.* 3: 275-88, 1986.

ROLLO, J. *Cases od Diabetes Mellitus: with the Results of the Trials of Certain Acids and Other Substances in the Cure of the Lues Venerea*, 2nd ed. Dilly, London, 1798.

ROUBENOFF, R. Acquired immunodeficiency syndrome wasting, functional performance, and quality of life. *Am J Manag Care.* 6 (9): 1003-16, 2000.
SCHNEIDER, S.H.; GULERIA, P.S. Diabetes and Exercise. in WARREN, M.P. & CONSTANTINI, N.W. *Sports Endocrinology.* 1th ed., Hardcover, 2000, 486p.
SKYLER, JS, Psychological issues in diabetes. *Diabetes Care*; 4 (6): 656-7, 1981.
SOUZA, Carlos Alberto de; BUENO, João Romildo; e MATTOS, Paulo. Fatores psíquicos e a aderência de pacientes diabéticos ao tratamento, *Jornal Brasileiro de Psiquiatria*, vol 47 no. 7, julho 1998.
SURWIT, S; SCOVERN, A.W; and FEIGLOS, M.N. The role of behavior in diabetes care, *Diabetes care*, vol5 no. 3, may-june 1982.
THUNE, I. & FURBERG, A.S. Physical activity and cancer risk: dose-response and cancer, all sites and site-specific. *Med Sci Sports Exerc.*, 33 (6): S530-50; S609-10, 2001.
VIORI, I. Does physical activity enhance health? *Patient Educ Couns.*, 33 (1: S95-103, 1998.
VIVOLO, M.A., FERREIRA, S.R.G., SUSTIVICH, C. *Arquivos Brasileiros de Endocrinologia e Metabolismo*, Vol. 37, n° 2, 1993, págs. 64 a 68.
WASSERMAN, D.H. & ZINMAN, B. Exercise in Individuals with IDDM. *Diabetes Care*, 17 (8): 624-37, 1994.
WHEELER, M. L. Nutrition management an physical activity as treatments for diabetes. *Prim Care.* 26 (4): 857-68, 1999.
WILSON, J.D.; FOSTER, D.W.; KRONENBERG, H.M.; LARSEN, P.R. *Williams–Textboook of Endocrinology.* 9th ed., W.B. Saunders Company, 1998, 1819 p.
YEUNG, R.R. The acute effects of exercise on mood state. *J. Psychosom Res.* 40: 123-141, 1996.
ZINKER, B.A.; KELLY, P.; NAMDARAN, K.; BRACY, D.P.; WASSERMAN, D.H. Exercise-induced fall in insulin: mechanism of action at the liver and effects on muscle glucose metabolism. *Am. J. Physiol.* 266 (Endocrinol. metab. 29): 683-89, 1994.
ZINKER, B. A. Nutrition and exercise in individuals with diabetes. *Clin Sports Med.* 18 (3): 585-606, 1999.

Capítulo 4

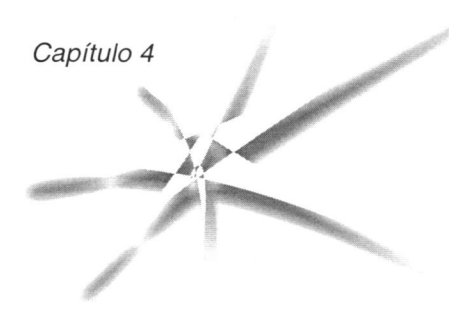

Musculação para Saúde: Estudo Exploratório

Idico Luiz Pellegrinotti
André Sturion Lorenzi

Introdução

Os exercícios realizados com alguma forma de resistência aos movimentos são os mais produtivos quando se deseja aumentar a massa muscular. A ginástica com pesos é a forma mais difundida dos chamados exercícios resistidos (SANTARÉM, 1995).

A prática de exercícios contra-resistência tornou-se conhecida como "musculação" e é utilizada com diferentes objetivos (NIEMAN, 1999).

Na área desportiva, participa da preparação física de atletas de inúmeras modalidades, sendo a base do treinamento dos levantadores de peso e dos culturistas, conhecidos coletivamente como halterofilistas. Culturismo é a musculação de competição (Fisiculturismo em espanhol e Body-building em inglês).

Nas academias, a musculação é uma das atividades mais procuradas pelas pessoas que desejam simplesmente melhorar o seu condicionamento físico. Segundo SANTARÉM (1995), nos Estados Unidos estima-se em 35 milhões o número aproximado dos praticantes de ginástica com pesos, de ambos os sexos e todas as idades.

Em medicina de reabilitação e fisioterapia, os exercícios com pesos constituem uma atividade essencial para os objetivos da área. Particularmente na reabilitação de pessoas idosas, a ginástica em aparelhos de musculação está sendo cada vez mais utilizada em todo o mundo, em função da segurança de sua prática bem orientada e dos grandes benefícios em aptidão física e qualidade de vida que proporciona (CAMPOS, 2000).

STEGEMANN (1979) sugere ser Aptidão Física a capacidade individual de executar performances físicas com seus músculos e de manter o equilíbrio cardio-circulatório e respiratório em relação a esforços maiores.

Grupos específicos, como diabéticos, osteoporóticos, idosos e obesos, dentre outros, necessitam de uma programação de musculação diferenciada e personalizada para que o exercício contribua de maneira positiva na melhoria da performance e na diminuição dos fatores de risco associados a cada caso (CAMPOS, 2000).

Assim sendo, é imprescindível que o profissional saiba orientar devidamente o praticante, que realizará um trabalho muito mais seguro e compatível com sua individualidade biológica. Para TUBINO (1979), "Chama-se Individualidade Biológica o fenômeno que explica a variabilidade entre elementos da mesma espécie, o que faz com que não existam pessoas iguais entre si".

Dentre as inúmeras perspectivas da prática de atividade física, a musculação deixa de ser uma prática de melhoria da força para se integrar como um componente importante na melhoria da capacidade física dos indivíduos, não havendo exclusão de idade e gênero. Neste contexto, a musculação tem sido considerada de grande importância para a saúde do praticante.

Quando se pretende utilizar a musculação para fins de saúde, é imprescindível que o profissional saiba o "como" e o "porquê" do exercício e ou da programação de exercícios para cada caso, conforme já mencionado anteriormente. Dessa forma, o trabalho realizado ocorre de maneira muito mais segura e compatível com as individualidades biológicas de cada um, principalmente quando se considera grupos específicos, como diabéticos, osteoporóticos, idosos, crianças e obesos, dentre outros, que necessitam de uma programação de musculação diferenciada e personalizada, de modo que o exercício contribua, somente de maneira positiva, para a diminuição das sintomatologias e dos fatores de risco associados a cada um deles.

DINÁC et al, (1996), citado por SANTARÉM (1999), relata que a musculação quando sob supervisão adequada, representa uma excelente opção para a manutenção da saúde e melhoria da qualidade de vida, pois qualquer indivíduo pode se beneficiar da mesma, desde que o protocolo seja ajustado a sua realidade e objetivos.

De acordo com diversos autores (WEINECK, 1991; SANTARÉM, 1995; NIEMAN, 1999;), a prática da musculação apresenta muitos benefícios em diversos aspectos, tais como:

- **Auto estima** – A prática regular de exercícios aumenta a confiança do indivíduo;
- **Melhoria no Sono** – Quem se exercita dorme com mais facilidade e aproveita melhor o sono. Um programa de exercícios leves (como caminhar de 30 a 40 minutos por dia ou praticar ginástica aeróbica de baixo impacto quatro vezes por semana) comprovadamente melhora a qualidade e duração do sono e ajuda o praticante a adormecer com mais facilidade. O efeito dos exercícios no sono são explicados pelo maior relaxamento muscular e a redução da tensão nervosa decorrentes da atividade física;
- **Minimização da ansiedade e da depressão** – Pessoas com depressão branda ou moderada, que praticam exercícios de 15 a 30 minutos em dias alternados, experimentam uma variação positiva do humor já após a terceira semana de atividade. Indivíduos com tendência à ansiedade e depressão são beneficiados pela liberação de substâncias calmantes e relaxantes durante os exercícios. As endorfinas, aumentadas no organismo de quem pratica musculação, por exemplo, ajudam muito na diminuição da hiperatividade. Depois do exercício a pessoa experimenta uma sensação de serenidade;
- **Capacidade mental** – Pessoas ativas apresentam reflexos mais rápidos, maior nível de concentração e memória mais apurada;

- **Estética** – Homens e mulheres sempre buscam a estética corporal afim de se conseguir uma harmonia corporal buscando o "belo";
- **Recreativa** – Pode-se utilizar a musculação como uma atividade recreativa na quebra de tensões, como lazer ou ainda como higiene psicossomática;
- **Colesterol** – Exercícios vigorosos e regulares aumentam os níveis de HDL (lipoproteína de alta densidade, o "bom colesterol") no sangue, fator associado à redução dos riscos de doenças cardíacas e reduz níveis de LDL ("mau colesterol");
- **Redução da gordura corporal** – Devido ao aumento do gasto energético e da conseqüente queima de calorias, ocorre uma diminuição das reservas de gordura corporal;
- **Envelhecimento** – Ao fortalecer os músculos e o coração, e ao amenizar o declínio das habilidades físicas, os exercícios podem ajudar a manter a independência física e a habilidade para o trabalho, retardando o processo de envelhecimento e dependência;
- **Diminuição de riscos de quedas e fraturas** – Exercícios regulares com sobrecargas adequadas são acessórios fundamentais na construção e manutenção da massa óssea. O treinamento com pesos leva a uma mineralização na matriz óssea. O aumento da densidade dos ossos diminui risco de fraturas em quem se exercita. Mulheres com idade avançada e que praticam um exercício freqüente sofrem menos problemas relacionados à quedas e fraturas. Atividades físicas que proporcionam o desenvolvimento de equilíbrio e força favorecem um caminhar mais seguro e uma musculatura mais rígida e eficiente. De uma maneira geral, exercitar-se

também amplia a velocidade de resposta e a agilidade, diminuindo o risco de praticante ser "pego de surpresa" por um escorregão, por exemplo;
- **Combate à osteoporose em mulheres** – A musculação é indicada para melhorar a qualidade de vida na pós-menopausa. Desenvolver uma atividade física (em especial, aquelas direcionadas para o aumento de força, como a musculação) ajuda a aumentar a densidade óssea. Na pós-menopausa, é comum as mulheres terem problemas relacionados à perda de consistência dos ossos, fator que pode ser minimizado com uma composição óssea mais densa;
- **Prevenção de doenças cardíacas** – O trabalho de musculação ativa o sistema cardiovascular na tentativa de aumentar a oxigenação dos músculos durante os exercícios. Com esse estímulo, o coração e os vasos sangüíneos desenvolvem a capacidade de manter a contratilidade do miocárdio. Correr, com a devida orientação, pode ser um bom remédio para o coração. Homens que se exercitam regularmente, têm menor risco de sofrerem problemas cardíacos. Mulheres que caminham o equivalente a três ou mais horas semanais também apresentam, de uma maneira geral, 35% a menos de chance de sofrer um problema vascular ou cardíaco. Assim, exercitar-se proporciona um aumento considerável na oxigenação do organismo (e, consequentemente, do músculo cardíaco), além de criar novos vasos sangüíneos, facilitando a circulação cardíaca e diminuindo o risco de entupimentos;
- **Varizes** – A musculação produz dilatação das veias periféricas normais, com grande benefício para a circulação do sangue;

- **Profilática ou terapêutica** – A musculação pode ser utilizada na recuperação de lesões musculares e na correção de desvios posturais;
- **Diminuição das dores lombares** – Com um programa adequado de alongamento e fortalecimento da musculatura lombar ocorre um significante declínio no desconforto lombar;
- **Manutenção e aumento do metabolismo** – Decorrente do aumento de massa muscular, pois a mesma é responsável pela maior parte do metabolismo orgânico;
- **Diminuição da perda de massa muscular** – Efeito este de grande utilidade aos idosos, pois no processo de envelhecimento há uma diminuição progressiva da massa muscular;
- **Diminuição no risco de pedras na vesícula** – Mulheres ativas correm um risco 30% menor de sofrerem cirurgia para a retirada de pedras na vesícula, em comparação com mulheres sedentárias. Pesquisas indicam que mulheres que ficam sentadas por mais de 60 horas por semana, trabalhando ou dirigindo, têm duas vezes mais chances de passar pela operação do que outras mulheres que ficam sentadas em torno de 40 horas semanais;
- **Menor risco de câncer de cólon** – Estudos relacionados aos riscos de desenvolver câncer no cólon (porção do intestino grosso, entre o ceco e o reto) indicam uma incidência menor da doença em pessoas ativas. A prática de exercícios diminui os níveis de prostaglandina (espécie de gordura) no organismo. Essa substância é responsável pela aceleração da reprodução das células do cólon e, em níveis

elevados, pode desencadear ou agravar o processo de desenvolvimento de câncer;
- **Diminuição da possibilidade de câncer de próstata nos homens** – Estudos comprovam que homens que caminham de duas a três horas por semana apresentam um risco 25% menor de desenvolver câncer de próstata, em comparação com pessoas sedentárias ou que raramente andam;
- **Combate à diverticulite** – Homens ativos sofrem um risco 37% menor de doenças ligadas à diverticulite (como o desenvolvimento de pequenas bolsas na parede do cólon que acabam causando inflamação). O risco demonstrou ser menor em homens que desenvolviam atividades vigorosas, como correr, do que naqueles com práticas suaves, como caminhar apenas;
- **Redução dos sintomas da artrite** – A artrite é, resumidamente, uma inflamação dos tecidos das articulações ósseas (como joelhos e cotovelos). A realização de exercícios freqüentes e de baixo impacto fortalece essas articulações, diminuindo o inchaço e a dor nas regiões atingidas;
- **Controle de diabetes** – Fatores de risco para o desenvolvimento de diabete, como obesidade, podem ser reduzidos com a prática de exercícios. Exercitar-se ajuda a diminuir as taxas de açúcar no sangue e também aumenta a absorção celular de insulina (hormônio responsável pela diminuição da glicose sanguinea). Mesmo em pessoas com histórico favorável à diabetes (obesas, com pressão alta ou com casos da doença na família), há redução dos riscos.

Estudos compravam que mulheres que caminham pelo menos três horas por semana reduzem em 40% o risco de desenvolver qualquer tipo de diabete;
- **Controle da pressão sangüínea** – Com o aumento da circulação e da quantidade de vasos sangüíneos, os exercícios físicos ajudam tanto no controle de pressão alta quanto baixa. Com um acompanhamento médico correto, atividades físicas de média ou baixa intensidade podem facilitar a manutenção de uma pressão sangüínea média.

Apesar dos benefícios relacionados à prática da musculação acima exemplificados, é importante ressaltar que antes de se iniciar qualquer tipo de atividade física, deve-se consultar um médico ou outro profissional da área, qualificado e especializado, pois alguns desses benefícios podem não ser exclusivos da musculação, mas sim de uma prática adequada de atividades físicas (WEINECK, 1991).

Musculação Aplicada aos Diabéticos

SANTARÉM (1995) reporta que o Diabetes Mellitus é uma patologia que se caracteriza pelo comprometimento da produção de insulina pelo pâncreas e ou pela diminuição do número ou da afinidade dos receptores de insulina, causando o aumento dos níveis de glicose sangüínea, mesmo a pessoa estando em jejum.

Pode ter como causa vários fatores, tais como a hereditariedade, a obesidade, a inatividade física, o estresse, a alimentação inadequada, a gravidez, o envelhecimento, etc (SANTARÉM, 2000).

A Organização Mundial de Saúde (OMS) caracteriza as pessoas como sendo diabéticas quando o nível de glicose no sangue ultrapassam a 140 mg/dl. quando avaliadas mais de uma vez em dias alternados.

De acordo com CAMPOS (2000), existem dois tipos de Diabetes Mellitus:

Tipo 1 – também conhecida como diabetes juvenil (classificação da OMS), ou insulino-dependente, caracterizada pela redução ou pela não produção de insulina pelo pâncreas. Ocorre normalmente até os 24 anos e também é normalmente hereditária.

Tipo 2 – conhecida como diabetes adulta (classificação da OMS) ou não-insulino-dependente, caracterizada pela diminuição do número ou da afinidade dos receptores de insulina das células, proporcionando uma resistência à ação da insulina. Ocorre normalmente após os 24 anos e é associada à obesidade que pode ser a responsável pela insuficiência insulínica.

A insulina é um hormônio hipoglicêmico e anabolizante produzido pelo pâncreas que tem a principal função de promover a entrada da glicose através da membrana das células para a sua oxidação. No metabolismo glicídico é responsável também pela síntese do glicogênio no fígado e nos músculos, além de inibir a glicogenólise e a gliconeogênese. No metabolismo protéico, a insulina é responsável pela síntese de proteína, a partir dos aminoácidos, e inibe a sua degradação. No metabolismo lipídico, a insulina ativa a síntese de ácidos graxos e triglicerídeos e inibe a lipólise (produção de ácidos graxos livres). A insulina tem o seu controle feito principalmente pelo nível de glicose circulante e por aminoácidos (CAMPOS, 2000).

Segundo o mesmo autor, o diabetes também pode desencadear a arteriosclerose e, com isso, pode provocar a hipertensão, que acarreta doenças arteriais coronarianas. Além disso a diabetes está relacionada com a hiperlipoproteinemia e a hiperuricemia.

A Treinabilidade do Indivíduo Diabético

Os exercícios físicos produzem efeitos benéficos no controle do diabetes (NIEMAN, 1999). Entretanto, é importante que se saiba o que a atividade física pode produzir em uma pessoa diabética com deficiência de insulina: a) no metabolismo glicídico, há o aumento da glicemia no sangue, devido ao aumento da produção de glicose pelo fígado para suprir a necessidade dos músculos que estão em atividade, e a diminuição da captação da glicose pelo músculo (produzindo hipoglicemia). Aumenta a glicogenólise e a gliconeogênese que influenciam na produção de corpos cetônicos, no metabolismo lipídico; b) no metabolismo lipídico, há o aumento da produção de ácidos graxos livres que passa a ser utilizado como fonte energética (permitindo o emagrecimento do diabético), aumentando a produção de corpos cetônicos, que também é estimulado pelo bloqueio da síntese da gordura aumentando a liberação de ácidos graxos livres e c) no metabolismo protéico, ocorre a diminuição da síntese de proteínas, fazendo com que o indivíduo tenha perda de massa magra.

Da mesma forma que o exercício pode levar o diabético com deficiência de insulina a ter problemas, nos diabéticos com excesso de insulina também ocorrem efeitos indesejáveis (SANTARÉM, 1995).

Hipoglicemia pode ocorrer em virtude do exercício aumentar a captação pela insulina da glicose sangüínea para o músculo. A hipoglicemia também está relacionada por causa do fígado não ter aumentado sua produção de glicose. CAMPOS (2000), relata que a prática da atividade física em diabéticos do Tipo 1 (insulino-dependente) deve ser bem controlada, em virtude dos motivos mencionados anteriormente, e outros que seguem abaixo:

- Durante a atividade física o aluno deve se alimentar para manter o nível de glicose, através de nutrientes facilmente digeríveis, tais como, açúcares e suco de fruta. Deve-se também ingerir os carboidratos antes e após os programas de exercícios;
- O aluno deve dosar a glicemia quando for iniciar a série de exercícios;
- Deve-se diminuir a dose de insulina ou aumentar o consumo de carboidratos antes de iniciar a série de exercícios;
- Para se evitar a hipoglicemia, a atividade física deve ser iniciada de 1 à 3 horas após as refeições;
- Procurar injetar insulina na musculatura que não entrará em atividade durante o exercício, porque se a atividade física se localizar no músculo onde foi aplicada a insulina, observa-se que a taxa de absorção de insulina aumenta, produzindo hipoglicemia (normalmente se aplica na musculatura abdominal);
- Evitar realizar atividade física durante o tempo da atividade máxima da insulina;
- Recomenda-se que os exercícios sejam iniciados após 1 hora da aplicação da injeção de insulina no organismo;

- Procurar estimar o gasto calórico do programa para poder balancear com a ingestão de alimentos, principalmente carboidratos;
- É importante a presença de alguém que conheça os sintomas da doença, para acompanhar o desenvolvimento do programa de exercícios.

O mesmo autor recomenda que o programa de exercícios para diabéticos insulino-dependentes seja realizado em sessões diárias (5 à 7 vezes por semana) com o tempo de duração de sessão de 20 à 30 minutos. Não é indicado proporcionar exercícios de grande intensidade ou longa duração para evitar a hipoglicemia.

Para os diabéticos não-insulino-dependentes o exercício também deve ser diário com sessões de 40 à 60 minutos. Busca-se sessões longas para manter o gasto calórico e controlar o peso gorduroso, proporcionando a diminuição do volume do adipócito, melhorando o número e a afinidade dos receptores para insulina, assim como a tolerância à glicose.

SANTARÉM (2000) ressalta que o controle de toda essa elaboração do programa de treinamento (tempo e intensidade dos exercícios), da dieta (quantidade e qualidade dos carboidratos), da medida do nível de glicose, do local da aplicação e dos níveis de insulina e de outros tópicos, deverá ser feito por um grupo de profissionais da área de saúde, que agirão junto aos diabéticos no sentido de diminuir a dependência à insulina, buscando a melhoria da sua qualidade de vida.

Musculação Aplicada à Terceira Idade

A utilização da musculação para os idosos é uma forma de diminuir os declínios de força e massa muscular relacionados com a idade, o que resulta em melhoria da qualidade de vida (SANTARÉM, 1995).

Os trabalhos sobre os benefícios do treinamento resistido para pessoas acima dos sessenta anos de idade demonstram que, inclusive pessoas acima de noventa anos, podem obter ganhos de força muscular com melhoria da saúde e da capacidade funcional, tornando-se mais entusiasmadas e independentes. Na aplicação da musculação para este tipo de população é necessário um profundo conhecimento das alterações fisiológicas associadas à idade e dos riscos deste tipo de atividade em faixas etárias mais avançadas (NIEMAN, 1999).

Uma investigação através de minuciosa anamnese e avaliação física, além de prévia aprovação médica são fundamentais para a maior segurança e certeza dos benefícios desta atividade.

Um dos grandes benefícios da atividade física para a nossa sociedade que está aumentando a longevidade é ensiná-los a melhorar sua habilidade para operar independentemente. Uma grande parcela das pessoas passa aproximadamente uma década com alguma forma de incapacidade antes de morrer e, para a maior parte, deteriorações da capacidade física podem ser prevenidas, ou ao menos minimizadas, com um programa regular de treinamento de força (BASSEY et al, 1992, citado por CAMPOS, 2000).

BÁLSAMO & BATTARO (2000) relatam que a fraqueza músculo esquelética tem sido uma das maiores causas de incapacidade nas populações, predispondo os idosos à quedas e limitando as atividades da vida diária. A falta de condicionamento, inatividade física ou doença crônica resultam numa diminuição da força, potência, resistência, flexibilidade e amplitude de movimento, promovendo um decréscimo do condicionamento funcional e da habilidade de executar as atividades da vida diária.

Segundo CAMPOS (2000), condicionamento funcional é o nível de condicionamento necessário para uma pessoa cuidar sozinha das necessidades domésticas, sociais e da vida diária, bem como manter-se independente em casa. A melhoria dos componentes do condicionamento funcional (força muscular, potência, resistência, flexibilidade e amplitude de movimento), separadamente ou em combinação, é de extrema importância para manter o desempenho de atividades como subir escadas ou levantar de uma cadeira. Por exemplo: a força dos músculos extensores do quadril é necessária para o ato de levantar, partindo da posição sentada. Se esses músculos ficarem retesados e perderem sua elasticidade, o gesto de caminhar se tornará limitado, a postura ficará sobrecarregada e, qualquer atividade requererá maior gasto energético e a fadiga acontecerá prematuramente, havendo uma maior dificuldade em manter o equilíbrio.

Pesquisas recentes têm mostrado que o treinamento de força tem um profundo efeito sobre a independência funcional e a qualidade de vida de idosos com idades até acima de setenta anos. O fortalecimento muscular resulta em melhoria da força, resistência, densidade óssea, flexibilidade, agilidade e equilíbrio, embora o aumento da força muscular pareça ser o fator mais determinante na melhora da contínua independência (BÁLSAMO & BATTARO, 2000).

Classificação e nomenclaturas relacionadas ao envelhecimento.

A Organização Mundial de Saúde tem o seguinte sistema de classificação cronológica:

- Indivíduos entre 45-59 anos são chamados "Meia-Idade";
- Indivíduos entre 60-74 anos são "Idosos";
- Indivíduos entre 75-90 anos são "Velhos";
- Indivíduos acima de 90 anos são chamados "Muito Velhos".

Para CAMPOS (2000), os idosos constituem um grupo caracterizado pela grande variação nas capacidades fisiológicas, mentais e funcionais.

Programação Básica do Treinamento com Musculação para o Idoso

Alguns autores (KATCH & MAcARDLE, 1996; FLECK & KRAMER, 1999; NIEMAN, 1999 e SANTARÉM, 1995), afirmam que para a montagem de uma programação que realmente traga benefícios e seja segura e compatível com o idoso, os seguintes fatores devem ser observados:

- O programa deve ser individualizado – Sempre há inúmeras variáveis que devem ser consideradas na montagem do programa e cada uma delas varia entre os indivíduos;
- A progressão deve ser linear;
- A ação de radicais livres e o envelhecimento celular – A intensidade correta dos exercícios de musculação e alongamentos, bem como uma dieta que suplemente corretamente as principais vitaminas antioxidantes (vitaminas A, C e Beta Caroteno), ajudam a diminuir a ação dos radicais livres que afetam no envelhecimento celular e aumentam o risco de doenças;

- Identificar todos os fatores de risco – Fatores de risco como obesidade, hipertensão, tabagismo, relação cintura-quadril, etc devem ser levados em consideração para a segurança do exercício;
- Requerer a liberação médica para este tipo de atividade – Somente o médico pode verificar se o idoso está apto ou não para se engajar num programa de musculação;
- Não utilizar a manobra de valsava ou respiração bloqueada – A expiração forçada contra a glote fechada, como na manobra de valsava, aumenta a pressão intratorácica e impede o retorno venoso ao coração. A respiração bloqueada durante o esforço aumenta a pressão arterial;
- Os exercícios escolhidos devem trabalhar os grandes grupos musculares com uma média de quatro a seis exercícios, mais três a cinco exercícios para grupos musculares menores e pelo menos um exercício para cada grupo muscular;
- Os exercícios podem ser feitos com pesos livres e ou com aparelhos. Na fase de adaptação, os aparelhos e determinadas posições devem ser preferidos por diminuírem a exigência de estabilização e consciência postural;
- Na escolha dos exercícios é importante selecionar aqueles que têm menor risco de quedas com possíveis fraturas;
- A ordem dos exercícios deve seguir as seguintes fases:

    a) **O aquecimento** – que pode durar de cinco a dez minutos (dependendo da temperatura ambiente), com a inclusão de alongamentos;

b) A sessão de musculação propriamente dita – com a ênfase nos grandes grupos e depois nos pequenos grupos musculares;
c) A volta à calma – que pode ser feita com recuperação ativa e exercícios de alongamentos. Uma música de relaxamento ajuda bastante nesse período do treino.

A sobrecarga utilizada varia com o estágio do treinamento e com o nível de condicionamento prévio, mas os valores devem ficar entre 50-80% de 1 RM (uma repetição máxima), sem esquecer o princípio da progressão. O corpo se adapta à demanda fisiológica e metabólica do exercício com o tempo. As sobrecargas de treinamento devem progressivamente aumentar para induzirem a contínua melhora das adaptações.

O número de séries depende de algumas variáveis mas, de maneira geral, são realizadas duas a três séries por exercício. Começa-se com uma série e avança-se para três, em concordância com as adaptações do idoso.

O número de repetições deve variar entre seis e quinze de acordo com as variáveis. Não é indicada a realização da série até a falha concêntrica, pois isto aumenta a pressão sangüínea e a freqüência cardíaca, principalmente com cargas entre 70-85% da 1RM.

O tempo de descanso tanto entre as séries quanto entre os exercícios depende de muitas variáveis, como nível de condicionamento, estado nutricional, intensidade do exercício, dentre outros. Em geral, quando a intensidade do exercício já estiver próxima de 80% de 1RM, é recomendável um descanso de dois a três minutos.

A freqüência dos treinos deve variar de acordo com a intensidade do treinamento e com a forma do programa. Por exemplo: programas onde é utilizada uma separação dos grupos musculares trabalhados por dia podem ser feitos praticamente todos os dias com uma média de quatro a cinco vezes por semana. Já os programas que trabalham o corpo todo no mesmo dia devem ter um intervalo de pelo menos um dia entre as sessões. Quanto maior a intensidade do treinamento maior deve ser o período de recuperação. É importante ressaltar que a fase de anabolismo pós-exercício do idoso é mais lenta do que a de um jovem. Se apareceram os sintomas de overtraining, o período de recuperação pode estar curto demais.

As adaptações do treinamento permanecem enquanto as demandas fisiológicas e metabólicas continuam. A reversão das adaptações começa dias após a interrupção do treinamento. Uma vez que um certo nível de condicionamento é atingido, uma mínima quantidade de exercícios regulares é necessária para manutenção das adaptações.

Em geral, a manutenção das adaptações do treinamento requer menos exercício do que é necessário para induzir as alterações iniciais. Sendo assim, para o idoso, a atividade física deve fazer parte dos afazeres da vida e deve perdurar enquanto for possível (NIEMAN, 1999).

A musculatura esquelética responde especificamente à demanda fisiológica e metabólica do exercício. Assim, o treino deve refletir as demandas energéticas e musculares específicas das atividades em que o idoso é mais deficiente (CAMPOS, 1995).

A periodização permite uma variação do treinamento, evita a desmotivação e ajuda a prevenir o overtraining. Além disso, a periodização permite um contínuo ajustamento do programa de treinamento em resposta ao progresso do idoso ou a outros fatores como lesões e doenças. A mudança nos costumes alimentares para uma dieta balanceada e de qualidade, a interrupção do hábito de fumar e ou beber em excesso, bem como a importância que estas alterações trazem para a saúde, devem fazer parte das orientações do profissional ao idoso, no começo do programa de treinamento (SANTARÉM, 1995).

A Musculação e a Osteoporose

A osteoporose é uma doença que se caracteriza por uma diminuição da massa óssea e deterioração na macro arquitetura do tecido ósseo. A perda de sais minerais nas mulheres dos 30 aos 35 anos é de 0,75 a 1% ao ano, chegando em torno de 3% ao ano após a menopausa; nos homens a partir dos 40 anos de idade, a perda é de aproximadamente 0,4% ao ano (BÁLSAMO & BATTARO, 2000). Essa doença atinge na sua grande maioria as mulheres após a menopausa. A sua causa vem de fatores múltiplos como: hereditário, biotipo, desequilíbrio hormonal, falta de cálcio na alimentação, fatores ambientais, como também uma diminuição da tração muscular causada pelo sedentarismo, ou seja, pela inatividade física. Além desses fatores, a osteoporose também pode ser desencadeada pelo tabagismo, pela ingestão excessiva de álcool, de café, como também pela baixa ingestão de cálcio.

Estudos realizados mostram que uma ingestão alta de proteínas de carne, peixes e ovos e uma ingestão elevada de sal pode aumentar a perda de cálcio pela urina.

Atualmente a osteoporose é a doença metabólica mais comum nos Estados Unidos. Após a menopausa, uma em cada três mulheres americanas apresenta osteoporose.

Estima-se que entre as pessoas que viverem até 90 anos de idade, 33% das mulheres e 17% dos homens sofrerão de fratura do quadril (NIEMAN, 1999). Há também uma estimativa de que 12 a 20% das pessoas idosas que sofrem de fratura de quadril morrerão de complicações no primeiro ano após a fratura, enquanto 50% dos sobreviventes necessitarão de algum auxílio para realizar suas atividades cotidianas.

Cerca de 25 milhões de norte americanos, especialmente idosos com mais de 60 anos de idade, são acometidos de osteoporose, dentre estes, 90% são do sexo feminino. Essa doença chegou a índices quase epidêmicos, já que é responsável por mais de 1,5 milhões de fraturas anuais, incluindo cerca 500.000 a 600.000 fraturas vertebrais e 250.000 de quadril. (McARDLE et al, 1996)

No Brasil, segundo dados do IBGE, a população propensa a osteoporose pode ter aumentado de 7,5 milhões, em 1980, para 15 milhões no ano 2000. Conforme dados da Organização Mundial de Saúde (OMS) essa doença atinge um número cada vez maior de pessoas, tanto que sua estimativa prevê que no ano 2025 haverá mais de 1 bilhão e 100 milhões de idosos para uma população mundial de 8 bilhões e 200 milhões de habitantes. Isso significa que, sendo a osteoporose uma doença que se manifesta principalmente na velhice, acometerá, de forma quantitativa, um maior número de pessoas.

O Osso e a sua Formação

O osso, elemento onde a osteoporose se instala, é um tecido dinâmico formado por colágeno e minerais, e constituído por aproximadamente 50% de água. Além disso é um tecido vivo que se renova continuamente, ou seja, as células nascem, crescem e morrem.

Os minerais, cálcio e fósforo, principalmente, entram e saem continuamente do osso que constantemente se remodela. Os ossos também são compostos pelos osteoblastos e osteoclastos.

Os osteoblastos são células que depositam o osso, ou seja, formam a matriz protéica que polimeriza para formar fibras colágenas muito resistentes desta matriz. Depois disso, ocorre a precipitação de sais de cálcio nos interstícios da matriz, formando assim, a estrutura que conhecemos como osso, que é constituído por dois elementos, tais como: uma forte matriz de proteína com consistência quase igual à do couro e, sais ósseos depositados sobre esta matriz, fazendo-a dura e não deformável.

Já os osteoclastos, por serem grandes células localizadas em quase todas as cavidades dos ossos, possuem a capacidade de reabsorver o osso por meio de enzimas que digerem a matriz protéica e sais dos ossos, liberando-os para o líquido extracelular, enquanto os ossos são literalmente "comidos".

Efeito do Estresse Mecânico na Densidade Óssea

A estrutura óssea começa seu processo de remodelação com o estresse mecânico. Segundo a lei de Wolf (1892), citada por PERPIGNANADO et al, (1996), os ossos se formam e se remodelam em resposta às forças mecânicas que lhes são aplicadas, existindo relação entre o nível de atividade física e volume do osso, sendo que a força mecânica proporcionada pelo exercício estimula a atividade osteoblástica (formadora de tecido ósseo).

O efeito Piezoelétrico (MATSUDO & MATSUDO, 1991) e a tensão (strain) (ACSM, 1995) têm o princípio de transformação de energia mecânica em elétrica por meio da força a que o osso é submetido quando sofre uma deformidade temporária. A regulação dessa força é medida pela sobrecarga mecânica, sendo que a resposta é imediata, especificamente para o osso que está suportando a carga, o qual estimula os osteoblastos dentro da região da sobrecarga. Com isso, o estresse mecânico provocado pelo exercício é maior, principalmente em atividades que tenham maior tração óssea. Ou seja, quanto maior o estímulo da matriz óssea, maior é a formação ou regeneração óssea.

A Atividade Física e sua Influência no Aumento da Massa Óssea

A atividade física é certamente um fator preventivo para várias doenças, e também para a osteoporose, devendo ser praticada desde a infância, já que esta proporciona uma massa muscular mais forte e, com isso, uma estrutura esquelética bem desenvolvida. Assim, mulheres atletas, por terem praticado esporte desde a infância, possuem uma musculatura firme. Por isso, elas estariam menos propensas à osteoporose, já que teriam adquirido uma maior deposição óssea na fase inicial de suas vidas.

Conforme NIEMAN (1999), os adolescentes que apresentam músculos mais fortes e densos são decorrentes da prática regular de exercícios durante a infância. Esse fato demonstra que o desenvolvimento de ossos fortes numa fase precoce da vida pode ser traduzido por uma menor incidência de osteoporose na velhice.

Sendo assim, é importante que o bem-estar físico do adulto seja conquistado na infância e adolescência, ocorrida por meio de uma boa reserva óssea e, em conseqüência retardando o processo de desmineralização óssea no decorrer de sua vida. O resultado disso é a diminuição da degeneração óssea precoce e, principalmente, a redução da incidência de fraturas causadas pela baixa mineralização óssea.

Tem-se, atualmente, questionado qual, dentre tantos exercícios físicos, é o mais eficiente para a prevenção e o possível tratamento da osteoporose. Para o Colégio Americano de Ciência do Esporte (ACSM, 1995), o treinamento com peso é essencial para o desenvolvimento normal e a manutenção de um esqueleto saudável. Já para DINÁC (1996), os exercícios com pesos constituem o mais eficiente estímulo conhecido para o aumento da massa óssea. O princípio dessa evidência é mostrada em atletas treinados com pesos, já que esses apresentam cerca de 40% mais de densidade óssea do que em grupos controles sedentários. Músculos fortes provocam mudanças positivas no esqueleto, enquanto que, em músculos fracos, ocorre o contrário. Portanto, sendo o tecido ósseo dinâmico e alinhado, é evidente que o esqueleto exiba mudanças similares àquelas observadas nos músculos submetidos ao exercício físico. Por exemplo, o braço predominante do tenista e os membros inferiores dos corredores têm maior densidade óssea em comparação às pessoas sedentárias da mesma idade (NIEMAN, 1999).

O princípio dos benefícios dessa atividade física para a massa óssea está associado diretamente à tensão muscular (estresse mecânico), envolvendo na musculatura acionada. Essa deformidade momentânea acarreta uma cascata de eventos osteoblásticos em resposta às modificações na tensão do osso, refletindo uma adaptação à sobrecarga imposta pelo meio ambiente. A saúde óssea é promovida pelas atividades físicas de sustentação de pesos que utilizam a força e a potência muscular, exercendo força sobre o esqueleto acima das quantidades normais.

WILMORE & COSTILL (1999) citam que o treinamento de força (resistence training) previne a osteoporose. Os primeiros resultados demonstram que a perda óssea promovida pela menopausa pode ser atenuada e, até revertida com um programa de treinamento de força. Além desses benefícios, o treinamento de força resulta na melhoria do equilíbrio, do nível total da atividade física e da massa muscular e, assim tem um efeito nos principais fatores de risco para uma fratura de osso por osteoporose. Com isso, demonstrou-se que os exercícios com pesos podem ser eficientes, se direcionados de forma regular, progressiva e cautelosa, já que em certos casos o trabalho será voltado para pessoas idosas e sujeitas a fraturas. Portanto, exercícios com pesos são também atividades de fácil controle de intensidade, com uma boa margem de segurança cardiológica, proporcionando ainda uma melhora da coordenação motora, equilíbrio, da força muscular e, conseqüentemente de uma melhor qualidade de vida, auxiliando de forma direta e indireta na prevenção da fratura, que é o maior agravante da osteoporose.

A Treinabilidade do Indivíduo Osteoporótico

O programa de musculação deve ser diversificado, utilizando diferentes situações de esforço e envolvendo forças impostas de maneira rápida (nos indivíduos que já apresentam um bom nível de condicionamento), que são mais efetivas na indução da osteogênese, além do que a maioria dos aparelhos possui apoios seguros e posições confortáveis para a prática de diferentes tipos de exercícios (SCALON, 2000).

O aquecimento deve preceder os exercícios de musculação e pode ser feito com exercícios aeróbios com progressão vagarosa de intensidade até atingir uma ótima temperatura corporal (começo da sudorese). O alongamento também deve fazer parte do aquecimento.

Em seguida são trabalhados os grandes músculos, com posterior ênfase nos grupos menores. Ao fim da sessão, o desaquecimento, com exercícios de relaxamento e alongamento, ajudará no processo de recuperação.

Os indivíduos devem ser cuidadosamente monitorados durante os exercícios e um grande cuidado deve ser dado ao estabelecer a carga de trabalho (MATSUDO & MATSUDO, 1991). Depois do correto processo de adaptação (que deve ser mais demorado quando comparado à adaptação de uma pessoa normal), as sobrecargas utilizadas podem chegar a 60-80% de 1RM (por percepção subjetiva do esforço). O teste de carga máxima não deveria ser utilizado neste tipo de população, pois este teste aumenta muito o risco de fraturas por esforço. O ideal é começar com exercícios de resistência muscular e progredir linearmente para o trabalho de força.

Para CAROLLI (2000) a freqüência dos exercícios deve ser por volta de quatro a cinco vezes por semana no período de adaptação, pois a intensidade e volume dos estímulos são baixas e permitem a recuperação num menor tempo.

Quando a sobrecarga estiver na faixa de 60-80% de 1RM, três vezes por semana, parece ser a freqüência ideal. Contudo, nos dias de descanso da musculação, os exercícios aeróbios podem ser administrados para aumentar os estímulos de osteogênese. O número de séries varia com o estágio do programa. Para iniciantes, uma série de cada exercício já produz benefícios. O número de séries deve chegar no máximo de duas a três por exercício, em indivíduos já adaptados. As repetições para indivíduos mais condicionados varia entre oito e doze por série. No início, as repetições devem ser maiores (quinze a vinte), para que o indivíduo melhore a técnica de execução e se adapte de maneira progressiva e linear. O descanso entre as séries geralmente é de um a dois minutos na fase de adaptação e intermediária, e aumenta para dois a três minutos para os indivíduos que estiverem utilizando 60-80% de 1RM. A velocidade ideal de execução dos movimentos deve ser de um a três segundos a cada 90º de amplitude articular, tanto na fase concêntrica quanto na fase excêntrica do movimento.

Os movimentos devem ser sempre conduzidos, ou seja, em nenhum momento durante o movimento deve haver relaxamento da musculatura. Quando os movimentos não são conduzidos, o risco de lesões osteoarticulares aumenta (SCALON, 2000).

A amplitude dos movimentos deve ser a máxima permitida pela articulação, sem diminuir a segurança do exercício. Os exercícios de musculação feitos desta maneira ajudam a manter e até melhorar o grau de flexibilidade (WILMORE & COSTILL, 1999; CAROLLI, 2000).

Musculação e Obesidade

A obesidade é freqüentemente considerada um assunto estético e não de saúde. No entanto, é um dos maiores problemas de saúde da atualidade porque, apesar de não representar uma grande causa de morte, ela é fortemente associada com inúmeras doenças como hipertensão, osteoartrites, doenças do coração, câncer, dentre outras (NIEMAN, 1999).

Os fatores que influenciam o desenvolvimento da obesidade são vários, assim como o processo de emagrecimento. Até pouco tempo, a maioria das orientações com relação à introdução da atividade física num programa de emagrecimento se limitava somente aos exercícios aeróbios. O motivo principal desta escolha era que somente durante este tipo de exercício a gordura é utilizada como fonte de energia. Apesar de esta afirmação com relação o substrato utilizado ser verdadeira, vários fatores não eram considerados na escolha de exercícios aeróbios exclusivos, como por exemplo a massa corporal magra e o metabolismo basal pós-exercício (GENARI, 2000).

Aceita-se, portanto, que a musculação tem um papel muito vantajoso no processo de emagrecimento e melhora da saúde e da qualidade de vida do obeso.

A Treinabilidade do Obeso

O obeso geralmente apresenta dificuldades respiratórias e função cardíaca comprometida que diminuem a habilidade de execução de exercícios de alta intensidade, por isso, o processo de adaptação deve ser lento e com progressão linear da intensidade (CAMPOS, 2000).

O deslocamento do centro de gravidade também dificulta a execução de alguns exercícios. Esse fator deve ser levado em consideração no momento da escolha dos exercícios para aumentar a segurança e prevenir dores articulares. Na fase inicial do programa a escolha dos exercícios aeróbios deve ser feita de acordo com o menor grau de risco para a osteoartrite.

Se o indivíduo obeso não apresentar qualquer doença associada ao excesso de gordura, o programa pode ser realizado de acordo com o de um indivíduo sedentário. Portanto, a avaliação médica prévia para a detecção de doenças associadas à obesidade é fundamental para a posterior prescrição correta dos exercícios do programa pelo profissional de Educação Física (GENARI, 2000).

Fatores que podem Contribuir com o Programa de Musculação para o Controle Ponderal

Assumir um compromisso – Perder peso por vontade própria e não, para satisfazer alguém. Para estar interiormente motivado a perder peso a vontade é imprescindível, para com isso manter o compromisso e a aderência. Uma agenda para anotações dos resultados positivos bem como a influência dos amigos e familiares podem ajudar a manter a motivação;

Estabelecer prioridades – Não deixar que outros problemas atrapalhem a intenção de alterar o estilo de vida. É necessária muita energia mental e física para uma mudança de hábitos;

Estabelecer metas alcançáveis – As metas incompatíveis com a situação fazem a pessoa desistir do programa. Deve-se estabelecer metas razoavelmente fáceis de se alcançarem como, por exemplo, perder quinhentos gramas por semana e conferir os resultados a cada mês, para maior motivação;

Aprender a ingerir alimentos mais saudáveis – As dietas líquidas, pílulas e combinações especiais não são a melhor opção para o controle ponderal e para a melhoria da saúde. Em vez disso, deve-se preferir uma alimentação balanceada e com uma restrição calórica lenta e gradativa. Carboidratos e proteínas têm 4 cal/g e as gorduras têm 9 cal/g;

Mudar de vida – Fazer todas estas alterações tornarem-se parte do dia-a-dia e por toda a vida é a única maneira de manter tanto a composição corporal quanto a saúde.

Os Benefícios da Musculação no Controle Ponderal

- Aumento de massa corporal magra – hipertrofia;
- Aumento da secreção de hormônio anabólicos;
- Diminuição da porcentagem de gordura corporal;
- Melhora da auto-imagem;
- Melhoria da força e resistência muscular;
- Aumento do metabolismo celular nas horas posteriores ao exercício;
- Manutenção do metabolismo celular mais alto, enquanto o nível de hipertrofia adquirida permanecer estável com o treinamento;
- Aumento do gasto calórico, favorecendo o equilíbrio calórico negativo;
- Reposicionamento ou preservação do alinhamento ideal das articulações, geralmente afetadas pelo excesso de peso;
- Aumento nas taxas de perda de peso, quando combinadas com restrição calórica e exercícios aeróbios;

- Menor valor de restrição calórica necessária para perda de peso;
- Maior perda de gordura armazenada, quando comparada à dieta sem exercício;
- Aumento da probabilidade de manutenção da nova composição corporal adquirida;
- Impedimento da perda de massa muscular que acontece com a dieta sem exercício (o metabolismo de repouso pode baixar cerca de10-20% após significante perda de massa corporal magra através da dieta sem exercício).

Considerações Finais

Todos os níveis de exercícios, incluindo a musculação, atividade de lazer, esportes recreacionais e de alta performance, podem ser feitos por **diabéticos** isentos de complicações e, normalmente, apresentam um bom controle da glicose sangüínea.

Quanto à musculação e **osteoporose**, a prática freqüente de exercícios resistidos contribui para a prevenção e tratamento da doença e ajuda a diminuir os riscos de quedas, principalmente em pessoas mais idosas. Entretanto, o efeito benéfico do exercício na osteogênese é rapidamente perdido se a intensidade e freqüência do mesmo diminuem e o indivíduo retorna à vida sedentária. O exercício deve ser parte integrante da vida do indivíduo osteoporótico para estimular a formação óssea. A alimentação com mais qualidade (enfatizando o cálcio) ajudará a mineralizar o novo osso e a terapia de reposição hormonal ajudará a maximizar o aumento de densidade óssea.

Os benefícios na qualidade de vida dos **idosos**, mediados pela musculação, são enormes, mas os profissionais que trabalham com idosos precisam estar muito bem preparados, no que diz respeito ao conhecimento sobre o assunto, para que os exercícios sejam seguros em todos os aspectos e tragam melhorias na qualidade de vida e saúde sistêmica. Por possuírem baixa capacidade funcional e alta incidência de doenças crônicas, não há segmento da população que se beneficie mais dos exercícios que os idosos.

Quanto aos **obesos**, o processo de emagrecimento depende de vários fatores como o número de células adiposas, hereditariedade, normalidade do sistema hormonal e o gasto calórico influenciado pela alimentação, proporção de massa muscular e principalmente pela atividade física. Os exercícios de força em musculação, como os exercícios aeróbios, têm um papel importante no processo de perda de peso.

Referências Bibliográficas

AMERICAN COLLEGE OF SPORTS MEDICINE. *Osteoporosis and exercise*. Medicine Science Sports Exercise. 27:4, 1995.
BÁLSAMO, S. & BATTARO, M. (2000). http://www.google.com
CAMPOS, M. A. de. *Musculação – Diabéticos, Osteoporóticos, Idosos, Crianças, Obesos*. Sprint. Rio de Janeiro, 2000, 169 p.
AROLLI, R. I. *Musculação e Osteoporose*. In: CAMPOS, A. de Musculação – Diabéticos, Osteoporóticos, Idosos, Crianças, Obesos. Sprint. Rio de Janeiro, 2000, 169 p.
FLECK, S. J. & KRAMER, W. J. *Fundamentos do treinamento de força muscular*. Editora Artes Médicas Sul Ltda., 2ª edição. Porto Alegre. 1999.
GENARI, M. *Musculação e Obesidade*. In: CAMPOS, M. A. de. Musculação – Diabéticos, Osteoporóticos, Idosos, Crianças, Obesos. Sprint. Rio de Janeiro, 2000, 169 p.
KATCH, I.F. & McARDLE, D.W. *Nutrição, Exercício e Saúde*. Editora Medsi. Rio de Janeiro,1996.
MATSUDO, S. M. & MATSUDO, V. K. R. *Osteoporose e atividade física*. Revista Brasileira de Ciência e Movimento, v.5, n.3, p.33-60, 1991.
McARDLE, W. D., KATCH, I. F., KATCHL. V. *Fisiologia do Exercício*. Editora Guanabara Koogan, 4ª edição. Rio de Janeiro. 1996.
NIEMAN, D.C. *Exercício e Saúde*. São Paulo. Editora Manole, 1999.
PERPIGNANADO, G.; BOGLIOLO, A.; MELA, Q.; DEMONTIS, L. & PALIA, A. *Attività fisica ed osteoporosi*. Clinical Terapeutics, v.142, n.3, p 201-206, 1993.
SANTARÉM, J. M. cita: DINÁC H. et al, 1996. In: GORAYEB N.& BARROS, T. *O Exercício*. Editora Atheneu. São Paulo, 1999.
SANTARÉM, J. M. *Musculação*. Fitness Brasil, 1995.
SANTARÉM, J. M (2000). http://www.saudetotal/biodelta.com

SCALON, A. S. *Musculação e Osteoporose*. In: CAMPOS, M. A. de. Musculação – Diabéticos, Osteoporóticos, Idosos, Crianças, Obesos. Sprint. Rio de Janeiro, 2000, 169 p.

STEGEMANN, L. *Fisiologia do esforço*. Editora Cultura Médica. Rio de Janeiro, 1979.

TUBINO, M. J. G. *Metodologia Científica do Treinamento Desportivo*. Editora Ibrasa, 2ª edição. São Paulo, 1979. WEINECK, J. *Biologia do Esporte*. São Paulo. Editora Manole, 1991.

WILMORE, H.J. & COSTILL, L. D. *Physiology of Sport and Exercise*. Human Kinetics, 1999.

Capítulo 5

Atividade Física em Extensão Universitária: Estudo Descritivo Sobre Perfil de Usuários, na Unicamp, SP.

Marcy Garcia Ramos
Enori Helena Gemente Galdi
Mariangela G. Caro Salve
e Aguinaldo Gonçalves

Introdução

Os novos conceitos e valores sociais nos últimos anos têm despertado no homem a redescoberta do corpo, superando a tradição do paradigma cartesiano, espírito e corpo ou mente e corpo e criando, assim, uma nova preocupação que envolve a todos de modo geral: a saúde corporal (Porto, 2001).

Autores como Guedes e Guedes (1995); Nahas e Corbin (1992); Samulski e Noce (2000); Amorim e Silva (1998), também mostram várias evidências científicas a respeito dos efeitos e benefícios da prática regular de atividades físicas e esportivas, no que se refere aos sistemas locomotor, digestivo, respiratório e cardiovascular.

Entretanto as relações entre saúde e qualidade de vida, segundo Minayo, et al (2000), têm sido incorporadas à área médica, a qual as utiliza dentro de um referencial clínico. Afirmam, ainda, que o termo qualidade de vida com seus inúmeros significados, "...reflete conhecimentos, experiências e valores de indivíduos e coletividades que a ele se reportam em várias épocas, espaços e historias diferentes, sendo portanto uma construção social com a marca da relatividade cultural". Nesse sentido, adotam o conceito de qualidade de vida como sendo: "um padrão que a própria sociedade define e se mobiliza para conquistar, consciente ou inconsciente, e ao conjunto das políticas públicas e sociais que induzem e norteiam o desenvolvimento humano, as mudanças positivas no modo, nas condições e estilo de vida, cabendo parcela significativa da formulação e das responsabilidades ao denominado setor saúde".

Silva (1999) distingue a expressão Qualidade de Vida em sentido geral como aquela que se aplica ao indivíduo aparentemente saudável e com alto grau de satisfação com a vida nos aspectos que a integram (moradia, transporte, alimentação, lazer, e outros), vinculando-se assim com o estilo de vida do indivíduo. E ainda, essa mesma expressão ligada a saúde em suas diversas dimensões ou domínios (físico, emocional, social, profissional, intelectual e espiritual), aplica-se a indivíduos com um grau de limitação e desconforto decorrente de doenças. Portanto, todas estas "dimensões se interligam e influenciam-se reciprocamente, respondendo todas, em conjunto, pela saúde, qualidade de vida e felicidade das pessoas".

A noção de qualidade de vida ainda não é consenso na literatura, estando ora relacionada ao modo e estilo de vida, ora inclui idéias de desenvolvimento, direitos humanos e sociais. No campo da saúde é resultante da construção coletiva de conforto e tolerância estabelecidos pela sociedade (Minayo, 2000).

Na tentativa de se medir qualidade de vida, vários instrumentos têm sido construídos: dentre eles podemos citar o mais conhecido e difundido que é o Índice de Desenvolvimento Humano (IDH), elaborado pelo Programa das Nações Unidas para o Desenvolvimento, o Índice de Condições de Vida (ICV) desenvolvido pela Fundação João Pinheiro, em Belo Horizonte, com a finalidade de estudar a situação de municípios mineiros, bem como o Índice de Qualidade de Vida (IQV), criado pelo jornal Folha de São Paulo.

Baseado nos pressupostos de que qualidade de vida é uma construção subjetiva, multidimensional e composta por elementos positivos (mobilidade) e negativos (dor), o Grupo de Qualidade de Vida, The WHOQOL Group (1995), criado pela OMS, desenvolveu dois instrumentos gerais de medida de qualidade de vida: o primeiro WHOQOL-100, contendo 100 questões que avaliam seis domínios: físico, psicológico, de independência, relações sociais, meio ambiente, espiritualidade/crenças pessoais; e o segundo instrumento WHOQOL-Bref, com 26 questões, abrangendo quatro domínios: físico, psicológico, relações sociais e meio ambiente, pressupondo a qualidade de vida como sendo a percepção do indivíduo de sua posição na vida, no contexto da cultura e do sistema de valores em que vive e em relação aos seus objetivos, expectativas, padrões e preocupações.

Nessa perspectiva, Sharkey (1998) vê a necessidade de estilo de vida mais saudável dos indivíduos, através de exercícios físicos regulares e conjunto de comportamentos adequados, como por exemplo, escolha de alimentos saudáveis, controle de peso, manejo do estresse, abstinência de fumo e drogas, uso moderado do álcool e prevenção de doenças.

Nesse sentido, a Faculdade de Educação Física da UNICAMP, através da Escola de Esportes, vem oferecendo diversas atividades de extensão orientadas com intuito de dar subsídios na produção de programas de atividades físicas, que atendam as expectativas e interesses das pessoas.

Portanto, o nosso estudo se destina a investigar o perfil dos praticantes, em relação aos hábitos sociais de tabagismo e ingestão de café e bebidas alcóolicas como também estado de saúde, atividade física pregressa e atual, de acordo com gênero e faixa etária.

Metodologia

População e amostra:

Tomou-se como população de referência o grupo de usuários das atividades de Extensão da FEF/UNICAMP matriculados no 1º semestre de 2001, num total de 963 pessoas, distribuídas em seis grupos de modalidades desportivas. A amostra foi composta segundo o critério de partilha fixa, na proporção geral aproximada 2:1 respeitando-se percentual mínimo de 19% do universo para cada grupo considerado. A amostra para condicionamento físico e ginástica localizada foi aumentada, em decorrência a seus respectivos universos pequenos. A tab.1 sistematiza a respeito.

Tipificação do estudo:
Trata-se de estudo descritivo transversal retro-analítico, isto é, pertence ao conjunto de investigações que produzem instantâneos do perfil físico, hábitos e situação da saúde do grupo ou comunidade, evidenciando as características apresentadas naquele momento, utilizando amostras representativas da população.

Coleta de dados:
Foi adotado questionário formulado a partir de adaptação de instrumentos já disponíveis, construídos e aplicados em investigações anteriores do Amorim e Silva (1998); Ramos (1998) e Samulski e Noce (2000), apresentado no anexo 1.

Os questionários foram distribuídos e recolhidos durante as próprias aulas das respectivas atividades de extensão, sendo respondidos e devolvidos sempre no início das aulas. Não foram observadas dificuldades específicas, resistências ou objeções, durante esta fase da pesquisa. Em todas as oportunidades operadas, os indivíduos foram informados das razões e procedimentos adotados, bem como esclarecidos, destacadamente, do caráter voluntário e anônimo da divulgação das respostas.

Montagem e execução do banco de dados:
Utilizou-se o programa estatístico SPSS for Windows, onde foram processadas as informações para armazenar os dados coletados.

Plano Analítico:
Os dados obtidos foram processados segundo procedimentos estatístico descritivos de distribuições de fre-

qüências absolutas e relativas segundo as variáveis eleitas de interesse. A apresentação tabular foi procedida de acordo com as normas técnicas vigentes (IBGE, 1997).

Resultados

Como informações mais relevantes apuradas, a tab. 2 destaca desde logo que mais da metade dos componentes do grupo estudado constitui-se de jovens de sexo masculino, na faixa etária compreendida entre 18 a 23 anos, fato que recomenda prontamente investigá-la com maior detalhamento: com efeito, em todas as tabelas subsequentes é aí que se situam os valores modais das respectivas distribuições. Ao apresentar os resultados relativos à condição institucional das pessoas consideradas, a tab. 3 destaca o segmento discente com mais de 4/5 de todo o conjunto.

Na averiguação do repertório motor dos estudantes (tab. 4), observa-se que apenas 1/3 aproximadamente refere ter iniciado atividade física regular há menos de 1 ano, bem como 1/3 já a pratica há mais de três. Aprofundando nesse sentido (tab. 5), constata-se que mais da metade já menciona experiência pregressa em esportes, com predomínio em modalidades individuais.

A pesquisa do uso de drogas socialmente aceitas resulta em baixa freqüência: de fato apenas 1,8% menciona a ingestão diária de bebida alcóolica (tab. 6); 89,9%, indica ausência ou baixo consumo de café (tab. 7) e 91,5 % (tab. 8) nega tabagismo.

Acometimento por doença atual também não atingiu cifra expressiva (11,9%, tab. 9). Identificando-a segundo os grupos da Classificação Internacional de Doenças (OMS, 1997), tem-se as informações apresentadas na tab. 10.

Discussão

Como visto nos resultados apresentados, o perfil obtido aponta para segmento populacional bem definido, jovem, com experiência pregressa em atividades físicas, pouco afeito aos hábitos sociais danosos investigados e com baixa freqüência de morbidade referida. Tais informações abrem espaço para numerosas cogitações e iniciativas a respeito, como a formulação e aplicação de propostas pedagógicas especificadamente destinadas a grupos como este, de usuários de programas desportivos de extensão universitária em nosso meio.

Para tanto, porém, é necessário defrontar-se questão básica subjacente: as características descritas podem ser tomadas como elemento de tendência mais ampla ou as realidades tratadas são heterogêneas o suficiente para impedir a projeção de programações gerais para o grupo considerado?

Felizmente a Educação Física brasileira já acumulou e dispõe de experiências acadêmicas que podem contribuir a esse propósito. Algumas delas são, então, tratadas a seguir, destacando-se sobremodo os dados referentes às variáveis aqui exploradas, i.e, tabagismo, ingestão de bebidas alcóolicas, consumo de café e relato de morbidade.

Nesse sentido, Ramos (1998), em sua dissertação de mestrado, efetuou pesquisa entre ingressantes na Universidade de Campinas, alunos da disciplina Prática Desportiva, a qual permitiu conhecer o grau de sedentarismo, sexo, idade, e algumas especificidades quanto ao estado de saúde, além de identificação dos interesses, objetivos e expectativas, em relação a prática sistemática do exercício físico. Especificamente, constatou que o hábito do tabagismo está ausente em 89,43% dos alunos, cifra similar à do presente trabalho que caracterizou 91,5% dos investigados como não fumantes. Quanto ao alcoolismo, registrou que a maioria (58,13%) bebe socialmente, valor semelhante ao aqui detectado (61,1%).

Também nessa perspectiva, Salve (1999), através de protocolo composto por questões abertas e fechadas, analisou o perfil de hábitos de vida de 40 indivíduos, com idade variando de 30 a 65 anos, voluntários, funcionários do setor da marcenaria da UNICAMP, inscritos em programa de atividade física: encontrou baixo consumo social de álcool (14,98%) e hábito de fumar, com média de 9.4 de cigarros por dia em 14,87%.

Barbosa et al, (1998) trabalharam com objetivo de administrar um programa de atividade física, utilizando-se de jogos recreativos, exercícios respiratórios, manipulação corporal, alongamento e embasamento teórico sobre hábitos alimentares, fumo e estresse, na perspectiva de obter melhoria na qualidade de vida de 29 funcionários do departamento gráfico da UNICAMP, na faixa etária de 35 a 45 anos. Obtiveram resultados em que foi detectada porcentagem alta de fumantes (41,3%) com média de 14 cigarros/dia.

Amorim e Silva (1998) investigaram 787 indivíduos do sexo masculino e 994 feminino, com idade entre 13 e 53 anos, com o objetivo de verificar os motivos relatados na busca de atividade física orientada, bem como de identificar a incidência de hábitos sociais, por sexo e faixa etária. Maior consumo de cigarro foi encontrado nos homens no intervalo de 33 a 37 anos, contrariamente aos intervalos de 13 a 17 anos e de 48 a 53. No sexo feminino, dos 13 aos 17 anos, esse hábito apresentou seu menor percentual (4,8%) e, no intervalo etário entre 33 e 37, compreendeu o maior número de fumantes (55,9%). Em síntese, verificou-se a maior prevalência de fumantes na faixa etária de 33-37 anos em ambos os sexos. Esses resultados diferem de nossa pesquisa, em que encontramos a maior porcentagem de fumantes entre os mais jovens.

Mais recentemente, Conte (2000), em sua dissertação de mestrado, explorou as relações entre nível de atividade física, tabagismo e etilismo entre 290 universitários, do sexo masculino e feminino calouros do curso de Medicina, matriculados na Universidade Estadual de Campinas, bem como investigou-lhes variáveis da aptidão física e morbidade referida. Resultados referentes ao tabagismo foram independentes do nível de atividade física, com amplo predomínio dos que não fumam (93,79%); todavia o etilismo prevaleceu entre os calouros ativos, embora no total 52,41% não bebem. Destacam-se como recomendações do autor: 1) necessidade de não se acreditar que somente tornar-se mais ativo seja segurança de vida saudável. 2) que o incentivo à prática de atividade física seja feito no plano educacional e não pela mídia, entendendo que o importante não é a pratica e sim quem pratica.

Miranda, Medeiros e Miranda (2001) também encontraram esse quadro de grande freqüência de consumo de bebida alcóolica (50%) e baixa de cigarro (12,0 %) quando investigaram 1030 universitários, a partir do interesse pelo conhecimento de tais números no que consideraram campus de um centro urbano de médio porte, no caso o de Divinópolis, da Universidade Estadual de Minas Gerais. Curiosamente registraram a tendência de redução do consumo do álcool com a proximidade do término do curso, o mesmo não acontecendo com o cigarro.

Pesquisa de Gonçalves, Conte, Pires et al (1997), entre os alunos ingressantes na Disciplina EF. 101-Educação Física Desportiva, do curso de Medicina, na UNICAMP, indicou igualmente maior consumo de bebidas entre os ativos. Os autores observam que estes dados parecem sofrer influência das campanhas ostensivas pela mídia a respeito dos inúmeros malefícios que o fumo representa para a saúde: ao contrário, em relação ao álcool, pouco se fala de seu efeito negativo.

Retornando a Amorim e Silva (1998), detectaram que o consumo de bebida alcóolica no sexo masculino é elevado em todas as faixas etárias, sendo o menor valor no grupo de 13 aos 17 anos (52.2%) e o maior valor no de 48 aos 53 (92.3%), com aproximadamente 80% para os demais intervalos. Já no sexo feminino, os indivíduos entre 13 a 17 anos revelaram menor percentual (34.6%) e as demais faixas etárias, valores elevados, atingindo 77% entre os 28 e 33. Revela-se, no presente trabalho, que percentuais maiores foram encontrados (66,1%), referentes ao consumo social do álcool.

Em relação ao consumo de café, o presente trabalho constatou maior freqüência de ingestão de menos de 3 xícaras diárias (45,5%).

Para Amorim e Silva (1998) o consumo de café apresentou maior porcentagem (86.6%) entre indivíduos de 13 aos 42 anos do sexo masculino e entre indivíduos de 48 aos 53 anos foi de 38.4%. No feminino o consumo ficou acima de 60% em todos os intervalos etários, com exceção do de 28 aos 33 anos com menor consumo (22.3%).

Compativelmente, nossos dados indicam que 99% não ingerem café ou que consomem o mínimo de xícaras diariamente. McArdle et al (1995) apontam que essa quantidade é aceitável pelo Comitê Olímpico Internacional, pois este considera que 600 a 800 mg (4 a 7 xícaras de café) não interferem nas funções fisiológicas do indivíduo: quantidades superiores, no entanto, podem causar alterações no sistema nervoso, tais como: cefaléia, insônia e irritabilidade.

Em relação a morbidade referida, a baixa freqüência encontrada no presente estudo (11,9%) está compatível com os valores relatados por Ramos (1998), igualmente baixos (6,1%). Quando especificada segundo os grupos de diagnóstico da CID (1997), também se compatibilizam com as informações de Conte (2000) que identificou predomínio dos agravos respiratórios e ósteo-musculares, aqui constituindo, como visto, 50 % e 19,23 %, respectivamente.

Finalmente em relação à atividade física preferida, Ramos (1998) observou que os percentuais ficaram distribuídos entre atividades coletivas (19,27%) e aquáticas (24,79%). No presente estudo estas apresentaram percentuais maiores (41,4%).

Concluindo, pode-se afirmar, portanto, que através de pesquisas que executa, e aqui recuperadas, a Universidade já dispõe, com clareza e segurança, do conhecimento de características básicas do perfil a quem pode disponibilizar ações específicas em Qualidade de Vida e Atividade Física, seja através de programas para esportes, no caso da Extensão, e vivências acadêmicas, no caso do ensino.

Referências Bibliográficas

AMORIM, P.R.S.; SILVA, S. C. Perfil de demanda de hábitos sociais de indivíduos que aderem a prática de atividades física supervisionadas. *Revista de Atividade Física e Saúde,* v.3, n. 2,22-29, 1998

BARBOSA, J. A. et al, Um programa de atividade física para sedentários. IN: Simpósio Internacional de Ciências do Esporte, 1998, São Paulo. *Anais.* São Paulo, SP:115, 1998.

CONTE, M. *Atividade física, um paradoxo para a saúde: um estudo a partir de universitários recém-ingressos do curso de Medicina UNICAMP.* 2000. Dissertação (Mestrado em Educação Física)- FEF, UNICAMP, Campinas.

GONÇALVES, A.; CONTE, M. PERRES, G.L. et al, A saúde da geração saúde: pesquisa e ensino sobre capacidade física e referências a hábitos e morbidade dos calouros da Faculdade de Ciências Médicas da UNICAMP. *Revista Brasileira de Atividade Física e Saúde,* v 2, n. 4, p. 41-58, 1997.

GUEDES, D. P.; GUEDES, J.E.R.P. *Prescrição e orientação da atividade física direcionada à promoção de saúde.* Londrina : Miograff, 1995

IBGE-*Anuário Estatístico do Brasil,* 1996, v. 56. Rio de Janeiro: Ministério do Planejamento, 1997.

MATIELLO JUNIOR; GONÇALVES, A. A corrida para a saúde: poluição ambiental no coração do problema. *Revista Brasileira de Ciências do Esporte,* v. 18, n. 2, p. 111-18, 1997.

McARDLE, W. D. et al, *Fisiologia do exercício. Energia, nutrição e desempenho humano.*3. ed.. Rio de Janeiro : Guanabara Koogan, 1992.

MIRANDA, P.S.C.; MEDERIROS, M.; MENDONÇA, R.M.. O uso de substâncias psicoativas entre estudantes de uma universidade do interior de Minas Gerais. IN: VII Congresso Paulista da Saúde Pública, 2001, Santos, SP *Anais.* São Paulo : 122, 2001.

MINAYO, M. C. de S.; HARTZ, Z. M. de A.; BUSS, P.M. Qualidade de Vida e Saúde: um debate necessário. *Ciência e Saúde Coletiva*, v. 5, n. 1, p. 7-18, 2000.

NAHAS, M. V. Esporte e qualidade de vida. *Revista da APEF*, v.12, n. 2, p. 61-5, 1992.

ORGANIZAÇÃO MUNDIAL DA SAÚDE- *Classificação Estatística Internacional de Doenças e Problemas Relacionadas à Saúde.* São Paulo : Edusp, 1997.

PORTO, E.T.R. Políticas públicas em esportes. IN: ANJOS, J.L. dos (org.). *Programas de atividade motores para a comunidade entre universidades e políticas públicas.* Piracicaba : UNIMEP, 2001. 92-101p.

RAMOS, M. G. *Explorando Relações do Grau de Sedentarismo de Alunos Ingressantes na Universidade Estadual de Campinas.* 1998. Dissertação (Mestrado em Educação Física)- Faculdade de Educação Física. UNICAMP, Campinas.

SALVE, M.G.C. *Estudo dos efeitos de um programa de atividade física sobre a postura corporal e os hábitos de vida.* 1999. (Tese de doutorado em Ciências do Esportes)-Faculdade de Educação Física. UNICAMP, Campinas.

SAMULSKI, D.; LUSTOSA, L. A importância da atividade física para a saúde e a qualidade de vida. *Arthus- Revista de Educação Física e Desporto*, v. 17, n. 1, p. 60-70, 1996.

SHARKEY, B..J *Condicionamento físico e saúde.* Porto Alegre: Artmed, 1998.

SILVA, M.A. Exercício e qualidade de vida. IN: CHORAYEB, N. E.; BARROS, T. *Preparação fisiológica e avaliação médica.* São Paulo: Atheneu, 1999. p. 261-266.

ANEXO 1

PESQUISA: ATIVIDADE FÍSICA EM ESTENSÃO UNIVERSITÁRIA: ESTUDO DESCRITIVO TRANSVERSAL RETRO-ANALÍTICO SOBRE PEFIL DE USUÁRIOS, NA UNICAMP, SP.

Coordenação: Professoras: Marcy, Mariangela, Enori, Aguinaldo

1. DADOS PESOAIS:
   IDADE _____ SEXO: ( ) FEMININO ( ) MASCULINO
   PROFISSÃO: ( ) ALUNO ( ) PROFESSOR ( ) FUNCIONÁRIO
   PESO: _____ ALTURA _____
   EXPERIÊNCIA NO ESPORTE: ( ) SIM ( ) NÃO QUAL? _____
2. HÁ QUANTO TEMPO VOCE PRATICA ATIVIDADE FÍSICA REGULAR? _____
3. QUAL A ATIVIDADE FÍSICA PRATICADA AQUI NA UNICAMP? _____
   _____ Dias da Semana _____ Turma: _____
4. AVALIE CADA UM DOS OBJETIVOS ABAIXO, ANALISANDO O NÍVEL DE IMPORTÂNCIA DESTES OBJETIVOS PARA A PRÁTICA DESTA ATIVIDADE FÍSICA. ANALISE DA SEGUINTE FORMA:

   0 = NÃO É IMPORTANTE   1 = POUCO IMPORTANTE   2 = IMPORTANTE
   3 = MUITO IMPORTANTE

	OBJETIVOS	0	1	2	3
1.	PROMOÇÃO À SAÚDE				
2.	MELHORAR CONDICIONAMENTO FÍSICO				
3.	REDUÇÃO DE GORDURA				
4.	HIPERTROFIA MUSCULAR				
5.	LAZER				
6.	MELHORAR A APARÊNCIA FÍSICA				
7.	APRENDER NOVOS ESPORTES				
8.	ASPÉCTOS SOCIAIS				
9.	ENRIJECIMENTO MUSCULAR				
10.	OUTROS (Especifique)				

5. TOMA BEBIDA ALCÓLICA? ( ) SIM ( ) NÃO ( ) DIARIAMENTE ( ) SOCIALMENTE
6. FUMA CIGARROS? ( ) SIM ( ) NÃO QUANTOS POR DIA, APROXIMADAMENTE (____)
7. TOMA CAFÉ? ( ) SIM ( ) NÃO QUANTAS XÍCARAS POR DIA, APROXIMADAMENTE (____)
8. É PORTADOR DE ALGUMA DOENÇA? ( ) SIM ( ) NÃO
   QUAL?_____

Campinas, maio de 2001

OBRIGADA PELA COLABORAÇÃO

Tabela 1. Distribuição da população de usuários da Escola de Esportes e respectiva composição da amostra segundo modalidade praticada.

Modalidades	População de usuários (A)		Amostra estudada (B)		(B/A)%
	F.A	F.R	F.A	F.R	
Natação	345	35,8	181	41,4	52
Artes marciais	170	17,7	61	14,0	36
Musculação	140	14,5	27	6,2	19
Condicionamento físico	130	13,5	67	15,3	51
Ginástica localizada	98	10,2	57	13,1	58
Danças	80	8,3	44	10,0	55
Total	963	100,0	437	100,0	45

F.A. ...freqüência absoluta F.R. ... freqüência relativa

Tabela 2. Distribuição de freqüência dos usuários por faixa etária segundo sexo.

Faixa Etária	Sexo					
	Masculino		Feminino		Total	
	F.A.	F.R.	F.A.	F.R.	F.A.	F.R.
< 18	9	2,1	5	1,1	14	3,2
18-23	131	30,0	92	21,1	223	51,0
24-30	57	12,1	47	10,8	100	22,9
31-36	21	4,8	13	3,0	34	7,8
37-43	23	5,3	9	2,1	32	7,3
≥ 44	31	7,1	3	0,7	34	7,8
Total	268	61,3	169	38,7	437	100,0

F.A. ...freqüência absoluta F.R. ... freqüência relativa

Tabela 3. Distribuição de freqüência dos usuários estudados por faixa etária segundo condição institucional.

Faixa Etária	Condição Institucional							
	Aluno		Professor		Funcionário		Total	
	F.A.	F.R.	F.A.	F.R.	F.A.	F.R.	F.A.	F.R.
< 18	14	3,2	-	-	-	-	14	3,2
18-23	219	50,1	1	0,2	3	0,7	223	51,0
24-30	85	19,5	5	1,1	10	2,3	100	22,9
31-36	21	4,8	2	0,5	11	2,5	34	7,8
37-43	9	2,1	3	0,7	20	4,6	32	7,3
≥ 44	11	2,5	2	0,5	21	4,8	34	7,8
Total	359	82,2	13	3,0	65	14,9	437	100,0

F.A. ...freqüência absoluta F.R. ... freqüência relativa

Tabela 4. Distribuição de freqüência dos usuários estudados por faixa etária, segundo tempo de atividade física regular.

Faixa Etária	Tempo de atividade física regular (em anos)						Total	
	< 1		De 1 a 3		> 3			
	F.A.	F.R.	F.A.	F.R.	F.A.	F.R.	F.A.	F.R.
< 18	4	0,9	3	0,7	7	1,6	14	3,2
18-23	74	16,9	60	13,7	89	20,4	223	51,0
24-30	41	9,4	34	7,8	25	5,7	100	22,9
31-36	7	1,6	15	3,4	12	2,7	34	7,8
37-43	14	3,2	6	1,4	12	2,7	32	7,3
≥ 44	9	2,1	16	3,7	9	2,1	34	7,8
Total	149	34,1	134	30,7	154	35,2	437	100,0

F.A. ...freqüência absoluta F.R. ... freqüência relativa

Tabela 5. Distribuição de freqüência dos usuários por faixa etária segundo experiência pregressa em esportes.

Faixa Etária	Experiência pregressa em esportes								Total	
	Não		Sim				Não especificado			
			Individual		Coletivo					
	F.A.	F.R.	F.A.	F.R.	F.A.	F.R.	F.A.	F.R.	F.A.	F.R.
< 18	4	0,9	3	0,7	7	1,6	-	-	14	3,2
18-23	81	18,5	87	19,9	52	11,9	3	0,7	223	51,0
24-30	43	9,8	43	9,8	13	3,0	1	0,2	100	22,9
31-36	16	3,7	17	3,9	1	0,2	-	-	34	7,8
37-43	16	3,7	12	2,7	3	0,7	1	0,2	32	7,3
≥ 44	18	4,1	16	3,7	-	-	-	-	34	7,8
Total	178	40,7	178	40,7	76	17,4	5	1,1	437	100,0

F.A. ...freqüência absoluta F.R. ... freqüência relativa

Tabela 6. Distribuição de freqüência dos usuários estudados segundo ingestão de bebida alcóolica.

Faixa Etária	Bebida alcóolica						Total	
	Não		Diariamente		Socialmente			
	F.A.	F.R.	F.A.	F.R.	F.A.	F.R.	F.A.	F.R.
< 18	7	1,6	-	-	7	1,6	14	3,2
18-23	79	18,1	4	0,9	140	32,0	223	51,0
24-30	34	7,8	3	0,7	63	14,4	100	22,9
31-36	11	2,5	-	-	23	5,3	34	7,8
37-43	16	3,7	-	-	16	3,7	32	7,3
≥ 44	15	3,4	1	0,2	18	4,1	34	7,8
Total	162	37,1	8	1,8	267	61,1	437	100,0

F.A. ...freqüência absoluta F.R. ... freqüência relativa

Tabela 7. Distribuição de freqüência dos usuários estudados por faixa etária segundo consumo de café.

Faixa Etária	Não		Consumo de café Sim (quantidade em xícaras)						Total	
			< de 3		3 a 6		> de 6			
	F.A.	F.R	F.A.	F.R	F.A.	F.R	F.A.	F.R	F.A.	F.R
< 18	6	1,4	7	1,6	1	0,2	-	-	14	3,2
18-23	122	27,9	87	19,9	11	2,5	2	0,5	223	51,0
24-30	43	9,8	51	11,7	5	1,1	1	0,2	100	22,9
31-36	7	1,6	17	3,9	5	1,1	5	1,1	34	7,8
37-43	8	1,8	18	4,1	5	1,1	1	0,2	32	7,3
≥ 44	8	1,8	19	4,3	7	1,6	-	-	34	7,8
Total	194	44,4	199	45,5	34	7,8	9	2,0	437	100,0

F.A. ...freqüência absoluta F.R. ... freqüência relativa

Tabela 8. Distribuição de freqüência dos usuários estudados por faixa etária segundo tabagismo.

Faixa Etária	Não		Tabagismo Sim (quantidade em maço)						Total	
			< de 1		1		> de 1			
	F.A.	F.R	F.A.	F.R	F.A.	F.R	F.A.	F.R	F.A.	F.R
< 18	14	3,2	-	-	-	-	-	-	14	3,2
18-23	202	46,2	14	3,2	6	1,4	1	0,2	223	51,0
24-30	95	21,7	2	0,5	2	0,5	1	0,2	100	22,9
31-36	30	6,9	4	0,9	-	-	-	-	34	7,8
37-43	28	6,4	3	0,7	-	-	1	0,2	32	7,3
≥ 44	31	7,1	2	0,5	1	0,2	-	-	32	7,8
Total	400	91,5	25	5,8	9	2,1	3	0,6	437	100,0

F.A. ...freqüência absoluta F.R. ... freqüência relativa

Tabela 9. Distribuição de freqüência dos usuários estudados por faixa etária, segundo relato de doença atual.

Faixa Etária	Relato de doença atual				Total	
	Sim		Não			
	F.A.	F.R.	F.A.	F.R.	F.A.	F.R.
< 18	2	0,5	12	2,7	14	3,2
18-23	18	4,1	205	46,9	223	51,0
24-30	10	2,3	90	20,6	100	22,9
31-36	6	1,4	28	6,4	34	7,8
37-43	5	1,1	27	6,2	32	7,3
≥ 44	11	2,5	23	5,3	34	7,8
Total	52	11,9	385	88,1	437	100,0

F.A. ...freqüência absoluta F.R. ... freqüência relativa

Tabela 10. Distribuição de freqüência das doenças referidas, segundo diagnóstico dos grupos da CID, 1997.

Grupos de Diagnóstico (CID, 1997)	Afecções mais frequentes	F.A.	F.R.
Doenças endócrinas, nutricionais e metabólicas (E00-E90)	diabetes	3	5,9
Transtornos mentais e comportamentais (F00-F90)	reação a estresse	1	1,9
Doenças do sistema nervoso (G00-G99)	enxaqueca	1	1,9
Doenças do aparelho circulatório (I00-I99)	hipertensão arterial	10	19,2
Doenças do aprelho respiratório (J00-J99)	bronquite	26	50,0
Doenças do aparelho digestivo (K00-K93)	úlcera duodenal	1	1,9
Doenças do sistema osteomuscular e do tecido conjuntivo (M00-M99)	dorsopatia	10	19,2
Total		52	100,0

F.A. ...freqüência absoluta F.R. ... freqüência relativa

Capítulo 6

Atividade Física e Sistema Imunitário

Cláudia Regina Cavaglieri
Tania Cristina Pithon-Curi
José Francisco Daniel
Ricieri Ricardi Neto

O treinamento sistemático e de longo prazo provoca alterações significativas nas estruturas e nas funções orgânicas do praticante. O programa de preparação física é um fator importante nas respostas da performance humana. Sabe-se que os resultados conseguidos na prática esportiva pelos seres humanos são conseqüências dos fatores hereditários, ambientais nutricionais e dos programas específicos de treinamento.

CURI (2000), relata que o desenvolvimento das capacidades esportivas estão relacionadas com a heterogeneidade da sensibilidade do desenvolvimento físico, sendo ela, indicada, como os índices somáticos que possuem um período sensível às modificações estruturais e funcionais durante a maturidade do indivíduo.

O conhecimento da ciência do esporte, tanto no contexto das teorias da preparação física como dos fatores psicológicos e nutricionais, é buscar explicações de como o atleta pode estar protegido em seu estado de saúde para conseguir com menor gasto energético realizar suas provas esportivas, pois a intenção da ciência é que o praticante consiga realizar seus treinamentos e a competição com mínimo de esforço e perda de tempo, alcançando melhores resultados técnicos, tanto qualitativo quanto quantitativo.

Neste contexto, o respaldo científico na prática esportiva é de grande importância aos seres humanos, já que os resultados que apontam para uma prática mais saudável dos atletas em seus eventos são transferidos para os praticantes de atividade física, que se orientam para melhoria da qualidade de vida.

Vários estudos tem relatado que atividade física afeta a competência do sistema imunitário, porém estes efeitos variam de acordo com o tempo e intensidade da atividade física, sendo que os mecanismos envolvidos não foram totalmente elucidados. Estes efeitos podem ser mediados através das ações dos hormônios do estresse, interação neuro-endócrina, citocinas, fatores hematológicos, nutricionais e diminuição dos níveis circulantes de glutamina. WALSH et al, (1998) observaram que vários aspectos da função imunitária foram temporariamente suprimidos após exercícios de alta intensidade (WALSH et al,1998), enquanto que alguns autores tem relatado que exercícios de intensidade moderada parecem exercer um efeito benéfico sobre as células do sistema imunitário (SHEPARD, 1998; SOTHERN et al, 1999).

Leucócitos

Linfócitos, macrófagos e neutrófilos desempanham um papel central na resposta imunitária e inflamatória. Linfócitos são células circulantes, têm sua origem nos tecidos linfóides primários (timo e medula óssea), podendo migrar para os órgãos linfóides secundários (baço, linfonodos e placas de Peyer). Encontram-se em estado quiescente até serem estimulados a proliferar, por exemplo, durante uma infecção por vírus ou bactérias. Os macrófagos podem diferir em suas características bioquímicas, estruturais e funcionais, dependendo do estado de diferenciação, do microambiente de sua organização no organismo. Em função de sua localização, recebem diferentes denominações: do sistema nervoso central (microglia), fixos no fígado (células de Kupffer), da epiderme (células de Langerhans), do osso (osteoblastos) e os macrófagos livres do espaço alveolar e cavidades serosas (GORDON, 1986). Entretanto, os macrófagos, independentemente de sua localização, compartilham de alguma das propriedades gerais que os tornam semelhantes entre sí, como as propriedades de: espraiamento, fagocitose fungicida, bactericida e tumoricida.

Neutrófilos constituem cerca de 60% dos leucócitos circulantes em seres humanos adultos e são as primeiras células de defesa na resposta inflamatória aguda. Microrganismos fagocitados, recobertos ou não com complemento ou anticorpo específico, são mortos por proteínas citotóxicas derivadas dos grânulos citoplasmáticos e por uma combinação de espécies reativas de oxigênio geradas pelo neutrófilo (STITES, 1991).

Apesar da inquestionável importância dessas células na resposta imunitária e inflamatória, relativamente pouco se sabia sobre o metabolismo e sua implicação para as diferentes funções desses tipos celulares. Na década de 80, o grupo do Prof. Eric Newsholme determinou que macrófagos e linfócitos utilisam glutamina como substrato energético em altas taxas (CURI et al,1986) e, recentemente, no nosso laboratório, foi verificada pela primeira vez a utilização de glutamina também por neutrófilos (PITHONCURI et al,1997).

Funcionalidade dos Leucócitos

Linfócitos
Os linfócitos são células circulantes pequenas (6-10mm de diâmetro), com alta razão núcleo-citoplasma. Estes tem origem nos tecidos linfóides primários (timo e medula óssea) podendo migrar para órgãos linfóides secundários (baço, linfonodos, placa de Peyer). Os linfócitos teciduais estão em equilíbrio dinâmico com o sangue circulante. Essas células são subdivididas de acordo com os marcadores de superfície, reações e estímulos, origem e sobrevida. De acordo com sua origem, são classificados em linfócitos T e B. O linfócito B atinge a maturidade na medula óssea e está relacionado com a imunidade humoral, apresenta imunoglobulinas na superfície; quando ativado por antígeno específico, prolifera por mitose e se diferencia em plasmócito, secretando, assim, grande quantidade de anticorpos. Algumas dessas células também originam os linfócitos B da memória imunológica. Essas, por sua vez, mantêm a memória da exposição anterior ao antígeno e respondem rapidamente após a uma exposição ao mesmo antígeno (STITES, 1991).

Os linfócitos T são os mais numerosos do sangue. Possuem diferenciação e maturação intratímica, não sintetizam quantidades detectáveis de imunoglobulinas, mas atuam como reguladores da resposta imunitária celular. Integra a população de linfócitos T uma série de subtipos celulares com funções específicas na resposta imunitária, entre essas células citotóxicas (Tc), auxiliares ou *helper* (Th) e supressoras (Ts).

Macrófagos
Macrófagos são células mononucleares que se diferenciam a partir de monócitos. Seu tamanho varia entre

25 e 50mm de diâmetro, possuem núcleo irregular e excentricamente posicionado, com um ou dois nucléolos e cromatina dispersa. Essas células apresentam complexo de Golgi bem desenvolvido, número variável de vesículas de endocitose e grande número de mitocôndrias. A superfície da membrana apresenta-se irregular, com microvilos, e o citoesqueleto é bem desenvolvido, rodeando o núcleo e estendendo-se até a periferia (DINARELLO, 1989). Essas características ultra-estruturais podem estar modificadas em diferentes condições fisiológicas e patológicas. Macrófagos ativados apresentam superfície mais irregular, grandes vacúolos citoplasmáticos e número aumentado de lisossomos secundários em relação às células quiescentes.

Uma vez nos tecidos, os macrófagos em geral não retornam à circulação, podendo sobreviver por vários meses. Esses são chamados de macrófagos residentes (GORDON, 1986). Os macrófagos residentes estão presentes em órgãos ou tecidos não inflamatórios e secretam lisozima, proteinases neutras e ácidas e espécies reativas do oxigênio, possuindo pequena capacidade microbicida e fungicida. Uma vez ativados, aumentam a secreção dessas substâncias e liberam também uma variedade de proteinases e hidrolases neutras, componentes do sistema complemento, fatores de coagulação, arginase e lisozima.

Linfócitos e fagócitos mononucleares agem em conjunto para responder rapidamente na eliminação de antígenos estranhos, regulando a resposta após a eliminação do antígeno. Entretanto, essas células respondem rapidamente a qualquer alteração do sistema imunitário, mas para isso aumentam a demanda metabólica.

Neutrófilos

Em humanos, os neutrófilos se originam de células primordiais pluripotenciais da medula óssea (que também dão origem aos monócitos, bem como a alguns linfócitos e plaquetas). Após sua formação, cerca de 90% da população de neutrófilos mantém-se na medula óssea. O restante encontra-se distribuído entre a circulação e o endotélio vascular, onde permanece como população marginal. Quando liberados da medula óssea, a sobrevida dos neutrófilos é normalmente de oito horas no sangue e de mais de quatro a cinco dias nos tecidos.

Os neutrófilos apresentam um núcleo multilobulado, com cromatina densamente compacta, que dá origem ao termo polimorfonuclear. Essas células não apresentam nucléolo, o aparelho de Golgi é pequeno e, quando os neutrófilos estão maduros, variam de tamanho de 10 a 15 mm de diâmetro. (Figura 1)

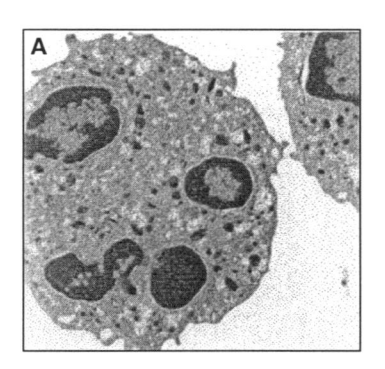

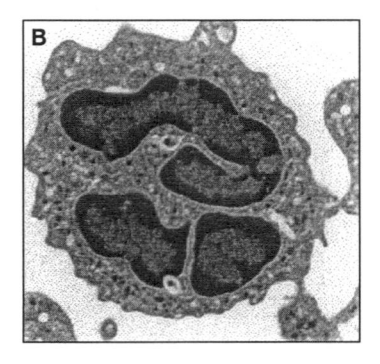

Figura 1 - *Análise da ultraestrutura de neutrófilos por 3 horas em meio de cultura RPMI realizada por microscopia eletrônica de transmissão. Nota-se em A e B a presença do núcleo em forma de bastão ligados entre si por fina cromatina.*

Os neutrófilos são atraídos quimiotaxicamente por células secretoras (mastócitos e basófilos), bactérias e outros corpos estranhos para as áreas de inflamação. Microrganismos fagocitados, recobertos ou não com complemento ou anticorpo específico, são mortos por proteínas citotóxicas derivadas dos grânulos citoplasmáticos e por uma combinação de espécies reativas de oxigênio. LLOYD & OPPENHEIM (1992) demonstraram que essas células também participam na síntese e liberação de citocinas (interleucinas-1 e 6, fator de necrose tumoral), que modulam os efeitos de linfócitos T e B. Portanto, os neutrófilos apresentam uma função eferente (fagocitose e desgranulação) e outra aferente (liberação de citocinas imunomodulatórias) ligadas às respostas inflamatória e imunitária.

Neutrófilos geram espécies reativas de oxigênio que desempenham um papel importante como oxidantes microbicidas, bem como mediadores da inflamação e da lesão tecidual. Uma vez estimulados, a maior parte do oxigênio consumida por neutrófilos é convertida em ânion superóxido pela enzima NADPH oxidase (DUSI et al, 1995).

O ânion superóxido produzido sob estímulo de neutrófilos (PARK et al, 1997; BABIOR, 1995) é rapidamente convertido em peróxido de hidrogênio e radical hidroxil (ALLEN, 1982) e HOCl (hipoclorito), que contribuem para a atividade microbicida dentro do fagossomo e no meio extracelular.

Efeito do Exercício sobre o Sistema Imunitário

Tem sido convincentemente demonstrado na literatura que *in vivo* a resposta imunitária é totalmente autônoma.

Porém existem interações funcionais entre o sistema neuroendócrino e o sistema imunitário que modulam a resposta do sistema imunitário frente ao estresse fisiológico, psicológico ou patológico (FLESHNER, 2000, JONSDOTTIR, 2000). Recentes estudos tem evidenciado que atividade física são associadas a redução de alguns tipos de câncer, principalmente o de cólon e de mama (HARDMAN, 2001; McTIERNAN et al, 1998). Um dos mecanismos propostos para explicar tal efeito é que a atividade física altera a concentração e a sensibilidade de alguns hormônios, como por exemplo insulina, estradiol, e também promove alterações na funcionalidade do sistema imunitário.As mulheres menopausadas são encorajadas a fazer reposição hormonal com estradiol e iniciar ou continuar a fazer atividade física. HOFFMAN-GOETZ (1999) observou em camundongos fêmeas que o estradiol induziu a diminnuição da proliferação de linfócitos T e B, sendo que estes efeitos foram mascarados quando foram associados com atividade física.

Podemos afirmar que a atividade física é caracterizada pelo nosso organismo como estímulo estressante e estes produzem por meio do hipotálamo, uma forte descarga simpática adrenal. As catecolaminas armazenadas são liberadas e produzem seus efeitos cardiovasculares e metabólicos característicos. A mais importante reação de estresse é a liberação de corticosteróides pela córtex da glândula supra-renal. Os estímulos estressantes atuam por intermédio de neurônios aferentes ou diretamente sobre o hipotálamo causando uma descarga de Fator de Liberação de Corticotropina (CRF) e conseqüente e a liberação de corticotropina (ACTH) pela hipófise.

O estímulo dos nervos Simpáticos (SNA) sobre a medula supra-renal, faz com que grande quantidade de adrenalina (80%) e noradrenalina (20%) sejam secretadas ao sangue e deste, transportado aos tecidos do corpo. A diferença entre estimulação simpática direta sobre os órgãos e a secreção de adrenalina e noradrenalina das glândulas suprarenais para o sangue, é o tempo de duração 5 a 10 vezes maiores, em virtude ao processo de remoção do sangue ser lento. A adrenalina secretada pela medula supra-renal tem efeito metabólico de 5 a 10 vezes maior do que a noradrenalina e, pode aumentar a taxa metabólica do corpo inteiro, freqüentemente até 100% acima do normal, incluindo o metabolismo de várias células do sistema imunitário. Recentemente SHEPARD et al, (2000) observaram que a expressão das moléculas de adesão de vários subtipos de leucócitos, incluindo as seletinas, integrinas e membros das imunoglobulinas, foram alterados pelo exercício agudo e crônico, provavelmente devido a ação da adrenalina liberada no exercício.

Com relação aos corticosteróides, estes também são liberados em situações de estresse e suprimem várias reações inflamatórias e imunitárias. Em camundongos, ratos e coelhos, os glicocorticóides provocam extensa destruição linfóide. Por outro lado, os linfócitos de cobaias, macacos e seres humanos mostram-se altamente resistentes a lise induzida por esteróides. As atividades antinflamatórias e imunossupressoras dos corticosteróides podem ser derivadas de principalmente devido a ações sobre trânsito celular e funcionalidade dos leucócitos (STITES, 1991). É sabido que a atividade física pode influenciar as concentrações de neuropeptídeos, como substância P, neuropeptídeo Y e peptídeo intestinal vasoativo, no sistema nervoso, bem como no sangue periférico (JONSDOTTIR, 2000). Estas alterações na resposta da função imunitária frente ao exercício tem sido sugerida como uma nova interação bidirecional entre sistema nervoso e imunitário.

Alguns estudos observaram que exercícios físicos intensos e de curta duração elevam o número total de leucócitos no sangue numa relação diretamente proporcional à intensidade do exercício, sendo que esta elevação ocorre principalmente no que tange à série granulocítica e em especial aos poliformonucleares (GHORAYEB & BARROS, 1999; HOST et al,1995; BENONI et al,1995). O número de monócitos e de linfócitos igualmente sobem, mas em menor escala (HOST,1995; NIEMAN,1994), sendo que as células "Natural Killer" (NK) são as que mais aumentam no âmbito da subpopulação dos linfócitos. A explicação mais cogitada para esta linfocitose passageira se deve principalmente a liberação de adrenalina provocada pelo exercício (GHORAYEB & BARROS, 1999). Após cinco minutos do término do exercício, a contagem de linfócitos começa a diminuir e isto se deve provavelmente ao efeito persistente do cortisol liberado no desenvolvimento do exercício, diferentemente da adrenalina que decresce logo em seguida ao fim da atividade física. Em geral, quatro a seis horas depois de encerrada a atividade física e, com certeza dentro de 24 horas de repouso, a contagem dos linfócitos ficará normalizada (HOST et al,1995). Com relação à função dos demais linfócitos, já foi observado que a capacidade de mitogênese foi abolida nas primeiras horas após o término da atividade física, em virtude da influência das quantidades persistentes de cortisol (GHORAYEB & BARROS, 1999; HOST et al,1995). Admite-se que exercícios muito intensos são capazes de danificar quantidade de músculos suficientes para desencadear uma resposta inflamatória aguda (GHORAYEB & BARROS, 1999) que envolve reações complexas moduladas pelo sistema imunitário através da liberação de citocinas. Citocinas são glicoproteínas, produzidas por diferentes tipos de células do sistema imunitário que tem como função principal mediar a comunicação entre células do sistema imunitário e não imunitário (MOLDOVEANU et al, 2000). As citocinas inflamatórias são moduladas por vários estímulos, incluindo a atividade física, trauma e infecção.

A atividade física afeta a produção sistêmica de citocinas, principalmente o fator de necroses tumoral alfa (TNF-α) (RIVIER et al,1994; MOLDOVEANU et al, 2000), interleucinas (IL), principalmente interleucina 1 beta (IL-1β) (MOLDOVEANU et al, 2000), interleucina-6 (IL-6) (OSTROWSKI et al, 2000; MOLDOVEANU et al, 2000), interferons e outras citocinas (RIVIER et al, 1994).

Estudo recente Garcia et al (1999), verificam que em neutrófilos incubados por uma hora, a adrenalina inibe a produção de ânion superóxido induzidos por PMA ("Phorbol 12-Myristate 13-Acetate") na presença de glicose, mas esta inibição é parcial na presença de glutamina. O efeito inibitório da adrenalina sobre a geração de ânion superóxido por neutrófilos pode ter ocorrido devido à baixa produção de NADPH nas vias das pentoses. Na presença de adrenalina, os neutrófilos desviariam o fluxo de glicose da via das pentoses para a produção de lactato. Por outro lado a glutamina aumenta a produção de agentes redutores (NADH e NADPH) no ciclo de Krebs e, neste caso, reduz o efeito inibitório da adrenalina na produção de ânion superóxido (GARCIA et al, 1999). Portanto, durante a atividade física, quando há a liberação de adrenalina, a glutamina pode ter um papel importante na regulação da produção de ânion superóxido, mantendo a capacidade citolítica dos neutrófilos.

Há evidências de que existe uma associação entre exercícios de resistência e o aumento do risco de doenças, principalmente infecções do trato respiratório (NIEMAN, 1994; PETERS BATERMAN, 1983. Vários mecanismos foram propostos na tentativa de explicar esta suscetibilidade desses atletas à infecções respiratórios, porém recentemente observou-se uma relação direta entre o aumento da concentração plasmática de IL-6, exercícios extenuantes e aumento de sepsis e infecções respiratórias (OSTROWSKI et al, 2000; XING et al,1998). A IL-6 é uma citocina pró-inflamatória chave na fase aguda da resposta inflamatória. É produzida por diferentes tipos de células as quais são originalmente estimuladas pelos monócitos. Recentemente foi observado uma relação direta entre sua concentração plasmática e intensidade da corrida (OSTROWSKI et al, 2000), o que poderíamos hipoteticamente relacionar com aumento proporcional da lesão muscular.

A queda na concentração plasmática de glutamina também tem sido implicada como possível fator causal da supressão imunológica (PARRY BILLINGS et al,1990, 1992, KEAST et al,1995; NEWSHOLME et al, 1987, 1988, 1989, 1997, ROWBOTTOM et al,1996, ROWBOTTOM & GREEN, 2000, CURI, 2000), que será explanado especificamente no Capítulo subsequente deste livro

A competição esportiva gera sem dúvida algum estresse nos integrantes das equipes. Este estresse vai agir sobre o sistema imunitário dos mesmos, provocando alterações no número e na função das células de defesa do organismo.

Investigando o impacto do treinamento para atletas de futebol sobre o sistema imunitário, REBELO et al, (1998) verificaram que durante toda a temporada, as células do sistema imunitário sofreram alterações. Estas alterações ocorreram de maneira diferente de acordo com as fases de treinamento e competição, sugerindo que os atletas expostos a longos períodos de atividade física (treinamento e jogos) podem exibir variações em algumas células do sistema imunitário. Comparando um grupo de jogadores de futebol em relação a um grupo de sedentários, a relação entre receptores glicocorticóides (GR), a capacidade de ligação com as células mononucleares periféricas do sangue (PBMCs) e a idade em relação também com a testosterona plasmática e o cortisol, GRASSO et al, (1997) verificaram que a capacidade de ligação foi alta nos sujeitos jovens em comparação com os idosos, e baixa no grupo de atletas em relação ao de jovens e de idosos sedentários. No grupo sedentário, uma correlação negativa esteve presente entre a capacidade de ligação GR e idade. O cortisol plasmático estava alto e a testosterona baixa nos atletas, que apresentaram correlação negativa nos atletas e positiva nos sedentários.

Verificando os efeitos da suplementação de carboidrato nas respostas imunitárias em protocolos de exercício específicos para atletas de futebol, BISHOP et al, (1999) concluíram que o carboidrato foi efetivo em atenuar as respostas imunitárias para exercícios contínuos e prolongados, mas o mesmo não pode ser dito para protocolo de exercícios específicos intermitentes. Quando a intensidade do exercício é moderada, e as alterações no plasma de glicose, cortisol e variáveis imunológicas são relativamente pequenas, parece que a ingestão de carboidratos apresenta uma influência mínima na resposta imunitária para o exercício. Não são apenas os atletas de futebol que sofrem danos físicos gerados pelo estresse competitivo, KLUGER et al, (1996) analisando a concentração de Imunoglobulina A e cortisol na saliva de técnicos de equipes de futebol, verificaram que a tensão imposta a estes é maior se comparada ao restante da equipe, tanto antes, como durante e após a atividade, sugerindo que o estresse psicológico agudo ativa funções imunológicas não específicas.

BENONI et al, (1995) em uma investigação com 7 atletas profissionais de basquetebol, verificaram que o treinamento e a competição provocaram uma significante elevação no número total de leucócitos, que retornaram aos valores iniciais 3 semanas após o térmico da mesma. A atividade bactericida e o superóxido liberado foi significantemente maior durante a temporada, enquanto que o percentual de adesão celular foi significantemente reduzido durante o campeonato propriamente dito. Após a temporada os valores retornaram aos níveis normais. Em outro estudo com 15 atletas de basquetebol submetidos a longos períodos de esforço físico, INGLOT et al, (1999) sugeriram que a concentração de citocinas podem ser inicialmente marcadores de imuno profilaxia. Além disso, elevadas produções de interferon e fator de necrose de tumoral (TNF) podem ser associados com esforços físicos extensos.

Referências Bibliográficas

ALLEN, R.C. Biochemiexcitation: chemiluminescence and the study of biological oxygenation reactions. In: Adam, W. & Cilento, G. eds. Chemical and biological generation of excited states New York: Academic Press, 1982. p. 309.
BABIOR, B.M. The respiratory burst oxidase. **Curr Opin Hematol.** 2: 55-60, 1995.
BENONI, G.; BELLAVITE, P.; ADAMI, A.; CHIRUMBOLO, S.; LIPPI, G.; BROCCO, G.; GIULINI, G. M. & CUZZOLIN. L. Changes in several neutrophil functions in basketball players before, during and after the sports season. **Int. J. Sports Med.** 16:34-37, 1995.
BISHOP, N.C., BLANNIN, A.K., ROBSON, P.J.; WALSH, N.P., GLEESON, M. The effects of carbohydrate supplementation on immune responses to soccer-specific exercise protocol. **J. Sports Sci.** 17:787-796,1999.
CURI, R. **Glutamina: metabolismo e aplicações clínicas e no esporte.** Ed. Sprint, São Paulo, 2000.
CURI, R., NESWHOLME, P., NEWSHOLME, E.A. Intracellular distribution of some enzymes of the glutamine utilization pathway in rat lymphocytes. **Biochem. Biophys. Res. Commun.** 138: 318-332, 1986.
DINARELLO C.A. The endogenous pyrogens in host-defense interactions. **Hosp. Pract.** 24: 111-115, 1989.
DUSI, S.; DONINI, M.; Rossi, F. Mechanisms of NADPH oxidase activation in human neutrophils: p67phox is required for the translocation of rac 1 but not of rac 2 from cytosol to the membranes. **Biochem. J.**, 15 : 991-4, 1995.
FLESHNER, M. Exercise and neuroendocrine regulation of antibody product protective effect of physical activity on stress-induced suppression of the specific antibody response. **Int. J. Sports Med.** 21 (suppl 1):S31-2, 2000.

GARCIA, C.; PITHON-CURI, T.C.; FIRMANO, M.L., PIRES-DE-MELO, M., NEWSHOLME, P., CURI, R. Effect of adrenaline on glucose and glutamine metabolism and superoxide production by rat neutrophils. **Clin. Sci.** 96: 549-55, 1999.

GHORAYEB, N. & BARROS, T. **O exercício – Preparação Fisiológica, Avaliação Médica, Aspectos Especiais e Preventivos.** Ed. Atheneu, 1999.

GORDON, S. Biology of the macrophages. **J. Cell Sci.** 4: 267-86, 1986.

GRASSO, G., LODI, L., MUSCETTOLA, M. Glucocorticoid receptors in human peripheral blood mononuclear cells in relation to age and to sport activity. **Life Sci.** 61:301-8,1997.

HARDMAN, A.E. Physical activity and cancer risk. **Proc. Nutr. Soc.** 60 (1):107-13, 2001.

HOFFMAN-GOETZ, L. Effect of estradiol and exercise on lymphocyte proliferation responses in female mice. **Physiol. Behav.** Dec 1-15; 68 (1-2): 169-74, 1999.

HOST, C.R.; NORTON, K.I.; OLDS, T.S. & LOWE, E. L. A. The effects of altered exercise distribution on lymphocyte subpopulations. **Eur. J. Appl. Physiol.** 72:157-164, 1995.

INGLOT, A.D.; SOBIECH, K.A.; ZIE LINSKA-JENCZYLIK, J.; SYPULA, A.; MAJDA, J.; LORENC M. Development and desappearanu of tolerance to induction of interferan and tumor necrosistastor response in athetes treated with natural immunostimulant. Arch Immunol Ther Exp (Warsz) 47(4): 237-44, 1999.

JONSDOTTIR, I.H. Special feature for the Olympics: effects of exercise on the immune system: neuropeptides and their interaction with immune function. **Immunol. Cell Biol.** 78 (5):562-70, 2000.

KEAST, D.; ARNSTEIN, D.; HARPER, W.; FRY, R. & MORTON, A. Depression of plasma glutamine concentration after exercise stress and its possible influence on the immune system. **Med. J. Austr.** 162: 15-18, 1995.

KLUGER, J., REINTJES, F., TEWES, V., SCHEDLOWSKI, M. Competition stress in soccer coaches increses salivary. Immunoglobin A and salivary cortisol concentrations. J. Sports Med. Phys. Fitness 36: 117-120, 1996.

KREIDER, R.B.; MIRIEL,V.; BERTUM,E. Amino Acid Supplementation and Exercise Performance. Sport Med.16 (3):190-209, 1993.

LLOYD A.R., OPPENHEIM, J.J. Poly's lament: the neglected role of the polymorphonuclear neutrophil in the afferent limb of the immune response. Immunol. Today 13: 169-172, 1992.

MacARDLE, W.D.; KATCH, F.L. & KATCH, V.L. **Fisiologia do exercício, energia, nutrição e desempenho humano.** Ed. Guanabara Koogan, 4ª Edição, Rio de Janeiro, 1998.

McTIERNAN, A., ULRICH, C., SLATE, S. & POTTER, J. Physical activity and cancer etiology:associations and mechanisms. **Cancer Causes Control** 9 (5):487-509, 1998.

MOLDOVEANU, A.I., SHEPARD, R.J. & SHEK, P.N. Exercise elevates plasma levels but not gene expression of IL1 beta, IL-6, and TNF-alpha in blood mononuclear cells. J. Appl. Physiol. 89 (4):1499-504, 2000.

NEWSHOLME, E.A. & CALDER, P.C. The proposed role of glutamine in some cells of the immune system and speculative consequence for the whole animal. **Nutrition** Jul-Aug 13 (7-8):728-30, 1997.

NEWSHOLME, E.A.; NEWSHOLME, P.; CURI, R.; CRABTREE, B. & ARDAWI, M.S.M. Glutamine metabolism in different tissues its physiological and pathological importance. In: **Perspectives in Clinical Nutrition.** Ed. J. M. KINNEY & P.R. BORUM. Urban & Schwarzenberg, Baltimore-Munich, pp.71-98, 1989.

NEWSHOME, E.A.; NEWSHOLME, P.; CURI, R.; CHALLONER, E. & ARDAWI, M.S.M. A role for muscle in the immune system and its importance in surgery, trauma, sepsis and burns. **Nutrition** 4:261-8, 1988.

NEWSHOLME, E.A.; NEWSHOLME, P. & CURI, R. The role of the citric acid cycle in cells of the immune system and its importance in sepsis, trauma and burns. **Biochem. Soc. Symp.** 54:145-61, 1987.

NIEMAN, D.C. Exercise, upper respiratory tract infection, and the immune system. **Med. Sci. Sports Exerc.** 26:128-139, 1994.

OSTROWSKI, K.; SCHJERLING, P. & PEDERSEN, B.K. Physical activity and plasma interleukin-6 in humans – effect of intensity of exercise. **Eur. J. Appl. Physiol.** 83:512-515, 2000.

PARK, JW & ROYAL CR; BENNA, JE; BABIOR, BM. Kinase-dependent activation of the leukocyte NADPH oxidase in a cell-free system. Phosphorylation of membranes and p47 (phox) during oxidase activation. **J. Biol. Chem.** 272: 11035-43, 1997.

PARRY-BILLINGS, M.; BUDGETT, R.; KOUTEDAKIS, Y.; BLOMSTRAND, E.; BROOKS, S.; WILLIAMS, C.; CALDER, P.C.; PILLING, S.; BAIGRIE, R. & NEWSHOLME, E.A. Plasma amino acid concentrations in the overtraining syndrome: possible effects on the immune system. **Med. Sci. Sports Exerc.** 24: 1353-1358, 1992.

PARRY-BILLINGS, M.; EVANS, J.; CALDER, P.C. & NEWSHOLME, E.A. Does glutamine contribute to immunosupression after major burns? **Lancet** 336:523-525, 1990.

PETERS, E.M. & BATERMAN, E.D. Ultramarathon running and upper respiratory tract infections. **S. Afr. Med.** 64: 582-4, 1983.

PITHON-CURI, T.C., PIRES DE MELO, M., DE AZEVEDO, R., ZORN, T.M.T., CURI, R. Glutamine utilization by rat neutrophils. Presence of phosphate-dependent glutaminase. **Am. J. Physiol.** 273: C1124-29, 1997.

RIVIER, A.; PÈNE, J.; CHANEZ, P.; ANSELME, F.; CAILAUD, C.; PREFÁUT, C.; GODARD, PH. & BOUSQUET, J. Release of cytokines by Blood Monocytes During Strenuous Exercise. **Int. J. Sports Med.** 15:192-198, 1994.

ROWBOTTON, D.; KEAST, D. & MORTON, A. R. The merging role of glutamine as an indicator of exercise stress and overtraining. **Sports Med.** 21:80-97, 1996.

ROWBOTTOM, D.G. & GREEN, K.J. Acute exercise effects on the immune system. **Med. Sci. Sports. Exerc.** 32 (Suppl 7): S396-405, 2000.

SHEPARD, R.J. Exercise, immune function and HIV infection. **J. Sports Med. Phys. Fitness** 38 (2): 101-10, 1998.

REBELO, A.N., CANDEIAS, J.R., FRAGA, M.M., DUARTE, J.A., SOARES, J.M., MAGALHÃES, C., TORRINHA, J.A. The impact of soccer training on the immune system. **J. Sports. Med. Phys. Fitness** 8: 258-61,1998.

SHEPARD, R.J., GANNON, G., HAY, J.B. & SHEK, P.N. Adhesion molecule expression in acute and chronic exercise. **Crit. Ver. Immunol.** 20 (3): 245-66, 2000.

STITES, D.P., TERR, A.L. Basic human immunology. New York. Prentice Hall, 1991.

SOTHERN, M.S., LOFTIN, M., SUSKIND, R.M., UDALL, J.N. & BLECKER, U. The health benefits of physical activity in children and adolescents: implications for chronic disease prevention. **Eur. J. Pediatr.** 158 (4): 271-4, 1999.

XING, Z.; GAUDIE, J.; COX, G.; BAUMANN, H.; JORDANA, M.; LEI, X. F.; & ACHONG, M.K. **J. Clin. Invest.** 101: 311-320, 1998.

WALSH, N.P. The effects of high-intensity intermittent exercise on the plasma concentrations of glutamine and organic acids. Eur. J. Appl. Physiol. 77: 434-438, 1998.

Seção II
Performance e Esportes

Capítulo 7

O processo de Desenvolvimento da Resistência Motora e sua Relação com a Preparação Geral e Especial

Paulo Roberto de Oliveira

O Conceito de Preparação Geral e Especial e o Potencial de Estímulo do Exercício de Treinamento

A preparação física geral (PFG) visa desenvolver equilibradamente as diferentes capacidades motoras (velocidade, força coordenação, resistência, flexibilidade, agilidade, etc.) e pode ser desenvolvida através do uso predominante dos exercícios preparatórios gerais; sua composição é mais ampla e diversificada e, organizada racionalmente deve pressupor: meios multifacetados que influenciem de maneira suficientemente eficaz no desenvolvimento de todas as principais capacidades motoras do desportista e que enriqueçam o repertório dos conhecimentos práticos e a destreza geral; o conhecimento antecipado das particularidades da especialização desportiva e necessário em virtude de que entre as diferentes tendências ou aspectos do processo adaptativo podem surgir interações positivas, neutras e negativas.

Portanto, a seleção dos exercícios preparatórios gerais, principalmente para os desportistas jovens, não deve acontecer tendo-se como critério apenas a modalidade desportiva praticada pelo atleta, mas deve possibilitar a ampliação das capacidades motoras visando a obtenção de uma premissa importante para que o desportista, caso deseje, se aperfeiçoe em uma modalidade desportiva determinada, ou ainda, melhore sua qualidade de vida. Além de permear o processo de aperfeiçoamento desportivo específico assegurando o desenvolvimento harmonioso do desportista, estes exercícios podem facilitar o processo de recuperação após a utilização de cargas concentradas especiais, bem como permitir a manutenção do tônus muscular geral, a partir do momento em que a ênfase do treinamento priorize determinados grupos musculares. Neste particular, deve-se destacar diferentes concepções de utilização dos exercícios de PFG, pois, se no sistema tradicional de periodização (Matveev, 1997) é considerada no período preparatório como um pré-requisito para os exercícios preparatórios especiais e competitivos, no sistema Verkhoshanski (1990) especialmente criado para atletas de alto nível, relaciona-se com a recuperação geral do organismo no período competitivo sendo particularmente importante nas sessões, microciclos ou medio-ciclos de recuperação, pelos efeitos contrastantes que os exercícios gerais representam em relação aos grupos musculares solicitados prioritariamente nas condições de treinamento ou competitivas específicas. Ao se tratar de desporto de rendimento observa-se uma preocupação acentuada entre os treinadores de que a capacidade física geral transforme-se progressivamente em capacidade desportiva especial.

A preparação física especial (PFE) por sua vez constitui-se de exercícios cujos conteúdos relacionam-se diretamente à especialização ou a modalidade desportiva praticada pelo atleta, incluindo movimentos ou ações motoras que se aproximam das particularidades específicas da atividade desportiva escolhida considerando o aspecto físico, técnico e tático. Em particular, os grupos musculares que suportam a carga fundamental durante a atividade competitiva e os seus antagonistas devem ser submetidos à ação mais importante de treinamento visando prepará-los convenientemente. Os exercícios de treinamento escolhidos devem cumprir as exigências da atividade competitiva coerentemente com o regime de trabalho do sistema neuromuscular. Assim, enquanto os atletas de levantamento de peso olímpico e levantamento básico utilizam-se de estímulos específicos para o treinamento do sistema neuromuscular, predominantemente objetivando a força máxima maximorum (cargas acima de 70% de 1RM) nos regimes concêntrico, excêntrico, isométrico e combinado, os lançadores de dardo utilizam-se de exercícios com cargas leves (10-15% de 1RM) predominantemente nos regimes excêntrico e concêntrico, realizadas com grande velocidade de movimentos, ou ainda se utilizam do método complexo soviético (cargas dificultadas entre 90-92% da carga máxima), combinado com cargas facilitadas (dardo de 0,4kg, pesos de 0,25-0,5kg), visando um efeito contrastante capaz de estimular o sistema neuromuscular com a conseqüente transferência positiva dos exercícios preparatórios especiais para os exercícios de competição e competição propriamente ditos.

Os exercícios preparatórios especiais ainda podem ser subdivididos em dois grupos:

- exercícios especiais I: semelhantes a seqüência dos movimentos de competição, porém, mostram desvios característicos de carga, mantendo alguns elementos ou ligações dos exercícios complexos de competição; como exemplo pode-se citar o lançamento de implementos de diferentes pesos (0,5kg a 2,5kg), dentro da técnica gestual específica, no caso da prova de lançamento do dardo ou arremesso da medicine ball no caso do basquetebol.

- exercícios especiais II: envolve movimentos parciais de toda a seqüência de movimento; somente um ou mais músculos são ativados de forma semelhante (direção do movimento, ou relação força-tempo), como exige o movimento competitivo. Como exemplo, pode-se citar no caso do voleibol a decomposição do movimento de ataque, treinando-se apenas as ações do braço, com o atleta posicionado de frente para a rede, sobre um banco sueco ou um plinto.

Platonov (1991), Kuznetsov (1989) autores dedicados ao estudo do desporto de alto rendimento propuseram ainda como divisão os exercícios de preparação física auxiliar estruturada a partir da PFG. Visa criar uma base especial que resulta indispensável para uma execução eficaz dos grandes volumes de trabalho destinados a desenvolver as capacidades motoras especiais. Essa preparação, além de permitir o aumento das possibilidades funcionais dos diferentes órgãos e sistemas do organismo, melhoram a coordenação neuromuscular, aperfeiçoam a capacidade do desportista de suportar grandes cargas e de se recuperar mais rapidamente após as mesmas. Matveev (1983) de acordo com a concepção de "potencial de estímulo dos exercícios de treinamento" propôs como divisão os exercícios de competição e os de competição propriamente ditos.

Os exercícios de competição são aqueles que envolvem as mesmas ações integrais incluindo as ações complexas conjuntas específicas de competição. Um atleta de atletismo praticante de 110m com barreiras (desporto individual), ao realizar um teste de controle na distância de 55m (cinco barreiras), durante uma determinada sessão de treinamento estará realizando um exercício de competição.

No caso de um deporto coletivo (basquetebol), quando uma equipe treina um determinado sistema defensivo durante uma sessão do treinamento semanal (titulares contra os reservas), o conjunto das ações e a base da estrutura dos movimentos coincidem com os exercícios de competição. Porém, se diferenciam por certas particularidades, em especial pelas limitações do potencial de estímulo do exercício de treinamento comparado ao limiar psíquico potencial de estímulo do exercício de treinamento envolvido (estresse, motivação, atenção, público, imprensa, resultado, etc.) da situação competitiva. Somente as altas e complexas exigências competitivas concretas possibilitam limiares altos de mobilização física e psíquica.

Os exercícios competitivos propriamente ditos são aqueles desenvolvidos nas condições reais de competição desportiva, em plena conformidade com as regras e regulamentos. Nesse caso entra em jogo uma série de fatores influenciadores da performance como: presença de público, nível físico, técnico e tático do adversário, expectativas geradas pela imprensa, fase do campeonato, cobrança de resultado por parte do patrocinador, etc. O exercício de competição propriamente dito é considerado como o melhor meio de aperfeiçoamento do atleta de alto nível, no entanto as maiores exigências impostas podem gerar excessivo estresse e ansiedade acarretando queda acentuada de rendimento com desempenhos muito abaixo do esperado. Por outro lado, somente a exposição às situações competitivas concretas possibilita uma análise real do rendimento e, oportuniza soluções metodológicas coerentes que corrijam as deficiências sistematicamente observadas, devidamente analisadas e aperfeiçoadas. As principais equipes brasileiras de futebol jogam entre 70 e 80 partidas/ano enquanto os atletas participam de 50 a 60 jogos/ano. Somente no ano de 1998, a Sociedade Esportiva Palmeiras participou de 74 jogos/ano e o atleta Junior (lateral esquerdo) atuou 54 partidas oficiais. Nenhum exercício de treinamento simula com tanta eficiência o potencial de estímulo que o exercício competitivo propriamente dito consegue produzir sobre o atleta, daí sua importância para os desportistas avançados.

A proporção entre os Exercícios de Preparação Geral e Especial

A seleção dos exercícios de preparação geral e especial deve ser compatível com a etapa de desenvolvimento desportivo, ou seja, à medida que o processo evolui, deve-se diminuir a percentagem relativa dos exercícios gerais na carga global. Isto quer dizer que entre as diferentes tendências do processo adaptativo podem surgir interações positivas, negativas e neutras. Com a evolução do desempenho surge a necessidade de especializar a composição dos meios de preparação com o objetivo de maximizar a transferência positiva ou minimizar a transferência negativa ou neutra. Nesse momento do treinamento, os exercícios gerais devem adquirir particularidades condicionadas à especialização desportiva. No treinamento do atleta M.L, campeão brasileiro de lançamento de martelo observou-se uma baixa correlação entre o movimento de supino e o resultado do lançamento e, alta correlação entre o movimento de arranque e o resultado do lançamento do martelo em situação competitiva; assim, optou-se em realizar o supino apenas durante o período inicial de preparação (4 semanas) como forma de fortalecimento geral, reequilíbrio muscular e prevenção de lesão, concentrando-se um grande volume de carga no arranque, levantamento da terra e agachamento, exercícios com alta especificidade e portanto, alto poder de transferência. É importante salientar que tal correlação derivou de seus 20 anos de prática, evidenciando uma relação direta entre tempo de prática e potencial de estímulo do exercício de treinamento. Muito provavelmente os lançadores iniciantes possam obter excelentes ganhos no lançamento de martelo melhorando o supino.

    O estabelecimento de um modelo quantitativo das cargas de treinamento e de um modelo da dinâmica das alterações dos índicadores funcionais (Oliveira, 1998), possibilita avaliar e controlar a eficácia da seleção dos exercícios de treinamento nas diferentes etapas de preparação. Da relação carga/adaptação derivou a expressão potencial de estímulo ou de treinamento da carga, ou seja, o potencial para provocar reação funcional de adaptação e modificação relativa da capacidade de desempenho no sentido desejado. Freqüentemente na literatura desportiva, se traduz ou se usa a palavra sobrecarga com o mesmo sentido de carga de treinamento. Nesse capítulo, se utilizará a palavra carga semelhante a exercício e não no sentido de sobrecarga que no dicionário da língua portuguesa quer dizer (carga excessiva ou, em demasia). Parte-se do pressuposto que o dia a dia do treinamento implica numa interação treinador e desportista, teoria e prática, numa troca de conhecimentos e informações; que o conhecimento científico disponível, os controles temporários do processo de treinamento e, a formação científica, didática e pedagógica dos treinadores e professores de educação física facilita a busca de soluções que visam maximizar rendimento, minimizar o gasto energético e prevenir ou evitar as possibilidades de ocorrência de lesão. Atualmente o desporto deve envolver um conhecimento multidisciplinar que vise a melhoria do nível de rendimento com baixos riscos à saúde do desportista.

Matveev (1980) afirmou que o mais alto rendimento que um desportista pode alcançar de acordo com o seu nível de treinamento e, em especial no período de competição pode ser denominado de "forma desportiva". Neste particular é conveniente a utilização do termo forma ótima, para os desportistas engajados no desporto popular objetivando um nível de aptidão geral compatível com os seus interesses, sua natureza, história pregressa, na busca da qualidade de vida.

Comumente o ciclo anual de preparação é subdividido em período ou etapa de preparação geral e de preparação especial. Os exercícios gerais, de acordo com a concepção clássica de organização do processo de treinamento, se localizam prioritariamente no período de preparação geral (PPG), considerado fundamental uma vez que seu objetivo é a ampliação e o aperfeiçoamento das premissas em cuja base se constrói a forma desportiva. Esses exercícios devem visar a elevação do nível geral das possibilidades funcionais do organismo, abranger uma estimulação multifacetada das diferentes capacidades condicionais (potencial energético) e coordenativas (habilidade de aproveitar o potencial energético). Muitos treinadores de modalidades coletivas (jogos) utilizam-se de atividades cíclicas como corrida, ciclismo, remo com o objetivo de desenvolver a resistência muscular geral aeróbica dinâmica. Evidentemente, tais exercícios gerais, embora melhorem a absorção máxima de oxigênio, aumentem o volume de ejeção sistólica, a densidade capilar, com conseqüências positivas para a diminuição no tempo de recuperação após esforços, etc., demonstram transferência neutra ou negativa quando se objetiva melhorar determinados fundamentos técnicos (sacar, passar, driblar, cabecear, cobrar faltas, transpor o sarrafo ou a barreira, arremessar com precisão, etc.), ou ainda, quando se solicita a manifestação metabólica específica nas condições competitivas concretas com mudanças rápidas de direção e velocidade de ação muscular ou deslocamento. Entre 1983 e 1986, na equipe Londrina Esporte Clube (Londrina – PR), observamos nos atletas de futebol, profissionais e juniores, que no período de preparação geral (8 a 12 semanas) havia um predomínio de exercícios gerais, especialmente as corridas contínuas (8,10,12 até 14 quilômetros/sessão) provocavam grandes evoluções no rendimento para esforço semelhante medido através de testes anaeróbico, contínuo porém, não se percebeu ganhos relevantes nas adaptações neuromusculares como força rápida, explosiva, velocidade de deslocamento e de ação motora segmentar isolada controlado através de testes anaeróbicos, sugerindo efeitos concorrentes de treinamento. Percebeu-se que tal modelo de preparação foi superado em função das atuais exigências do futebol devendo-se substituir tais concepções por modelos que concebam o futebol não como modalidade contínua e sim intermitente, neuromuscular/cardiorespiratória onde a capacidade aeróbia local e geral representa um componente importante durante as curtas pausas de recuperação, portanto com prioridade dos meios intermitentes de treinamento.

Matveev (1983) sugere que os exercícios de preparação especial sejam utilizados prioritariamente apenas durante o período de preparação especial. Este período localizado mais próximo ao período competitivo deve ser composto de exercícios que assegurem a obtenção direta da forma desportiva, ou seja, que criem uma predisposição do desportista para obtenção dos resultados objetivados.

Por sua vez, Verkhoshanski (1990) sugere desde a primeira etapa de preparação a utilização prioritária de exercícios preparatórios especiais visando estimular as adaptações específicas. A utilização de uma ou outra estratégia metodológica nas diferentes etapas do processo de preparação anual deve ser definida pelo treinador ou professor de educação física, considerando-se o nível do resultado desportivo, potencial ou reserva de adaptação (RAA), história desportiva, etapa de preparação, etc. Os controles da dinâmica da alteração dos indicadores funcionais e da carga de treinamento podem auxiliar no redimensionamento da programação.

No caso do atleta de alto nível, a ênfase nos exercícios preparatórios gerais no período de preparação pode significar maior condição geral, menor aprimoramento da técnica e da tática, menor exigência metabólica específica, menor reprodução das solicitações competitivas concretas, atraso do processo de desenvolvimento desportivo. Infelizmente, o tempo disponível para a preparação foi reduzido significativamente o que nos conduz à refletir sobre a necessidade de substituição dos exercícios gerais, pelos especiais de maior potencial e seletividade de estímulo. Visando a adaptação desejada em menor tempo.

Resistência Muscular Local como Forma de Preparação Específica para os Desportos Complexos

Verkhoshanski (1990) afirmou que na fisiologia desportiva, os especialistas criaram diferentes interesses de estudos podendo-se destacar aqueles que se dedicam às pesquisas sobre o sistema neuromuscular e dos mecanismos nervosos de regulação da atividade física e aqueles que direcionam seus estudos para o sistema vegetativo e processo metabólico, ou seja, aos fatores que condicionam o rendimento principalmente nos desportos cíclicos.

Almeida et al, (2000) destacaram que até alguns anos atrás para a análise e diagnóstico do desempenho desportiva a maioria dos estudos utilizou modelos unidimensionais onde somente uma variável ou fator era considerado responsável pelo desempenho atlético especialmente aqueles relacionados à dimensão biológica.

Ao final dos anos 60, ocorreu um grande movimento internacional no sentido de resgatar níveis mínimos de aptidão física motivado pelo alarmante crescimento de doenças coronarianas, particularmente nos paises industrializados.

Naquele momento a área médica defendeu de maneira enfática a atividade aeróbia como a mais importante para o desenvolvimento da capacidade aeróbia, para ativação das funções circulatória, respiratória e vascular e, conseqüentemente o exercício mais importante para a prevenção das doenças hipocinéticas.

Mesmo na área do treinamento desportivo de alta performance a resistência aeróbia foi colocada como a base para o desenvolvimento das demais capacidades motoras como a força, velocidade, agilidade, etc. Assim, os princípios, meios e métodos de treinamento dos corredores de longa distância, que se destacavam pela sua excelente capacidade aeróbia decorrente da realização predominante de treinamentos contínuos foram incorporados no dia a dia dos desportistas praticantes de desportos cíclicos, acíclicos e complexos imaginando que os mesmos seriam capazes de desenvolver a resistência dos corredores de fundo.

No futebol brasileiro foi incorporada a cultura da "caminhada", na verdade uma corrida longa, de baixa intensidade com volumes entre 8 a 16 quilômetros, realizadas no período de preparação geral visando uma possível sustentação para a forma desportiva e, no período de competição como forma de ativação ou facilitação do processo de recuperação.

O médico americano Kenneth Cooper, nas várias vezes que esteve no Brasil, proferiu palestras e ministrou cursos, destacou a bem sucedida utilização do método por ele criado na seleção brasileira de futebol, campeã mundial em 1970. Um artigo publicado na Revista Education Physique et Sport assinado pela comissão técnica brasileira, logo após a Copa do Mundo deixou evidenciada a utilização do teste de Cooper como meio de avaliação do nível de capacidade aeróbia. No entanto, o eminente cientista esqueceu de destacar que, além das corridas longas tão defendidas por ele como fator preventivo de doenças hipocinéticas para pessoas sedentárias, foram utilizados outros meios de preparação como os exercícios preparatórios especiais (treinamento intervalado, treinamento em circuito, treinamento fracionado de alta intensidade), além dos exercícios competitivos em duplas ou trios, exercícios de defesa x ataque, treinamentos coletivos entre titulares e reservas, considerados eficientes para desenvolvimento do metabolismo específico do jogo. Também foram utilizados os exercícios competitivos propriamente ditos, representados pelos jogos amistosos de preparação, minuciosamente programados para diferentes altitudes, visando a obtenção das condições competitivas ideais durante as diferentes etapas da competição culminando com a final, realizada na cidade do México. Não resta dúvida que é inconsistente afirmar que o sucesso de 70 deveu-se ao método de Cooper, no entanto tal idéia se popularizou, e, impôs durante muitos anos e ainda nos dias atuais a adoção das corridas contínuas como exercícios fundamentais para o futebolistas.

Verkhoshanski (1990) destacou que os princípios metodológicos gerais do treinamento desportivo formulado com base em investigações particulares, fragmentadas, com atenção prioritária aos mecanismos de produção de energia, ignorando a especialização morfológica e funcional do aparelho muscular peculiar dos diferentes desportos, pode conduzir a conceber a resistência exclusivamente como uma função das possibilidades respiratórias do organismo. Desta como também a importância de se considerar a diferença do potencial de estímulo do exercício de treinamento ao se selecionar e estruturar o programa de treinamento para pessoas sedentárias e para atletas de alto nível.

Da idéia de que o desempenho motor se caracteriza pela especificidade da capacidade motora predominantemente solicitada, a noção de desempenho motor geral foi progressivamente substituída pelo conceito de que cada indivíduo apresenta um desempenho específico dentro de cada uma das várias modalidades desportivas. Por essa razão, para modalidades intermitentes (esforço/pausa) deve-se utilizar meios intermitentes pela mobilização simultânea, predominantemente anaeróbia no esforço e aeróbia na pausa de recuperação.

Essen, Hegenfeldt e Kaijer (1977) submeteram dois grupos de indivíduos à uma hora de exercício na bicicleta, um grupo contínuo de baixa intensidade e outro treinado através do método intervalado (15s de esforço a 70% do VO_2 máximo x 15s de recuperação). Ocorreu uma diferença marcante no padrão de recrutamento das fibras musculares. O treinamento contínuo recrutou principalmente as fibras ST enquanto que o treinamento intervalado mobilizou fibras ST e FT.

Na década de 80, surgiu um novo modelo que classificou as capacidades motoras em componentes da aptidão relacionada à saúde e aptidão relacionada ao desempenho atlético. Assim, enquanto na aptidão relacionada à saúde estão envolvidos basicamente a resistência cardiorrespiratória, resistência muscular, força e flexibilidade, na aptidão relacionada ao desempenho atlético agrupa-se a resistência cardiorrespiratória, resistência muscular aeróbia, anaeróbia ou mista, flexibilidade, equilíbrio, velocidade, agilidade e força nas suas diferentes manifestações.

A atividade desportiva de competição está ligada principalmente à necessidade de uma organização espaço temporal racional do movimento do atleta, definida pelas regras e condições da competição e, por outro lado pela necessidade de se utilizar eficazmente o potencial motriz do atleta para desenvolver o conjunto de habilidades específicas. Verkhoshanski (1990) destaca que o desenvolvimento do potencial motriz exige um aperfeiçoamento dos mecanismos nervosos centrais de controle dos movimentos, aumento das possibilidades funcionais do sistema muscular e dos sistemas de produção de energia que garantam a realização de trabalho. Assim, são oportunas as tentativas de classificação dos desportos e das diferentes provas, objetivando investigar a particularidade da organização dos movimentos do atleta e o papel prioritário dos diferentes sistemas funcionais do organismo. Enfim, há que se entender que a teoria que fundamenta o treinamento dos desportistas jovens não se aplica no desporto de alto rendimento e vice-versa, assim como os meios de treinamento não devem ser os mesmos.

Conceito de Resistência Muscular Geral e Especial no Desporto Cíclico, Acíclico e Complexo

Farfel (1969) apud Verkhoshanski (1990) após estudo das características dos desportos, sugeriu classificá-los em três grupos:

1º grupo: desportos acíclicos, nos quais o papel principal está no aperfeiçoamento do sistema neuromuscular dirigido à regulação precisa dos movimentos e na capacidade de realizar elevados esforços de força;

2º **grupo**: desportos cíclicos, de intensidade inferior à máxima, nos quais o rendimento está ligado principalmente ao papel do mecanismo oxidativo de produção de energia necessária para o trabalho muscular; 3º **grupo**: desportos combinados, caracterizados por uma grande variabilidade de ações motoras em condições de fadiga compensada e de um trabalho de intensidade variável como ocorre nos jogos e nas lutas.

A Resistência pode ser genericamente definida como a capacidade ou habilidade de suportar a fadiga. Evidentemente, a resistência à fadiga depende da característica do desporto a que se refere uma vez que pode variar o volume de músculos envolvidos (locais, regionais, globais), regime de trabalho (dinâmico, estático, misto), fibras envolvidas (ST, Fta, Ftb), além do tempo de duração do esforço. Na literatura especializada no treinamento desportivo podem ser encontradas outras subdivisões como: geral e especial; treinamento e competição; local, regional, global; muscular e vegetativa; sensorial e emocional; estática e dinâmica; aeróbia e anaeróbia, de velocidade e de força.

Zatsiorsky (1990) propôs a seguinte classificação dos exercícios: exercícios de ação geral, que mobilizam mais de 2/3 da massa muscular; exercícios de ação local, que mobilizam menos de 1/3 da massa muscular; exercícios de ação parcial ou regional, que mobilizam entre 1/3 e 2/3 da massa muscular corporal. Matveev (1977) afirmou que a resistência manifestada nos diferentes desportos representa uma capacidade multifacetada sendo sua base constituída de quatro fatores:

- fatores psicológicos individuais relacionados à motivação, a constância, a perseverança e outras qualidades volitivas;

- fatores que asseguram a energia para o trabalho ou, a potência funcional dos sistemas de abastecimento e transformação de energia;
- fatores de estabilidade funcional dos diferentes sistemas do organismo durante as ações motoras, à medida que o esgotamento vai surgindo;
- fatores de economia funcional que implica na diminuição do gasto de energia na unidade de tempo, ou seja, à medida que aumenta o nível de treinamento, aperfeiçoa-se a coordenação e a distribuição racional das forças na competição.

Também se encontra na literatura especializada (Matveev, 1977; Platonov, 1990; Ozolin, 1989;) referência ao termo resistência geral do desportista como o conjunto das propriedades funcionais do organismo que representa uma base não específica das manifestações da resistência particular de cada desporto. Nesse particular, a resistência aeróbia tem sido considerada como uma das bases para diferentes tipos de resistência que se manifestam nos diferentes desportos, desconsiderando as particularidades do processo de especialização desportiva e os sistemas funcionais predominantes.

Harre (1989) considerou que nos anos 70 e 80, quando se planificava o sistema de preparação dos desportistas da antiga União das Republicas Socialistas Soviéticas e República Democrática Alemã (URSS e RDA), especializados em modalidades cíclicas se utilizava cinco zonas de intensidade de trabalho: anaeróbia alática, anaeróbia glicolítica, mista (anaeróbia-aeróbia), aeróbia (de treinamento), aeróbia (de recuperação).

Kotz (1986) classificou o exercício a partir da via de abastecimento energético em três grupos anaeróbios e cinco grupos aeróbios; entre os exercícios anaeróbios destacou: os exercícios de potência anaeróbia máxima, os exercícios de potência anaeróbia quase máxima, os exercícios de potência anaeróbia sub-máxima (potência anaeróbia-aeróbia).

1. Entre os exercícios anaeróbios encontram-se:

1.1. Exercício de potência anaeróbia máxima: utiliza exclusivamente a via anaeróbia de abastecimento energético, principalmente ATP + CP com pequena participação do sistema lático (glicolítico); corresponde aos esforços curtos e intensos até 15 ou 20s (100m no atletismo, 50m na natação). A concentração de lactato é baixa e varia de forma pouco substancial ainda que nos músculos em atividade se pode obter níveis de 10mMol/l ao final do trabalho. O resultado desportivo nestes exercícios é determinado pela regulação nervosa central da atividade muscular (coordenação dos movimentos com alta intensidade de trabalho), propriedades funcionais do sistema nervoso e muscular (força-velocidade), capacidade e potência do sistema de abastecimento energético denominado de fosfagênio. Nesse caso, o sistema de transporte de oxigênio tem participação importante após a realização dos exercícios, ou seja, na pausa de recuperação.

1.2. Exercícios de potência anaeróbia quase máxima: exercícios com abastecimento predominantemente anaeróbio (corrida de 200 e 400m, 100m na natação, 500m na patinação de velocidade, 1000m de ciclismo contra relógio). A concentração de lactato sanguíneo é alta (10 a 15 mMol/l), resultado da mobilização da glicólise anaeróbia (21 a 60s). Os resultados nestes exercícios também dependem da regulação nervosa central da atividade muscular, das reservas de CP e, da potência do sistema glicolítico de abastecimento energético.

1.3. Os exercícios de potência anaeróbia sub-máxima (potência anaeróbia-aeróbia), se caracterizam pelo predomínio do componente anaeróbio de abastecimento energético com participação do sistema energético oxidativo. Durante a realização destes exercícios os índices do sistema de transporte de oxigênio (freqüência cardíaca, volume sistólico, volume minuto, velocidade de consumo de oxigênio) aproximam-se dos valores máximos. Após a realização dos mesmos, a concentração de lactato muscular e sanguíneo é muito alta (20-25mMol/l). Os sistemas funcionais mais importantes são a capacidade e potência do sistema glicolítico, as propriedades funcionais do aparelho neuromuscular, capacidade de transporte de oxigênio (cardiovascular) e as possibilidades aeróbias (oxidativas) dos músculos em atividade.

2. Entre os exercícios aeróbios encontram-se:

2.1. Exercícios de potência aeróbia máxima: predomina o componente aeróbio de abastecimento de energia (60-70%), sendo também importante o processo glicolítico; 1500 e 3000m no atletismo, 400 e 800m na natação; logo no início do exercício (90 a 120s) se atinge o ápice da freqüência cardíaca, volume sistólico, ventilação pulmonar e da velocidade de consumo de oxigênio; implica na mobilização de

95-100% do VO_2 máximo; ao final do exercício o lactato sanguíneo atinge concentração em torno de 15-25 mMol/l;

2.2. Exercícios de potência aeróbia quase máxima: exercícios que dependem 90% das reações oxidativas aeróbias (85-90% do VO_2 – o dois rebaixas máximo e tem duração entre 10 e 30min.); como substrato é utilizado em primeiro lugar o carboidrato tendo papel importante as reservas de glicogênio muscular; destaca-se como exemplo as provas de 5.000 e 10.000m no atletismo, 1.500m na natação; 15.000m no esqui; 10.000m na patinação de velocidade; a freqüência cardíaca atinge 90-95% da máxima; a ventilação pulmonar situa-se entre 85 – 90% dos valores máximos individuais; após estes exercícios, a concentração de lactato é de aproximadamente 10mMol/l nos desportistas de alto nível;

2.3. Exercícios de potência aeróbia sub-máxima: exercícios onde mais de 90% de toda a energia deriva das vias aeróbias (70-80% do VO_2 máximo); o principal substrato energético é o glicogênio e a gordura do sangue e dos músculos em atividade e, de acordo com a duração do exercício a glicose sanguínea; destaca-se como exemplo a corrida de 21.000m, maratona, corridas de esqui entre 20 e 50.000m, marcha atlética de 20.000m; a freqüência cardíaca situa-se entre 80 a 90% da máxima; a concentração de lactato situa-se em torno de 4mMol/l, aumenta consideravelmente no início da corrida, ou ainda após longas subidas. O principal sistema funcional é o oxidativo que depende principalmente das reservas de glicogênio muscular e hepático e da capacidade dos músculos de aumentar a oxidação (utilização das gorduras);

2.4. Exercícios de potência aeróbia média: quase toda a energia depende dos processos aeróbios; o principal substrato é a gordura dos músculos em atividade e do sangue; os carboidratos têm um papel menos importante; a duração do exercício pode ser de várias horas (marcha atlética de 50.000m, esqui de fundo acima de 50.000m; os indicadores cardiorrespiratórios não superam 50-65% do VO_2 máximo;

2.5. Exercícios de potência aeróbia pequena (baixa): toda a energia deriva praticamente dos processos oxidativos (50% do VO_2 máximo ou menos) quando se consome principalmente gordura; corresponde às atividades cotidianas do ser humano como a caminhada e os exercícios físicos do desporto popular e de reabilitação.

Platonov (1990) considerou que no caso das modalidades de distâncias curtas de característica cíclica, baseadas na força rápida, assim como nas lutas e nos jogos desportivos (modalidades complexas), o treinamento da resistência aeróbia deve ser complementado por outros tipos de procedimentos, pois são modalidades que necessitam de coordenação complexa, trabalho prolongado com altas velocidades de deslocamento além de freqüente mobilização anaeróbia, seja de baixa ou média concentração de lactato; afirmou que graves erros foram cometidos tanto na teoria como na prática do treinamento ocasionados pela idéia oriunda de eventos cuja duração pode aproximar ou ultrapassar de duas horas de atividade competitiva (maratona, ultra-maratona);

tais durações enfocadas globalmente induziu à tradicional orientação de aumentar a resistência geral dos desportistas de diferentes modalidades através de treinamentos aeróbios prolongados contínuos, de intensidade moderada. Embora a duração total da atividade competitiva nos desportos complexos seja longa, percebe-se pela característica dos esforços (ações motoras isoladas, deslocamentos), que a capacidade aeróbia não é a principal determinante do resultado. Por esta razão, essa concepção metodológica tem conduzido a resultados pouco eficientes, com erros freqüentemente irreparáveis como o atraso na obtenção da forma desportiva, exploração parcial da reserva atual de adaptação (RAA) das variáveis neuromusculares. A pouca concentração ou supressão da possibilidade do desportista desenvolver a força máxima maximorum, força rápida, força explosiva, coordenação, resistência muscular local (RML), agilidade, capacidades neuromotoras determinantes do desempenho de alto nível nos desportos predominantemente neuromusculares ainda é um erro comum no nosso país.

Através da análise do treinamento de tenistas de nível nacional e internacional na cidade de Campinas (dados não publicados), observam existir um pequeno período de preparação de aproximadamente quatro semanas (novembro), momento em que se programa a realização predominante de corridas contínuas de longa duração, de baixa intensidade ou, no nível do limiar anaeróbio, como meio para desenvolver a resistência aeróbia dos tenistas; constatamos que entre alguns tenistas existe a idéia da importância da sua participação em corridas de pedestrianismo e meia maratona na etapa inicial do ciclo anual como forma de se criar um lastro aeróbio de suporte para a longa temporada competitiva; Justificam tais participações pela relação aproximada da duração destas corridas comparadas ao tempo total de duração das partidas de tênis; não entendem que o tênis é um desporte intermitente com alternância de esforços (10.205) com recuperação (15 a 30s), onde o metabolizmo ATP-CP é determinante para o eficiente desempenho em ações motoras curtas, intensas; que a recuperação ocorre nas curtas fases aeróbias seu seguinte aos esforços; anaeróbios; que o treinamento contínuo não é a melhor forma de se desenvolver a resistência especial por outro lado, a análise do treinamento técnico com bola visando o aperfeiçoamento das ações específicas, evidenciou durante todo o ano, independente da etapa ou período de preparação, execução de séries excessivamente longas, com grande número de repetição, com característica predominantemente aeróbia (duração entre 3 a 5min.), distante das exigências competitivas específicas. Provavelmente, o longo tempo de intervenção conduz progressivamente a diminuição da velocidade dos movimentos não só no início do exercício, mas ao final com o aparecimento da fadiga.

Nesse sentido pode-se levantar dúvidas sobre a idéia da relação entre os movimentos tecnicamente desejáveis realizados em condições sub-máximas e, os movimentos tecnicamente exigidos em intensidade máxima como ocorre na situação competitiva concreta. Alguns atletas do sexo masculino conseguem imprimir à bola velocidades acima de 200 quilômetros por hora. O atleta será capaz de realizar deslocamentos e ações motoras velozes na competição treinando lentamente durante todo o ano? E a especificidade da solicitação da resistência muscular para as ações velozes de competição poderia ser obtida eficientemente a partir de repetições em velocidades sub-máximas ou ainda, à partir das longas corridas contínuas?

No caso dos iniciantes, a busca da velocidade de execução dos movimentos altamente técnicos deve ocorrer progressivamente a partir do momento que as ações motoras se consolidem pela repetição regular e coordenada, com uma mecânica racional e econômica. Por outro lado, imaginar que os atletas com os movimentos bem coordenados possam aperfeiçoar as ações motoras competitivas de alta intensidade e duração, utilizando séries extremamente longas de intervenção e velocidade sub-máxima de execução parece incoerente e ineficaz.

Matveev (1977), Platonov (1993), Ozolin (1989) referiram-se a capacidade denominada "resistência especial do desportista" como a capacidade de se opor a fadiga nas condições específicas de carga, tanto no treinamento quanto nas condições de resistência especial de competição.

De acordo com a particularidade do desporto a resistência especial de competição se caracteriza exteriormente por diferentes indicadores como: tempo mínimo para cobrir uma determinada distância de competição (comum à maioria absoluta dos desportos cíclicos); grau de manutenção ou aumento (se necessário) da atividade motora no transcorrer da competição, o que se expressa: pela conservação da velocidade dos movimentos de determinado volume ou volume crescente (corrida de uma hora, meia maratona, etc.); nas exigências crescentes em intensidade no volume padrão de carga de competição (levantamento de peso olímpico, saltos, lançamentos, etc.); na manutenção ou aumento do número de ações eficientes de competição (número de ataques ou golpes nas lutas ou, nas ações de passes, finalizações, dribles, etc. nos jogos desportivos); estabilidade da realização dos movimentos e das ações técnicas, sem ou com o mínimo de falhas (GRD, GO, patinação artística, etc.).

A capacidade denominada resistência especial de treinamento pode ser representada pelo volume total das cargas nos exercícios de preparação especial em execução (quilômetros percorridos pelos corredores, ciclistas, nadadores, durante o treinamento, número de levantamentos da barra, total de toneladas/ano, número de séries e repetições dos elementos da ginástica olímpica, etc.).

Hollmann e Hettinger (1989) propuseram uma divisão da resistência visando a melhor compreensão das suas formas de manifestação. De acordo com a quantidade de músculos envolvidos em determinada ação, dividiram a resistência em: muscular geral (RMG) e muscular local (RML).

Conceituaram a RMG como a capacidade de resistência de uma grande massa muscular (superior a 1/6 a 1/7 da massa muscular corporal); RML como a capacidade de resistência de uma massa muscular inferior a 1/6 a 1/7 da massa muscular corporal.

Esta divisão deriva do fato de que a baixa quantidade de músculos envolvidos no treinamento de RML mobiliza de forma irrelevante o sistema cardiorespiratório, portanto, sem efeitos adaptativos gerais significativos, embora, na maioria dos desportos a RML não ocorra isoladamente como pode acontecer em situações simuladas na situação de treinamento.

Na RML, a ressíntese do ATP nos diferentes exercícios pode ser processada através do metabolismo aeróbio ou anaeróbio. Por esta razão pode-se diferenciar: RML aeróbia e RML anaeróbia. Tanto a RML aeróbia quanto anaeróbia significa a capacidade de desempenho repetido e prolongado de uma pequena massa muscular durante determinado tempo. Hettinger e Hollmann (1989) afirmam que a mobilização do metabolismo aeróbio ou anaeróbio tem uma estreita relação com a intensidade da carga utilizada. Assim, cargas até 15% da força isométrica máxima (FIM), caracterizam-se como aeróbias; neste caso, a tensão intramuscular não é suficientemente alta para produzir diminuição pronunciada do fluxo sangüíneo nos capilares e restringir acentuadamente a irrigação dos músculos. Portanto, a mobilização energética se processa aerobiamente e o trabalho pode ser mantido durante um longo tempo, especialmente se o trabalho é realizado lentamente.

A mobilização do metabolismo anaeróbio ocorre quando as cargas são superiores a 50% da força isométrica máxima. Pela predominância dinâmica do desporte e as dificuldades de medições isomáticas, os diferentes desportistas de nível nacional e internacional de diferentes categorias (Infanto-juvenil, juvenil e adulto), utilizam meios de controle e exercícios de treinamento dinâmico podendo-se sugerir as seguintes cargas: aeróbia, até 50% da força voluntária dinâmica máxima (teste de 1RM), com as repetições realizadas até próximo a exaustão contínuo ou em série, ou de acordo com a solicitação específica dos diferentes desportos; no caso dos deportes cíclicos, sugere-se a análise da atividade competitiva para obtenção da respectiva quantificação dos esforços desenvolvidos através de técnicas como o vídeo-tape, visando definir tempo de esforço, velocidade das ações motoras, número de ciclos de movimentos para o estabelecimento de parâmetros ou referências quantitativas e qualitativas das cargas de treinamento. No caso dos desportos de força rápida, sugere-se a aplicação da carga de RML aeróbia combinada com a carga de força máxima maximorum, no início do macrociclo, como suporte para a realização posterior dos exercícios preparatórios especiais de força rápida predominantemente anaeróbios e, principalmente como suporte para o desenvolvimento da resistência especial de treinamento.

Verkhoshansky (1990) propôs a seguinte orientação de sucessão das cargas para os desportos de força rápida:

etapa 1 – força máxima e rápida;
etapa 2 – força rápida e inicial;
etapa 3 – capacidade reativa do esforço;

No treinamento de atletas das modalidades de força explosiva de lançamentos e saltos no atletismo (L.L – campeã sul-americana juvenil de salto em altura; M.A.G – campeão paranaense de salto em altura e distância e brasileiro de decatlo; M.A.L – campeão brasileiro de lançamento do martelo; S.P.S – campeã brasileira, sul-americana e ibero-americana de lançamento do dardo), sempre se incluiu os exercícios de RML aeróbia e mista aeróbia-anaeróbia na etapa 1 (inicio de treinamento). Ainda que em tais provas do atletismo a mobilização de força na atividade competitiva propriamente dita seja do tipo anaeróbia, o treinamento aeróbio localizado pode promover benefícios fisiológicos como o aumento do número e tamanho das mitocôndrias, capilarização muscular, elevação da atividade enzimática oxidativa com otimização do sistema de abastecimento de oxigênio e aproveitamento do oxigênio no nível celular; tais adaptações podem ter implicações na aceleração do tempo de recuperação, além de propiciar maior resistência de treinamento fundamental para o aperfeiçoamento da técnica de execução dos movimentos nos momentos subseqüentes de preparação. Nesse caso, também sugerimos a variabilidade da intensidade da carga e a importância de tal procedimento no treinamento da força, na perspectiva da diferenciação de estimulação neural e não criação de um estereótipo motor; nos desportos complexos e nos desportos acíclicos, deve-se refletir sobre a ocorrência do fenômeno de "acomodação" neural, decorrente do uso prolongado da carga de treinamento de mesma magnitude (volume, intensidade, densidade, etc.); a carga poderá flutuar entre 40-60% do teste de 1RM, com os exercícios realizados com moderada a alta velocidade de execução, alta freqüência de estimulação visando a maior ativação das fibras rápidas, especialmente de sua capacidade oxidativa das fibras tipo FTa, respeitando as seguintes orientações metodológicas: moderada ou alta velocidade de execução dos movimentos especialmente da concêntrica; repetição por série; pausa ativa entre 1 e 2 minutos; volume alto de séries (até que a mecânica gestual comece a apresentar distúrbios da coordenação, tensão excessiva, redução do ritmo de execução, etc.).

No caso da RML anaeróbia, sugere-se seleção de cargas entre 60-80% da força máxima maximorum, 4 a 5 séries de 6 a 20 repetições, intervalos entre 90-120s; a fase excêntrica pode ser realizada mais lentamente, recomendando-se a alta velocidade de execução do movimento na fase concêntrica. Assim, pode-se melhorar a RML anaeróbia, a hipertrofia miofibrilar, minimizando possíveis transferências negativas para a velocidade de contração muscular; a realização de treinamentos paralelos visando outras manifestações de força (força máxima e força rápida) também pode propiciar variabilidade do estímulo neural.

Para os desportos complexos (jogos desportivos e lutas), sugere-se a concentração do treinamento de RML aeróbia no inicio do macrociclo, com cargas variando entre 30 e 50%, na forma de repetição por série, com moderada velocidade de realização de movimentos e pausas curtas de recuperação, respeitadas as frases rítmicas e o tempo de duração da atividade competitiva. (tempo de intervenção e recuperação variável evitando-se a padronização); evidentemente, o treinamento da RML não deve ser exclusivo, mas deve ser combinado com exercício de força máxima e força rápida. A seleção brasileira de voleibol infanto-juvenil e juvenil feminino, respectivamente vice-campeã e campeã mundial, adotou esta metodologia entre 1998 e 2001 com sucesso (Jabur, 1999).

Verkhoshansky (1990) sugeriu a seguinte orientação de sucessão de cargas para os desportos complexos (jogos e lutas):

1ª etapa – força máxima e RML;
2ª etapa – força explosiva e RML;
3ª etapa – potência de trabalho no regime específico.

No caso do tênis de campo, voleibol, futebol, basquetebol, sugere-se as seguintes abordagens:

Tênis de campo: o treinamento de RML aeróbia deve envolver variabilidade de intensidade (30-50% da carga máxima); 8 a 10s de execução x 20 a 30s de pausa de recuperação; velocidade moderada de execução na fase concêntrica; número de séries até próximo a exaustão, ou ainda até que o movimento comece a apresentar distúrbios da coordenação ou comprometimento da velocidade de execução (membros superiores e inferiores); no caso de se desejar a hipertrofia (RML anaeróbia), sugerimos respeitar as mesmas orientações dos desportos de força rápida (60-80% de 1 RM). Cuidados deverão ser tomados, pois o treinamento de resistência anaeróbia (hipertrofia) mantido na etapa competitiva pode atrasar a manifestação do efeito posterior duradouro de treinamento prejudicando o aprimoramento da técnica e otimização da velocidade das ações motoras.

Voleibol: variabilidade de intensidade entre 30-50% da carga máxima; 6 a 8s de execução x 10 a 15s de pausa de recuperação; moderada a alta velocidade de execução na fase concêntrica; número total de repetição próximo da exaustão; tanto dos músculos de membros inferiores como superiores; mesma orientação do tênis de campo no caso de se desejar o desenvolvimento da RML anaeróbia. Entre 1993 e 1996, na equipe de voleibol do Serra Negra Esporte Clube durante a etapa B (pré-competitiva) o treinamento de hipertrofia foi realizado duas vezes por semana apenas por duas atletas atacantes de meio de rede visando ganhos de massa muscular; nessa etapa que objetivou fundamentalmente a técnica e a velocidade das ações motoras, a manutenção do treinamento de hipertrofia gerou um descompasso da velocidade gestual das mesmas em relação as demais atletas que desenvolveram predominantemente os treinamentos de força rápida, explosiva com ênfase na velocidade das ações motoras específicas (Oliveira, 1996).

Entre 1995 e 1996, atletas de voleibol infanto-juvenil e juvenil do Serra Negra Esporte Clube, respectivamente vice-campeã e campeã do Estado de São Paulo, foram submetidas a um teste de 2400m em uma pista de atletismo para se conhecer a resistência aeróbia geral dinâmica de curta duração (Hettinger e Hollmann, 1989) e, o correspondente nível de consumo máximo de oxigênio máximo no início do processo de treinamento (fevereiro). Em seguida as atletas foram submetidas a 5 sessões semanais de força (uma sessão de força rápida, 1 sessão de força máxima, 1 sessão de RML anaeróbia, 2 sessões de RML aeróbia); As sessões de RML foram subdivididas em uma sessão de desenvolvimento muscular geral na sala de musculação, utilizando se de pesos entre 30 – 50% de força máxima individual, com aumento progressivo do número de repetição no transcorrer das 3 semanas iniciais (3x15; 3x20; 3x30) e, uma sessão de treinamento em circuito composto de exercícios preparatórios especiais (estações), organizado sob a forma de repetição fixa (12 repetições por estação, com pausa trotada entre uma e outra estação). O teste de controle realizado quatro semanas depois evidenciou uma melhora entre 3 a 10% no grupo total, no teste de 2400m. É importante observar que a programação não incluiu a tradicional realização das corridas de longa duração, ficando o estímulo cardiorrespiratório restrito ao treinamento técnico diário, que por sua característica intervalada comprovou ser um poderoso estímulo das adaptações aeróbias, em especial durante a fase de recuperação, em concordância com a característica intermitente da atividade competitiva da modalidade; também, se considerou que o treinamento de RML respeitando os princípios do treinamento em circuito pode se constituir em um exercício de grande potencial de estímulo não só para o sistema neuro muscular como para o sistema cardiorrespiratório, com a vantagem de estimular a coordenação específica das ações motoras de competição. Os circuitos devem incluir exercícios preparatórios especiais relacionados as diferentes ações motoras de cada desporto como é o caso do voleibol (bloqueio, deslocamento para frente, atrás, lateral, ataque, passe, recepção) futebol (finalização, passes, fintas, antecipações, cabeceio) basquetebol (rebotes, deslocamentos em posição defensiva, saltos defensivos e ofensivos, fintas), etc. Com isso, além de estimular a coordenação específica, pela inclusão de estações de exercícios técnicos com bola reproduzindo ações motoras do jogo (melhoria da coordenação intra e intermuscular), ainda possibilita aprimorar o metabolismo específico graças a uma solicitação temporal de treinamento semelhante aquela exigida durante a competição. Para o voleibol sugere-se estímulos com duração aproximada de 8 a 10s com alta intensidade de execução dos movimentos possibilitando velocidades próximas das solicitações anaeróbias competitivas com baixa concentração de lactato. Também se pode obter adaptações aeróbias importantes durante os curtos tempo de intervalo (10, 12, 14s), ou seja, desenvolvendo em alto grau a capacidade de recuperação nos pequenos intervalos, característicos do voleibol e dos outros jogos coletivos. É importante estar atento às observações de Hettinger e Hollmann e (1989) quando se referiram a Zatopek e o fracionamento das corridas contínuas (intervall-trainning) utilizadas na sua preparação e que permitiu superar mais de 10 recordes mundiais nas provas de fundo. Posteriormente, outros técnicos buscaram sem sucesso o fracionamento ainda maior das distâncias clássicas usadas (100, 200 e 400m) na tentativa de obtenção de evoluções mais relevantes (50, 60, 80m); o máximo que se conseguiu foi desenvolver uma excepcional capacidade de recuperação, pois se tornaram verdadeiros campeões de recuperação. Essa pode ser uma explicação do efeito positivo dos estímulos anaeróbios intensos como estímulo para adaptações aeróbias durante as pausas de recuperação.

Futebol: variabilidade de intensidade entre 20-50% da carga máxima para desenvolver a RML aeróbia; 6 a 10s de execução x 8 a 10s de pausa de recuperação; moderada a alta velocidade de execução na fase concêntrica; número de repetição próximo a exaustão predominando a intervenção dos músculos de membros inferiores; Na equipe da AAPP, Vice Campeã da Taça S. Paulo de Juniores 1999, durante a etapa das cargas concentradas de força (período de preparação) foram aplicadas séries progressivas de RML aeróbia com aumento do número de repetições, iniciando com 4 x 20 e chegando a 4 x 50 repetições ao final do bloco de força. Embora o nível de RML aeróbia dos músculos de membros inferiores tenha melhorado em média 250% nessa característica de trabalho, atualmente, considera-se que um número menor de repetição dentro da série, variável a cada série e um número maior de séries com intervalos não regulamentados reproduz com maior fidelidade às características das solicitações competitivas concretas. Assim, acreditamos que a maior eficácia do treinamento nos desportes complexos (futebol, basquetebol, handebol, futsal, etc) deriva da maior fragmentação das séries, ou seja, ao invés de 4x50 é mais racional 8x25 ou ainda 32x12, que reproduz mais proximamente o tempo de intervenção curto de alta intensidade seguido por pausas não regulamentadas. O sistema de série é mais adequado para o futebolista pois, conduz progressivamente a fadiga através da adoção de intervalos não regulamentados de recuperação, curtos característicos da modalidade. Também nesse caso é importante variar o número de repetições na série e o tempo de intervalo de recuperação uma vez que a atividade competitiva não é rigorosamente regulamentada nesses aspectos. Tal concepção também pode ser adotada no futebol de salão pela semelhança do esforço realizado, adaptando-se no entanto, a relação trabalho/recuperação . O treinamento em circuito também se mostra eficiente para desenvolver a RML aeróbia e anaeróbia podendo ser utilizado com variação na intensidade de carga conforme o objetivo, ou seja, cargas leves para a componente aeróbia (10-40%) e moderada para o componente anaeróbio (40-70%). Em 1983, atletas profissionais e amadores da equipe Londrina Esporte Clube, realizaram o seguinte circuito: 9 estações com alternância de grupamentos musculares; 30s de execução x 30s de recuperação; partindo-se da premissa de que a freqüência cardíaca de treinamento oscilou entre 130-190 e que mesmo nos intervalos perdurou o estímulo para possibilitar as adaptações cardiorrespiratórias, concluiu-se haver correspondência com as exigências de competição.

Essa organização de treinamento permitiu que os atletas treinassem de maneira intermitente durante um tempo total de 27 minutos; também se deve considerar que os movimentos por envolverem grandes grupos musculares e, alta intensidade de execução de movimentos pode acarretar grande formação de lactato (30s) contrariando os níveis registrados na situação competitiva (5 a 9 mMol/l). Isso poderia produzir fadiga excessiva com uma diminuição na velocidade de execução dos movimentos e perda de qualidade do treinamento.

Em 1998 na equipe de juniores da AAPP de Campinas, optou-se em aumentar progressivamente o número de passagens mantendo-se fixos os demais componentes até se atingir 22 passagens de oito estações de 10s de exercício com pausa de 10s de recuperação. Esse treino parece reproduzir com mais especificidade as exigências de competição (lactato entre 6 e 9 mMol/l), ou seja, a mobilização prioritária do metabolismo ATP-CP. Nesta maneira de estruturação do treinamento em circuito, o tempo total de 58 minutos está muito próximo do tempo de bola corrida durante uma partida (aproximadamente 64 minutos). Mais recentemente introduzimos um intervalo de 15 minutos entre a décima primeira e a décima segunda passagem visando reproduzir ainda mais a situação de jogo e permitir a manutenção da qualidade de execução das ações motoras específicas até os instantes finais do treinamento.

Basquetebol: o desenvolvimento da RML aeróbia deve implicar na variabilidade de intensidade entre 30-50% da carga máxima; 10 a 15s de execução x 10 a 15s de pausa de recuperação ativa; moderada a alta velocidade de execução na fase concêntrica; número de repetição até próximo da exaustão, tanto dos músculos de membros superiores como inferiores.

Entre os anos 1995 e 1996, na seleção brasileira de basquetebol Feminino (dados não publicados), utilizou-se um volume de repetição mais alto (4 séries de 50 repetições x 30s de pausa), seguindo princípios originários do desporto cíclico de longa duração; experiências mais recentes com o treinamento de jovens praticantes de basquetebol, voleibol, futebol, futsal de diferentes categorias (infanto-juvenil, juvenil, Junior) e na própria seleção brasileira adulto feminina de basquetebol, os controles da atividade competitiva permitem sugerir séries e intervalos mais curtos e variados, respeitando a característica cíclica-acíclica, intermitente, não regulamentado de esforço físico (1x10sx10s; 1x5sx15s; 1x6sx5s", etc.), comum aos jogos desportivos.

No basquetebol, também se pode falar em RML anaeróbia quando se utiliza intensidade de treinamento entre 60-80% da carga máxima (teste de 1RM); quanto ao volume, sugerimos entre 6 a 20 repetições, em concordância, em concordância com Poliquin (1991) volume este utilizado no treinamento de hipertrofia (Período Básico ou de acumulação) dos atletas de levantamento básico da Bulgária; esta capacidade pode ser observada no treinamento dos fisiculturistas cujo programa de treinamento além de visar desenvolvimento da massa muscular conduz a uma alta capacidade de RML anaeróbia com cargas moderadas, com as últimas repetições sendo executadas próximas a exaustão; as pausas curtas, 30-90s impedem a recuperação completa, fazendo prevalecer o catabolismo das proteínas contráteis, condição importante para a hipertrofia muscular. Os atletas de levantamento básico da Bulgária no período que objetivam ganhos de força pela via metodológica da hipertrofia adotam um tempo mais longo na fase excêntrica e maior rapidez na fase concêntrica (4s x 2s). Como o número de repetições gira em torno de 8 a 12 repetições, desenvolve-se um tempo total de tensão em torno 40-70s; Esta estratégia parece possibilitar mobilização intensa da glicólise anaeróbia decorrente da diminuição acentuada da irrigação sanguínea, destruição significativa das proteínas contráteis e ganhos importantes de massa muscular. No caso dos desportos complexos o desenvolvimento da resistência anaeróbia aplicada rigorosamente de acordo com o proposto pelo treinamento Búlgaro, pode conduzir a significativos ganhos de massa muscular, especialmente naqueles atletas que jamais trabalharam com estes níveis de carga; na aplicação de um treinamento com tais características deve-se estar atento para que o mesmo não seja exclusivo no tempo, ou seja, deverá ser combinado com outros tipos de cargas que visem força máxima maximorum, força rápida e explosiva, coordenação, velocidade de deslocamento e de ação motora, visando impedir transferências negativas que podem deteriorar significativamente a estrutura do movimento competitivo. Outro aspecto importante é o controle e reajuste temporário da carga de treinamento à medida que as semanas se sucedem. A evolução de um grupo de atletas de voleibol e basquetebol infanto-juvenil e juvenil sem vivências anteriores na sala de musculação apresentou em pouco tempo uma grande evolução nos níveis de força provavelmente relacionada às adaptações neurais e metabólicas, uma vez que não se obteve mudanças estatisticamente significativas nas variáveis antropométricas no mesmo espaço de 6 meses de treinamento (Oliveira, 1998). Nesse caso também são necessários os reajustes temporários da carga de treinamento. Ao se definir uma carga (70% de 1RM) para se trabalhar as séries, findo duas ou três semanas a mesma carga pode representar 50 ou 40%, transferindo-se os efeitos de treinamento das adaptações anaeróbias para as aeróbias, diferentemente do objetivo inicialmente proposto. Uma atleta juvenil de voleibol da equipe do SNEC, após realizar 84kg no teste inicial de 1RM no leg-press, (inicio do movimento com um ângulo de 70º), após 60 dias de treinamento realizou 150 repetições com a mesma carga. Evidentemente, pode se perceber que a relevância da adaptação da RML e da força máxima no início do processo de treinamento favoreceu a transformação rápida do exercício anaeróbio em aeróbio.

Devido as diferentes características da contração muscular, também se faz necessário distinguir: RML aeróbia dinâmica, RML aeróbia estática, RML anaeróbia dinâmica, RML anaeróbia estática.

RML aeróbia dinâmica – capacidade que possibilita o maior desempenho da musculatura envolvida nas diferentes atividades desportivas dinâmicas. Como exemplo, podemos citar o trabalho dos membros inferiores dos corredores de fundo e ciclistas de estrada, e membros superiores dos nadadores de 1500m. Esta resistência depende fundamentalmente da magnitude da oferta de oxigênio intracelular, da capacidade do metabolismo mitocondrial, da melhoria da atividade enzimática do metabolismo aeróbio, da reserva localizada de glicogênio, da melhoria qualitativa dos processos metabólicos e, da coordenação neuromuscular, este último fator muito importante para a economia de energia.

É importante observar que caso a freqüência dos movimentos seja elevada até níveis máximos, aumenta progressivamente a participação dos mecanismos anaeróbios. Muitas unidades motoras precisam ser recrutadas simultaneamente, ao invés de alternadamente, dificultando a recuperação metabólica em função da breve fase de descontração. A RML aeróbia dinâmica é de fundamental importância tanto para os desportos cíclicos como acíclicos e complexos, pois, os exercícios voltados para este objetivo desenvolvem os mecanismos de perfusão sanguínea e metabólica, onde o sistema cardiorrespiratório desempenha apenas um papel servomecânico. No entanto, é importante salientar que atletas (corredores de fundo) submetidos unicamente aos exercícios de resistência local (legpress com uma perna) apresentaram melhoras da RML acima de 1000% sem nenhuma melhoria da performance em suas especialidades. Esta tendência unilateral do treinamento deve ser tão questionada quanto aquela que afirma "para saber correr bem, o desportista necessita correr" (Verkhoshanski, 1990).

Embora os experimentos mostrem que os exercícios de RML isoladamente realizados não se mostrem eficientes para a melhoria da resistência em esforços contínuos, é cada vez maior o número de treinadores que se utilizam diferentes meios de preparação de força especial paralelamente aos exercícios específicos e competitivos visando evoluções relevantes dos resultados. A carga durante o exercício que objetiva desenvolver a RML para os desportos cíclicos (corrida e natação de longa distância, ciclismo de estrada, triatlon, etc.), deve ser leve, com mobilização sustentada das fibras lentas, com tempo de duração e características do esforço semelhante às solicitações competitivas. Este treinamento acarreta modificações na densidade capilar e na densidade do volume mitocondrial. Zakharov (1992) afirmou que no treinamento do nadador Salnikov, primeiro atleta a nadar os 1500m abaixo de 15 minutos, foi aplicado um treinamento de força com 15 séries de 60s com pausas de 60s diminuídas gradativamente mantendo-se um ritmo de execução de movimentos em concordância com a freqüência manifestada durante o melhor resultado competitivo.

 O judô é um desporto onde as exigências competitivas têm alta mobilização de força daí ser interessante desenvolver a RML aeróbia paralelamente a RML anaeróbia com níveis mais altos de carga (50-70% de 1RM). A resistência a vencer nesse tipo de desporto é sempre mais alta (peso corporal do adversário, tensão muscular desenvolvida como resistência aos golpes). A RML aeróbia com cargas entre 50 e 70%, em séries com duração de 30s, pausas entre 10 a 15s, realizadas durante 4 a 5 minutos têm apresentado excelentes resultados para esses desportistas. A RML anaeróbia, semelhante ao apresentado para o basquetebol também se aplica ao judô.

 A RML aeróbia estática pode ser explicada pela contração característica dos grupos musculares solicitados em algumas modalidades como é o caso da corrida de fundo onde o bíceps, através de uma ação de sustentação da flexão do cotovelo em um ângulo aproximado de 90º pode apresentar uma acentuada fadiga; este também é o caso da manutenção da postura sobre a bicicleta durante as competições de ciclismo, quando um conjunto de músculos mantém uma tensão estática, principalmente a musculatura do braço, mão e ombro.

A RML anaeróbia estática de alguns grupos musculares também pode ser evidenciada em desportos como o judô, ginástica olímpica, ciclismo de velódromo e no iatismo onde a musculatura abdominal é bastante solicitada em condições anaeróbias; para melhorar o rendimento dos pequenos grupos musculares citados há necessidade de se incluir estímulos repetidos localizados estáticos uma vez que neste caso concreto os exercícios gerais não se mostram eficientes. No voleibol os atletas podem repetir entre 300 e 500 vezes a posição estática de expectativa durante uma partida oficial; não se necessita criar exercícios especiais para melhorar a resistência da postura de expectativa, pois durante os treinamentos técnicos e táticos esta posição é assumida em um volume duas a três vezes superior ao manifestado no jogo.

A RML pode ser avaliada tanto pelo número de repetições de determinado exercício até a exaustão, assim como pelo tempo de duração que um ciclo de movimento pode ser mantido adotando-se um rítmo preestabelecido. Na equipe de voleibol feminino infantil, infanto juvenil e juvenil do Serra Negra Esporte Clube, respectivamente, 3º lugar, vice-campeão e campeão Paulista (1995), realizamos um teste de RML até a exaustão com uma carga correspondente a 70% da força máxima maximorum (1RM). Tal teste evidenciou uma variação muito grande no ritmo individual de execução dos movimentos tanto na extensão dos joelhos (leg-press) quanto na extensão dos cotovelos (supino) dificultando o estabelecimento de comparação interindivíduos bem como o controle dos mesmos atletas em diferentes momentos do macrociclo. O aperfeiçoamento do teste implicou no estabelecimento de um padrão rítmico de execução (metrônomo) que visou uniformizar a velocidade de execução do teste (30 repetições por minuto).

Também podem ser estabelecidos os índices de força absoluta e relativa que mostram uma alta correlação, ou seja, desportistas com grande nível de força máxima maximorum podem realizar um número de repetições muito maior de um exercício vigoroso em relação aqueles com menor nível de força. No entanto, esta correlação somente pode ser observada com percentuais de carga superiores a 25% da força máxima (1RM). Quando a carga é menor, o número máximo de repetições independe do nível de força máxima.

Resistência Muscular Geral como Forma de Preparação nos Desportos Cíclicos Aeróbios

Nas modalidades de fundo (corridas, ciclismo, natação, etc.), os resultados se correlacionam de maneira mais substancial com o nível de consumo máximo de oxigênio limiar anaeróbio e com outros índices de produtividade aeróbia do organismo como a economia funcional e a tática de distribuição racional de energia no tempo.

Mishenko (1995) afirmou que em condições de atividade competitiva o resultado relaciona-se com a magnitude específica do VO_2 máximo (ml/kg/min.$^{-1}$), bem como com a capacidade de manter durante longo tempo magnitudes entre 70 e 90% do VO_2 máximo; atletas principiantes conseguem manter aproximadamente 15 a 30 minutos de atividade mobilizando entre 40 a 50% do VO_2 máximo; atletas de alta competição suportam esforços durante 1-2 horas mobilizando 80 a 85%, 3 horase 40 minutos a 75%, 4 horas ou mais a 65%, 8 horas a 40% do consumo máximo de oxigênio; maratonistas de elite podem mobilizar 84% do VO_2 máximo por mais de duas horas enquanto que os ciclistas de elite (100km) utilizam 85 – 90% do VO_2 máximo durante aproximadamente 2 horas. Kuchkin apud Platonov (1991) afirmou que a magnitude do aumento do VO_2 máximo de corredores de ½ fundo depende do nível inicial e do período de treinamento anual. Atletas de elevada potência aeróbia apresentam no período preparatório um crescimento entre 5 – 7% no VO_2 máximo.

A determinação do VO_2 máximo pode ser feita por métodos diretos e indiretos. São mais conhecidos os testes de esteira e bicicleta ergométrica. Todos os métodos diretos envolvem execução de uma atividade cuja intensidade de carga equivale ou supera a potência crítica individual, ou seja, a potência de carga mínima com a qual se alcança o VO_2 máximo. A potência aeróbia é difícil de ser medida em atletas altamente qualificados. Ocorre que os atletas só manifestam com segurança seu potencial aeróbio em condições de trabalho de característica especial, próxima da situação a que o mesmo está acostumado. Motivar totalmente um atleta qualificado para os testes laboratoriais é muito difícil; por esta razão surge a necessidade de se modelar ao máximo as condições habituais de carga especialmente quanto aos parâmetros de freqüência, amplitude e força aplicada. Os ciclistas de estrada giram a uma velocidade média de 100rpm enquanto que a padronização dos testes laboratoriais prevê 60rpm. Além disso, as provas podem terminar com uma aceleração final de 30 à 40s, daí a necessidade de se buscar protocolos que reproduzam tal situação no laboratório para aumentar o grau de semelhança com a competição. O processo de treinamento físico intenso aumenta o VO_2 máximo em média entre 15 a 25% na idade jovem. A média total de crescimento do VO_2 máximo (ml/kg/min.$^{-1}$) durante o processo de treinamento de muitos anos varia entre 30-35%; o VO_2 máximo de pico cresce muito mais rápido comparado com a aptidão para manter grandes magnitudes de consumo máximo de oxigênio (fração de utilização). Em uma etapa inicial de treinamento se verificou que uma carga de 350 watts era realizada com um VO_2 máximo equivalente a 3,6 l/min. (87% do VO_2 máximo), na etapa final de treinamento, esta mesma carga era realizada com igual consumo de oxigênio (3,6l/min.), porém com 73% do VO_2 máximo, possibilitando maior tempo de trabalho. Pesquisas mostraram que um aumento de 16,5% no VO_2 máximo permitiu aumentar 275% a continuidade de execução de uma carga com potência determinada, não mostrando alta correlação entre o VO_2 máximo e resistência (Mishenko e Monogarov, 1995).

Mijailov, 1983; Volkov, 1986, apud Platonov (1991), estabeleceram que os desportistas podem apresentar alterações notáveis da capacidade de trabalho sem modificações correspondentes do VO_2 máximo. Nos primeiros meses de treinamento físico intenso, o aumento do VO_2 máximo e a atividade enzimática tendem a modificações paralelas. Ao interromper o treinamento durante pouco tempo (duas semanas) a duração da resistência e o potencial oxidativo dos músculos reduziram 25%, enquanto o VO_2 máximo reduziu em menor proporção, de 65 para 63 ml/kg/min. Duas semanas após retornar aos treinamentos, o potencial oxidativo dos músculos e a capacidade de trabalho é recuperada lentamente, enquanto o VO_2 máximo alcança com rapidez magnitudes próximas as iniciais (Mitchell, 1980; Costill, 1985). O VO_2 máximo é estável ao longo de vários anos de treinamento, enquanto que a capacidade de trabalho (resistência) melhora significativamente neste período. No treinamento de ciclistas, remadores e meio fundistas pode-se perceber diminuição do VO_2 máximo entre 3 e 10% durante o período de competição com melhoria da capacidade especial de trabalho. Também se observa que os desportistas de 20-30 anos atrás apresentavam iguais magnitudes de VO_2 máximo em relação aos atuais corredores apesar de que os resultados competitivos melhoraram consideravelmente.

Estudo com gêmeos univitelinos sugerem que o VO_2 é 90% determinado geneticamente (Klissouras, 1971). Estudos mais recentes estimam que a contribuição do efeito genético no VO_2 máx. (ml/kg/min.$^{-1}$) é de aproximadamente 50%, enquanto a evolução da resistência depende 70% dos fatores genéticos.

A habilidade de realizar resultados em eventos desportivos melhora constantemente durante a infância, mas, os fatores fisiológicos responsáveis não estão totalmente esclarecidos. O VO_2 máximo (ml/kg/min.$^{-1}$) não se eleva significativamente durante os anos de crescimento, significando que a habilidade da criança de liberar oxigênio para os músculos em exercício não é o responsável pelas mudanças nos resultados de resistência. O gasto de oxigênio na corrida para uma dada carga de trabalho sub-máximo diminui progressivamente durante a infância, indicando melhorias na "economia de corrida". Por outro lado, recentes estudos mostram que as crianças são capazes de melhorar o VO_2 máximo através de um treinamento intenso. Evidências do crescimento indicam o papel importante de determinantes genéticos tanto na capacidade de realizar exercícios de resistência como em responder aos estímulos do treinamento.

Existe uma série de fatores que limita o VO_2 máximo; um fator importante pode ser a reduzida capacidade de oferta de oxigênio aos músculos em trabalho.

Karlsson e Saltin (1971) afirmaram que um fator limitante do trabalho é a incapacidade da célula muscular para consumir oxigênio. Este fator tem sido relacionado às limitações do leito capilar ou a capacidade metabólica dos músculos (Hollmann, 1989); também fez referência ao papel decisivo da acidemia e da diminuição considerável do pH muscular na limitação do metabolismo máximo e funções da célula muscular; portanto o VO_2 não tem um limitante único.

Mishenko e Monogarov (1995) afirmaram que os métodos modernos de treinamento e as possibilidades de desenvolvimento dirigido para o aperfeiçoamento da potência cardíaca podem assegurar grande aumento na produtividade do coração: até 40l/min. ou mais; nestas condições, a função débil parece ser dos pulmões incapazes de uma perfusão eficiente deste volume de sangue e a limitação se determinará com a capacidade máxima de difusão dos pulmões (Prampero, 1985). Quando o treinamento se desenvolve durante muitos anos, o aumento do VO_2 máximo vincula-se fundamentalmente com o aumento do volume máximo de sangue por minuto (32%) e apenas 8% com a diferença artério-venosa de oxigênio. Este mecanismo é acompanhado por um aumento de 40% no fluxo sanguíneo das pernas, consequência de um aumento de 60% na dilatação dos capilares. Por outro lado, a atividade enzimática pode ocorrer sem o aumento ou diminuição do VO_2 máximo. Embora alguns autores como Platonov (1994) considere que este aumento enzimático é relativamente pequeno quando manifestado em magnitude absoluta (micromoles), há que se considerar como importante esta adaptação.

Segundo Mishenko e Monogarov (1995), as modificações do VO_2 ao cessar o treinamento não se vincula a densidade dos capilares nos músculos ou com a atividade das enzimas oxidativas; também, a diferença arterio venosa permanece invariável; conclui que o potencial oxidativo do músculo não determina o VO_2 máximo e que as mudanças do consumo máximo de oxigênio tem relação precisa com os parâmetros de circulação central.

A interrupção prolongada do treinamento (21 dias) reduziu em 26% o volume máximo de sangue por minuto devido a redução do volume sistólico; Em igual magnitude reduziu também o VO_2 máximo; neste período não se modificou a diferença arterio-venosa (Costill, 1979).

Os músculos podem ser excluidos como fator limitante para o VO_2 máximo de todo o organismo, pois os músculos possuem uma elevada capacidade de perfusão e uma melhor capacidade para utilizar oxigênio, ou seja, tem um alto potencial aeróbio. O aproveitamento deste potencial muscular durante uma carga física intensa deveria ser assegurado por um bombeamento 2 a 3 vezes maior do que na realidade ocorre. No caso do trabalho envolver menos do que 1/3 da massa muscular, as limitações do rendimento podem ser causadas pela capacidade metabólica dos próprios músculos.

Por outro lado, Mishenko e Monogarov (1995) discutiram os fatores que limitam o rendimento especial dos desportistas e concluiram que durante a execução de cargas dinâmicas, estes fatores são de origem fisiológica e bioquímica do conteúdo miológico (limitação das capacidades dos músculos para utilizar o oxigênio, os substratos da oxidação e a glicólise, ou seja, a limitação de característica local), como pela máxima capacidade de abastecimento de oxigênio das formações energéticas dos músculos ativos, a eliminação dos metabólitos, a manutenção do equilíbrio calórico e, por último, a eficácia da regulação das funções (limitação global).

Finalmente, algumas estratégias metodológicas são apresentadas no sentido da otimização do rendimento para atletas de alto nível:

- atletas de elite apresentam um nível de preparação específica extremamente alto; o emprego de cargas complexas, não específicas, pode produzir alterações negativas nas funções fisiológicas;
- para intensificar o processo de treinamento e aumentar a capacidade competitiva dos atletas é necessário reproduzir o modelo de competição em condições de treinamento, programar as competições de controle, as competições parciais e oficiais, etc;
- utilizar cargas de direção unilateral, em oposição ao princípio tradicional de preparação global do atleta;

- as cargas globais (direção multifacetada das cargas) é válido apenas para os desportistas de nível intermediário devendo ser gradativamente substituído por cargas unilaterais à medida da evolução do rendimento.
- os exercícios preparatórios gerais predominantes na preparação do desportista iniciante deve ser incluído moderadamente no início da preparação do desportista de alto nível.

Referências Bibliográficas

ALMEIDA, H.F.R. et al, Uma ótica evolutiva do treinamento desportivo através da história. Treinamento Desportivo, v.5 (1), jun.2000
COSTILL,D.L.et al, Adaptation in skeletal muscle following strenght training. J. Appl. Physiol. v.46 (1), p.96, 1979.
HARRE, D. *Teoria del entrenamiento deportivo*. Stadium, Buenos Aires, 1989.
HOLLMANN, W. HETTINGER, Th. *Medicina de esporte*. Ed.Manole, São Paulo, 1989.
KARLSSON,J.B. SALTIN,B. Diet, muscle glycogen and endurance performance. J. Appl. Physiol. v.31, p.203-206, 1971.
KLISSOURAS, V. Heritability of adaptive variation. Journal of Applied Physiology, v.31, p.338-344, 1971.
KOTZ, Y.M. Las bases fisiológicas de las aptudes (motoras). Moscou, Fisizcultura y spport, 1986.
KUZNETSOV, V.V. *Metodologia del entrenamiento de la fuerza para desportistas de alto nível*. Buenos Aires, Stadium, 1986.
MATVEEV,L.P. *Periodización del entrenamiento desportivo*. Madrid, INEF, 1977.
_____. Fundamentos del entrenamiento deportivo. Madrid, Ed. Mir, 1983
MISHCHENKO, V. S. MONOGAROV, V. D. *Fisiologia del deportista: bases científicas de la preparacion, fadiga y recuperacion de los sistemas funcionales del organismo de los deportstas de alto nível*. Paidotribo, 1995.
OLIVEIRA, P.R. O efeito posterior duradouro de treinamento das cargas concentradas de força. *Tese de Doutorado*, Unicamp, 1998
OZOLIN, N. G. *Sistema contemporaneo de entrenamiento deportivo*. 3. ed. Havana, Ed. Científico Tecnico, 1989. p.361-469.
PLATONOV, V. N. *El entrenamiento deportivo, teoria y metodologia*. 3. ed. Barcelona, Paidotribo, 1990. p.167-298.

_____. *La adaptación en el deporte*. Barcelona, Paidotribo, Barcelona, 1994. p. 99-246.

_____. BULATOVA, M.M.; La preparación física. 3ed. Barcelona, Paiotribo, 1991.

POLIQUIN, C. A. Importância da variação do treino da força. *Rev. Treino Desportivo*. Lisboa. v.2, n.20, p.37-43, 1991.

VERKHOSHANSKI, I.V. *Entrenamiento deportivo*: planificacion y programacion. Barcelona, Martinez Roca, 1990. 190p.

VERKHOSHANSKI, I.V. Problemas atuais da metodologia do treino desportivo. *Treino desportivo*, São Paulo. v.1,n.1, p. 33-45, 1996.

KUZNETSOV, V.V. *Metodologia del entrenamiento de la fuerza para desportistas de alto nível*. Buenos Aires, Stadium, 1989. p.5-53.

ZAKHAROV, A. *Ciência do treinamento desportivo*. Rio de Janeiro, Palestra Sport, 1992. p.289-314.

ZATSIORSKY, V. M. *Science and practice of strength training*. Champaign, Human Kinetics, 1995. p. 59-81.

Capítulo 8

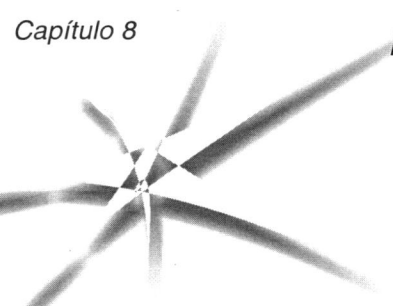

Efeitos do Exercício de Longa Duração em Mulheres

Marcelo de Castro Cesar

A participação de mulheres em atividades atléticas, em todos os níveis de competição, está aumentando, com numerosos efeitos positivos, físicos e mentais. Mas também ocorrem distúrbios em função dos exercícios de longa duração, como disfunções menstruais e metabólicas. O treinamento físico pode acarretar muitas modificações na atleta, incluindo peso, composição corporal, utilização energética, adaptações cardiovasculares e efeitos sobre o ciclo menstrual (Putukian, 1994).

Sistema Hormonal Feminino

O ciclo ovariano é regulado por um sistema de retroalimentação hormonal que envolve o hipotálamo, a hipófise e o ovário (Putukian, 1994). Tem um padrão rítmico mensal que depende da velocidade de secreção dos hormônios femininos e das mudanças correspondentes nos ovários e órgãos sexuais. A duração média do ciclo é de 28 dias na mulher normal e o primeiro ciclo menstrual é chamado de menarca (Guyton, 1991).

O sistema hormonal feminino consiste de três hierarquias de hormônios:

- hormônio hipotalâmico de liberação, chamado de hormônio de liberação das gonadotropinas (GnRH);
- hormônios adeno-hipofisários, gonadotrópicos: o hormônio folículo-estimulante (FSH) e o hormônio luteinizante (LH), secretados em resposta ao GnRH;
- hormônios esteróides ovarianos: estrogênios e progesterona, secretados em resposta aos hormônios adeno-hipofisários (Guyton, 1991).

A secreção de FSH e LH pela adeno-hipófise humana é descrita como rítmica e pulsátil (Yen et al, 1972), em conseqüência de descargas rítmicas de GnRH através da circulação porta hipofisária (Carmel et al, 1976).

Os hormônios ovarianos influenciam a liberação de GnRH e dos hormônios gonadotrópicos, podendo ser estimulatórios ("feedback" positivo) ou inibitórios ("feedback" negativo), refletindo ação em sítios múltiplos do eixo hipotálamo-hipofisário (Karsh, 1987).

Segundo Pohl & Knobil, 1982, o ciclo ovariano de 28 dias tem três componentes básicos: os núcleos arqueados do hipotálamo, os hormônios gonadotrópicos da hipófise e o ovário. O núcleo arqueado é o componente central deste sistema de controle, gerando um sinal a cada duas horas em humanos, liberando GnRH pela circulação porta hipofisária resultando em pulsos de LH e FSH. Folículos ovarianos imaturos respondem a esses pulsos de hormônios gonadotrópicos, aumentando a secreção de estradiol, que atinge níveis pico na circulação perto da metade do ciclo, ao redor de 14 dias. A magnitude da resposta hipofisária para cada pulso de GnRH é controlada pela ação direta do estradiol nos hormônios gonadotrópicos ("feedback" negativo). Quando o estradiol excede um limiar de aproximadamente 200 pg/ml durante, no mínimo, 2 dias, o "feedback" negativo deste esteróide é interrompido e o estradiol inicia a liberação de ondas pré-ovulatórias de gonadotropinas, sem necessidade de aumento da liberação de GnRH pelo hipotálamo.

Após uma semana ou mais de crescimento, um dos folículos ovarianos imaturos começa se destacar dos demais e será o único a tornar-se maduro e ovular, enquanto os outros folículos involuem, no processo chamado atresia (Guyton, 1991).

O folículo maduro, de Graafian, responde imediatamente ao aumento de gonadotropinas, com maturação total, secreção maciça de estradiol, ruptura do folículo, ovulação, formação do corpo lúteo e secreção de progesterona (Phol & Knobil, 1982). Apesar da liberação de gonadotropinas continuar durante a fase lútea do ciclo, o desenvolvimento folicular é inibido pela presença de progesterona (Goodman & Hodgen,1977; Hoffmann, 1962). A duração da vida funcional do corpo lúteo é de aproximadamente 14 dias. Quando a inibição da progesterona é removida ocorre luteólise, um novo folículo é selecionado para desenvolver-se e o ciclo é repetido. A característica duração de 28 dias representa a soma da duração do desenvolvimento folicular e da vida funcional do corpo lúteo (Phol & Knobil, 1982).

O ciclo normal varia de 23 a 35 dias, com 10 a 13 ciclos por ano, é chamado de regular ou eumenorréico. Oligomenorréia representa 3 a 6 ciclos por ano com intervalos superiores a 36 dias. Amenorréia é a ausência ou a interrupção de fluxo menstrual, o que reflete uma grande variedade de distúrbios clínicos. Na amenorréia ocorrem menos de 2 ciclos por ano, nenhum nos útimos 3 a 6 meses. Amenorréia primária é a ausência de menarca e amenorréia secundária é a ausência de 3 a 12 períodos menstruais consecutivos, após uma menarca normal (Putukian, 1994).

Efeitos do Exercício Físico na Mulher

O treinamento físico pode alterar profundamente os sistemas metabólico e hormonal, sendo o exercício físico um modulador da reprodução humana (Prior, 1987), podendo acarretar distúrbios, como deficiência da fase luteínica, anovulação e amenorréia (Putukian, 1994).

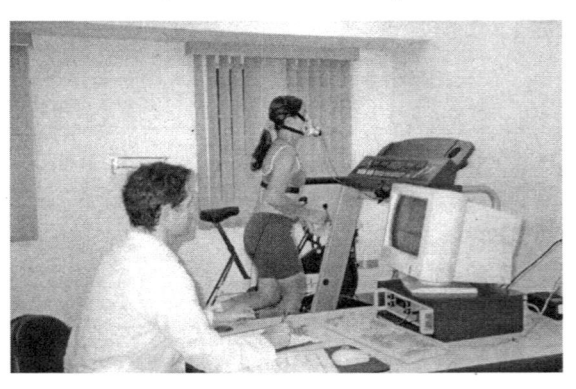

A deficiência da fase luteínica é um encurtamento dessa fase do ciclo com menores níveis de progesterona, não modificando o comportamento total do ciclo. As mulheres anovulatórias produzem estrogênio, mas não possuem um nível normal de progesterona e apresentam ciclos irregulares, às vezes curtos (menos de 21 dias), às vezes com ciclos de 35 a 150 dias entre os períodosde sangramento. A amenorréia atlética é considerada um distúrbio hipotalâmico, constituindo um estado hipoestrogênico (Putukian,1994).

Os efeitos integrados do treinamento físico alteram a secreção hormonal hipofisária e o feedback dos esteróides gonadais, resultando em variações corporais, de comportamento, do ciclo menstrual e da reprodução. Essas alterações parecem ser similares às que ocorrem em várias doenças, nas grandes perdas de peso e no estresse psicológico (Prior,1986).

A alta incidência de amenorréia em maratonistas foi motivo de vários estudos, sendo que muitos demonstraram uma associação entre a incidência de disfunções reprodutivas e quilometragem de treinamento semanal (Baer et al, 1992; Baer & Taper, 1992; Baer, 1993; Drinkwater et al,1984; Cokkinades, 1990; Sanborn, 1982; Cook et al,1987). Como em outros trabalhos esta associação não foi encontrada (Snead et al,1992; Gadpaile et al,1987; Kaiserauer, 1988; Snead et al, 1992; Schwartz et al, 1981; Nelson et al, 1986), outros fatores parecem estar envolvidos (Warren, 1992; Cokkinades, 1990).

Um fator intimamente associado com distúrbios menstruais seria o baixo peso e a baixa quantidade de gordura corporal. Embora sejam necessários 22% de gordura corporal para manutenção de ciclos regulares (Frisch, 1974), eles ocorrem em atletas com menos de 17% de gordura (Warren, 1992).

Corredoras amenorréicas e eumenorréicas parecem apresentar porcentagens de gordura corporal similares (Baer & Taper, 1992, Snead et al, 1992, Gadpaille et al, 1987, Snead et al, 1992, Wilmore et al,1992; Baer, 1993; Drinkwater et al,

1984; Marcus et al, 1985; Myerson et al, 1992; Nelson et al, 1986), embora Glass et al, 1987, tenham observado uma menor porcentagem de gordura corporal em corredoras amenorréicas em relação a eumenorréicas, em estudo com maratonistas de nível olímpico.

Há também controvérsia na relação entre amenorréia e conservação de energia, sendo demonstrado, em alguns trabalhos, que corredoras amenorréicas teriam uma menor relação entre ingesta e gasto calórico que corredoras eumenorréicas (Baer & Taper, 1992; Kaiserauser et al, 1988; Baer et al, 1992; Nelson et al, 1986) embora em outros estudos essa associação não tenha sido encontrada (Wilmore et al, 1992; Snead, 1992; Myerson et al, 1989).

Os distúbios alimentares, como anorexia nervosa e bulemia, ocorrem em maior incidência em atletas do que na população geral, principalmente em atividades físicas que enfatizam um peso corporal baixo (Putukian, 1994), como corredoras e bailarianas, e são mais freqüentes nas atletas amenorréicas que nas eumenorréicas (Gadpaille et al, 1987; Wilmore et al, 1992; Baer, 1993; Brooks-Gunn et al, 1986).

Outro fator associado com amenorréia parece ser o início do treinamento antes da menarca (Frisch et al,1981; Baer, 1993), ocorrendo alta incidência de amenorréia por fatores ainda não esclarecidos (Warren, 1992).

As mulheres amenorréicas hipoestrogênicas apresentam maior risco de osteopenia (Cann et al, 1984; Drinkwater et al, 1984), devido ao fato de o estrogênio promover a preservação da massa óssea, por ter as ações de: diminuir a reabsorção de cálcio pelos ossos, aumentar a absorção intestinal de cálcio e aumentar a reabsorção tubular renal deste elemento (Shangold, 1985).

Esses distúrbios parecem ser reversíveis com a diminuição do treinamento e aumento de peso, ocorrendo recuperação das menstruações, aumento nos níveis de estradiol e ganho de massa óssea (Drinkwater et al, 1986; Lindberg et al, 1987).

Drinkwater et al (1990) investigaram a história de irregularidades menstruais e densidade óssea em 97 atletas, encontrando menor densidade óssea lombar em mulheres que nunca haviam sido eumenorréicas em relação a mulheres que apresentavam períodos de oligomenorréia/ amenorréia intercalados com ciclos regulares, sendo o grupo que sempre teve ciclos regulares o de maior densidade óssea. Esses dados sugerem que extensos períodos de oligomenorréia/amenorréia teriam um efeito deletério na densidade óssea lombar.

Mickesfield et al (1995) encontraram menor densidade óssea lombar em ultramaratonistas premenopausadas que apresentavam maiores períodos de irregularidades menstruais, concluindo que não somente amenorréia, mas também prolongada oligomenorréia pode prejudicar a massa óssea.

As corredoras de longas distâncias parecem estar sujeitas a maior risco de fraturas, principalmente de fraturas de stress. Isso pode ser relacionado com o hipoestrogenismo e a osteopenia. Essas fraturas são mais freqüentes nas corredoras com distúrbios menstruais que nas eumenorréicas (Myburgh et al, 1990; Linberg et al, 1984; Marcus et al, 1985), o que também ocorre com bailarinas (Warren et al, 1986).

O esqueleto sofre influência da ação gerada pela contração muscular. O osso responderia às tensões mecânicas ou à sua falta, na formação ou reabsorção óssea. Quanto maior a massa muscular, maior o efeito piezelétrico sobre os ossos (deformação do osso provocando cargas negativas do lado da tensão e positivas do lado da tração), e maior a possibilidade de ganho de massa óssea local (National Consensus Proposal, 1985).

Mudanças na arquitetura óssea, modelação e remodelação, dependem da atividade de osteoblastos, que formam o osso, e osteoclastos, que o reabsorvem. Os osteoblastos melhor respondem às situações mecânicas, havendo também influência nos osteoclastos. A tensão sobre o osso proporciona crescimento e adaptações funcionais na arquitetura óssea, sendo que a ausência de tensão acarreta em reabsorção e perda óssea. As tensões funcionais teriam como objetivo estimular processos de adaptação, aumentando a competência estrutural do esqueleto em razão das necessidades funcionais (Lanyon,1987).

O exercício físico beneficia a remodelação óssea devido a fatores mecânicos, que incluem a contração muscular e a força da gravidade. A força da gravidade é necessária para formação óssea, sendo verificada perda significativa de massa óssea em astronautas no retorno à Terra, mesmo mantendo-se ativos (Chow et al, 1989). Por outro lado, a atividade física aumenta a massa óssea, sendo encontrados maiores valores em indivíduos com maior potência aeróbia. A massa óssea é maior em levantadores de peso e corredores de maratona que em sedentários, mas não difere entre nadadores e sedentários. Indivíduos saudáveis e pacientes com osteoporose, submetidos a atividades aeróbias, aumentam sua massa óssea (Chow et al, 1989).

A atividade física é utilizada para aumento da massa óssea e prevenção de osteoporose (Chow et al, 1989; Pocock et al, 1986; Chow et al, 1987; Krolner et al, 1983, Smith et al, 1981).

Devido à controvérsia entre os efeitos da atividade física no sistema hormonal feminino, no ciclo menstrual e na massa óssea, talvez estes efeitos estejam relacionados com a intensidade do exercício, sendo interessante determinar um limite crítico entre benefício e prejuízo.

Efeitos do exercício de longa duração no ciclo menstrual, densidade óssea e potência aeróbia de corredoras

Na tentativa de estabelecer este limite, Cesar et al (2001) estudaram 17 mulheres, divididas em dois grupos:

- Grupo 1: 9 corredoras, em treinamento de longas distâncias ("endurance") há no mínimo 2 anos. Durante o estudo, as mesmas percorriam distâncias de 50 a 100 quilômetros por semana (km/sem). A idade variava entre 27 e 40 anos (média de 33,70), altura de 153,00 a 170,00 cm (média de 159,67 ± 5,31) e peso de 47,30 a 60,00 kg (média de 54,40 ± 4,41).

- Grupo 2: 8 mulheres que não praticavam atividades físicas regularmente (grupo controle), com idade entre 24 a 38 anos (média de 33,50), altura de 152,00 a 172,00 cm (média de 161,25 ± 7,04) e peso de 49,80 a 76,00 kg (média de 59,92 ± 8,29).

As mulheres dos dois grupos não apresentavam patologias e nem faziam uso de nenhuma medicação durante o estudo.

Todas mulheres responderam a um questionário padrão, incluindo nível de atividade física, comportamento alimentar, antecedentes menstruais e antecedentes patológicos.

Os dois grupos submeteram-se a um teste ergoespirométrico, em esteira rolante computadorizada, com protocolo contínuo, de carga crescente, até a exaustão.

A medida do consumo de oxigênio (VO_2), foi realizada de forma direta, utilizando-se analisadores de oxigênio e gás carbônico (Ametek-USA, O_2 Analyzer S-3A/I e CO_2 Analyzer CD-3A) e sistema metabólico (Vacumed – Vista Turbofit- versão 3.20 – USA). Foram determinados o consumo máximo de oxigênio (VO_2 max), o limiar anaeróbio ventilatório (LA), a freqüência cardíaca máxima (FC max) e a freqüência cardíaca do limiar anaeróbio (FC LA). As corredoras foram monitorizadas durante uma semana de treinamento, por meio da gravação dos batimentos cardíacos. A freqüência cardíaca durante o treinamento foi obtida por gravação a cada minuto, com uso de sistema de telemetria Polar-USA, modelo Vantage.

Todas as mulheres realizaram dosagem sérica de estradiol, progesterona e prolactina a partir do 15º dia do ciclo menstrual (fase lútea), por meio de método imunofluorimétrico, Delfia kit.

Também foram todas submetidas a densitometria óssea e composição corporal, sendo determinadas densidade óssea de coluna (DO coluna) e fêmur (DO fêmur) e as quantidades corporais de massa magra (músculo), gordura corporal, porcentagem de gordura (% gordura) por absortometria radiológica de dupla energia, equipamento Lunar DPX, software versão 3.6z.

Foram obtidas as médias com respectivos desvios padrão das variáveis, dentro de cada grupo (corredoras e controle). Para testar a significância da diferença entre as médias dos dois grupos, dentro da cada variável, foi aplicado o teste "t" para amostras independentes com variâncias equivalentes.

Nos resultados, os autores encontraram que a idade do grupo de corredoras foi muito semelhante ao grupo controle, não houve diferença significante de peso e altura (Tabela 1). Todas as mulheres eram eumenorréicas, sendo semelhantes a idade da menarca e o intervalo do ciclo menstrual nos dois grupos. Também não foi encontrada diferença significante entre dosagens de estradiol, progesterona e prolactina entre os grupos. Nenhuma das mulheres apresentou fratura de estresse. Embora tempo de treinamento das corredoras varie de 2 a 23 anos, todas iniciaram o treinamento após a menarca. A distância percorrida por treinamento semanal variou de 50 a 100 km (média de 68,89 km/sem).

As densidades ósseas de coluna e fêmur foram superiores nas corredoras que nas mulheres não atletas (Tabela 1). A massa magra das corredoras foi muito superior a do grupo controle, sendo a gordura corporal absoluta e percentual muito maior no grupo controle em relação ao de corredoras (Tabela 1).

Tabela 1: *Médias, com respectivos desvios-padrão, dos valores de altura, peso, massa magra, gordura corporal, % de gordura, densidade óssea de coluna (DO coluna) e densidade óssea de fêmur (DO fêmur) das corredoras e do grupo controle.*

Variável	Corredoras	Grupo controle
Altura (cm)	159,67 ± 5,31	161,25 ± 7,04
Peso (kg)	54,40 ± 4,41	59,92 ± 8,92
Massa magra (kg)	41,32 ± 3,41**	36,36 ± 3,48
Gordura corporal (kg)	9,87 ± 4,35	20,42 ± 6,10**
% de gordura	18,83 ± 7,14	35,40 ± 6,07**
DO coluna (g/cm^2)	1,27 ± 0,09*	1,17 ± 0,08
DO fêmur (g/cm^2)	1,05 ± 0,18*	0,88 ± 0,06

* diferença significante, nível p < 0,05
** diferença significante, nível p < 0,01

As dosagens hormonais não apresentaram diferenças entre os grupos com os seguintes valores, respectivamente para corredoras e grupo controle: estradiol 110,50 ± 32,97 pg/ml e 147,35 ± 70,48 pg/ml, progesterona 9,79 ± 6,30 ng/ml e 7,81 ± 7,32 ng/ml, prolactina 9,84 ± 4,05 ng/ml and 9,36 ± 4,36 ng/ml. Todas apresentaram avaliação eletrocardiográfica considerada dentro da normalidade em repouso e esforço, sendo todos testes ergométricos não sugestivos de isquemia do miocárdio e com resposta fisiológica da pressão arterial. O consumo máximo de oxigênio foi muito maior nas corredoras que no grupo controle, assim como o consumo de oxigênio do limiar anaeróbio, o consumo de oxigênio do limiar em relação ao máximo (Tabela 2). A freqüência cardíaca máxima não foi diferente entre os grupos, sendo próxima à freqüência cardíaca máxima prevista para idade Entretanto, a freqüência cardíaca do limiar anaeróbio foi muito superior no grupo de corredoras (Tabela 2).

Tabela 2: *Médias, com respectivos desvios-padrão, dos valores de consumo máximo de oxigênio (VO_2 max), limiar anaeróbio (LA), freqüência cardíaca máxima (FC max) e freqüência cardíaca do limiar anaeróbio (FC LA), das corredoras e do grupo controle*

Variável	Corredoras	Grupo controle
VO_2 max (ml/kg/min)	55,18 ± 3,57**	37,01 ± 3,31
LA (ml/kg/min)	44,42 ± 3,84**	20,92 ± 3,76
FC max (bpm)	185,00 ± 11,80	189,50 ± 6,28
FC LA (bpm)	172,44 ± 9,27**	150,12 ± 11,91

** diferença significante, nível p < 0,01

Embora a freqüência cardíaca do limiar anaeróbio seja diferente, a freqüência cardíaca média durante treinamentos das corredoras foi abaixo da freqüência cardíaca do limiar anaeróbio em todas as atletas (Tabela 3).

Tabela 3: *Médias das freqüências cardíacas durante o treinamento das corredoras (FC treinamento), valores das freqüências caríacas do limiar anaeróbio das corredoras (FC LA) e a relação entre a média das freqüências cardíacas no treinamento e a freqüência cardíaca do limiar anaeróbio (FC LA / FC treinamento), de cada corredora*

Corredora	FC treinamento (bpm)	FC LA (bpm)	FC LA / FC treinamento (%)
1	155,19	175	88,68
2	159,71	180	88,73
3	170,04	175	97,17
4	156,02	173	90,18
5	161,58	175	92,33
6	158,11	174	90,87
7	146,22	156	93,78
8	149,79	159	94,21
9	171,90	185	92,92
Média	158,73	172,44	92,10
Desvio-padrão	8,42	9,27	2,78

A preocupação com distúrbios menstruais em atletas torna-se mais importante à medida que existe uma correlação positiva destes distúrbios, principalmente a amenorréia, com alterações da densidade óssea e fraturas de estresse.

A amenorréia atlética não é uma exclusividade de corredoras. Sanborn et al (1982) encontraram uma freqüência de 12,3% em nadadoras, 12,1% em ciclistas, sendo esperado uma freqüência de 2% na faixa etária, para não atletas. Entretanto, a freqüência de amenorréia em corredoras foi de 25,7%, tendo sido o único grupo que apresentou uma correlação positiva entre distância percorrida por treino semanal e amenorréia.

Conforme citados anteriormente, essa correlação entre quilometragem semanal e distúrbios menstruais não foi encontrada em diversos estudos, de forma que a intensidade de treinamento deve ser melhor quantificada para poder ser associada aos efeitos deletérios no ciclo menstrual e, consequentemente, na massa óssea.

O consumo máximo de oxigênio foi muito superior nas corredoras (55,18 ± 3,57 ml/kg/min) em relação ao grupo controle (37,01 ± 3,31 ml/kg/min), assim como o maior consumo de oxigênio no limiar anaeróbio nas corredoras (44,42 ± 3,84 ml/kg/min) em relação ao controle (20,92 ± 3,76 ml/kg/min), encontrado neste trabalho, demonstram a maior potência aeróbia das corredoras.

Não houve diferença nas freqüências cardíacas máximas dos grupos de corredoras (185,00 ± 11,80 bpm) e controle (189,50 ± 6,28 bpm) sendo muito próximas à freqüência cardíaca máxima prevista para idade, comprovando que os testes foram máximos e os resultados semelhantes aos de outros estudos. Entretanto, a freqüência cardíaca do limiar anaeróbio foi maior nas corredoras (172,44 ± 9,27 bpm) que nas mulheres não atletas (150,12 ± 11,91 bpm), sugerindo que esse índice pode ser relacionado com um maior débito cardíaco atingido neste nível de intensidade.

A freqüência cardíaca média durante o treinamento foi abaixo do limiar anaeróbio em todas as corredoras. A monitorização da freqüência cardíaca foi realizada durante uma semana de treinamento, refletindo de maneira objetiva a sobrecarga de treinamento.

Todas as mulheres eram eumenorréicas, sendo que a quilometragem semanal das corredoras foi semelhante à de outros estudos em que houve incidência de amenorréia (Baer & Taper, 1992; Kaiserauer et al, 1989; Nelson et al, 1986; Smith et al, 1981), parecendo que o treinamento abaixo da intensidade do limiar anaeróbio não acarreta oligo/amenorréia, mas é interessante ressaltar que, embora os anos de treinamento físico sejam extremamente variáveis, todas iniciaram a prática de corrida após a menarca.

As dosagens séricas de estradiol de corredoras e sedentárias, todas eumenorréicas, não apresentaram diferenças significantes, confirmando achados de outros autores (Baer, 1993; Baer & Taper, 1992; Myerson et al, 1992; Smith et al, 1981; Snead et al, 1992). Os níveis de progesterona também foram semelhantes entre os grupos, como em outros estudos (Baker et al, 1988; Myerson et al, 1992; Smith et al, 1981). Também não ocorreram níveis diferentes de prolactina entre os grupos, confirmando outros estudos (Baker et al, 1988; Myerson et al, 1991).

A menor gordura corporal absoluta e percentual, e maior massa magra, nas corredoras, mesmo em indivíduos de peso e índices de massa corpórea semelhantes, sendo que diversos outros trabalhos também demonstraram baixas porcentagens de gordura corporal em corredoras eumenorréicas (Baer, 1993; Baer & Taper, 1992; Baer et al, 1992; Drinkwater et al, 1984; Gadpaille et al, 1987; Kaiserauer et al, 1989; Smith et al, 1981; Snead et al, 1992; Snead et al, 1992).

A densidade óssea de coluna e fêmur das corredoras foi superior ao grupo controle, não havendo diferença no cálcio corporal. Considerando que a densidade mineral óssea aumenta com a atividade física e os prejuízos na massa óssea na amenorréia atlética parecem ser ocasionados pelo hipoestrogenismo.

Brewer et al (1983) num estudo em mulheres pré-menopausa (30 a 49 anos), encontraram maior densidade óssea em corredoras de maratona que sedentárias, em haste média de rádio e falange média de quinto dedo. Baker & Demers (1988), estudando mulheres atletas, colegiais, encontraram densidade óssea lombar de 173 ± 5 mg/cc (controles), 184 ± 12 mg/cc (atletas eumenorréicas), 156 ± 16 mg/cc (atletas oligomenorréicas), valores não significantemente diferentes, mas nota-se uma tendência a maior massa óssea nas atletas eumenorréicas sugerindo um efeito benéfico do exercício. Risser et al (1990) ao estudarem atletas eumenorréicas, nível colegial, encontraram os seguintes valores de densidade óssea (g/cm^2) em espinha lombar e calcâneo: jogadoras de voleibol (1,31 ± 0,03 e 0,530 ± 0,017), basquetebol (1,26 ± 0,04 e 0,564 ± 0,023), nadadoras (1,05 ± 0,03 e 0,375 ± 0,019) e não atletas (1,18 ± 0,03 e 0,438 ± 0,018), sendo maior a densidade lombar das jogadoras de vôlei em relação às não atletas e menor a das nadadoras em relação aos três outros grupos, a densidade de calcâneo foi maior nas jogadoras de voleibol e basquetebol que nas não atletas e nas nadadoras. Esses dados sugerem que atletas de esportes envolvendo corridas e saltos apresentam maior massa óssea de extremidades e coluna lombar. Dook et al (1997) encontraram maior densidade densidade óssea, maior massa magra e menor % gordura em mulheres que realizavam atividades físicas de alto ou médio em relação a mulheres não atletas.

A não ocorrência de fraturas nas corredoras era esperado, pois os trabalhos que demonstraram fraturas de estresse (vide introdução) correlacionaram-nas com distúrbios menstruais e ósseos não encontrados em nosso grupo.

O fato de as corredoras percorrerem uma quilometragem semanal e apresentarem uma porcentagem de gordura corporal semelhante as que apresentaram disfunções menstruais e ósseas em outros estudos, sugere que o treinamento físico de corridas de longas distâncias, em mulheres, iniciado após a menarca, numa intensidade respeitando o limite de intensidade do limiar anaeróbio, não acarreta em distúrbios menstruais, alterações hormonais ou prejuízos na massa óssea, mas proporciona todos os benefícios cardiorrespiratórios e músculo-esqueléticos da atividade física considerados positivos.

Portanto, o diferencial entre benefícios e lesões provocados pela prática de atividades físicas em mulheres provavelmente esteja intimamente relacionado com a intensidade do esforço, de modo que um exercício físico que respeite os limites individuais da mulher esportista proporcione muitos efeitos positivos com pequena incidência de lesões. Provavelmente estas lesões apareçam nas pessoas que realizam um treinamento físico excessivo sem respeitar os limites do seu próprio corpo.

Referências Bibliográficas

BAER, J.T. Endocrine parameters in amenorrheic and eumenorrheic adolescent female runners. **Int. J. Sports Med.** 14 (4):119-195, 1993.
BAER, J.T. & L.J. TAPER. Amenorrheic and eumenorrheic adolescent runners: Dietary intake and exercise training status. **J. Amer. Diet. Assoc.** 92 (1):89-91, 1992.
BAER, J.T., L.J. TAPER, F.G. GWAZDAUSKAS, J.L. WALBERG, M.A. NOVASCONE, J.S. RITCHEY, and F.W. THYE. Diet, hormonal and metabolic factors affecting bone mineral density in adolescent amenorrheic and eumenorrheic female runners. **J. Sports Med. Phys. Fitnnes** 32 (1):51-58, 1992.
BAKER, E. & L. DEMERS. Menstrual status in female athletes: Correlation with reproductive hormones and bone density. **Obstet. Gynecol.** 72:683-687, 1988.
BREWER, V., B.M. MEYER, M.S. Keele, S.J. Upton and R.D. Hagan. Role of exercise in prevention of involutional bone loss. **Med. Sci. Sports Exerc.** 15 (6):445-449, 1983.
Brooks-Gunn, J., WARREN, M.P. and Hamilton, L.H. The relation of eating problems and amenorrhea in ballet dancers. **Med. Sci. Sports Exerc.**, 19 (1):41-44, 1987.
CANN, C.E., M.C. MARTIN, H.K. Genant and R.B. JAFFE. Decreased spinal mineral content in amenorrheic women. **JAMA** 251:626-629, 1984.
CARMEL, P.W.; ARAKI, S.; FERIN, M. Pituitary stalk portal blood collection in rhesus monkeys: Evidence for pulsatile release of gonadotropin-realising hormone (GnRH). **Endocrinology,** 99:243-248, 1976.
CESAR, M.C., PARDINI, D.P., BARROS, T.L. "Efeitos do exercício de longa duração no ciclo menstrual, densidade óssea e potência aeróbia de corredoras", **Rev. Bras. Ciên. e Mov.,** 9 (2): 7-13, 2001.

CHOW, R., J.E. HARRISON and C. Notarius. Effect of two randomised exercise programmes on bone mass of healthy postmenopausal women. **Brit. Med. J.** 295:1441-1444, 1987.

CHOW, R., J. HARRISON, and J. DORNAN. Prevention and rehabilitation of osteoporosis program: exercise and osteoporosis. **Int. J. Rehab. Research** 12 (1):49-56, 1989.

COKKINADES, V.E., C.A. MACERA, and R.R. PATE. Menstrual dysfunction among habitual runners. **Women & Health** 16 (2):59-69, 1990.

COOK, S.D., A.F. HARDING, K.A. THOMAS, E.L. MORGAN, K.M. Schnurpfeil, and R.J. Haddad Jr. Trabecular bone density and menstrual function in women runners. **Am. J. Sports Med.** 15 (5):503-507, 1987.

DOOK, J.E., J.N.K. HENDERSON and R.I. PRICE. Exercise and bone mineral density in mature female athletes. **Med. Sci. Sports Exerc.** 29 (3):291-296, 1997.

DRINKWATER, B.L., B. BRUEMNER, and C.H. CHESNUT III. Menstrual history as a determinant of current bone density in young athletes. **JAMA** 263:545-548, 1990.

DRINKWATER, B.L., K. NILSON, C.H. CHESNUT III, W.J. BREMNER, S. SHAINHOLTZ, and M.B. SOUTHWORTH. Bone mineral content of amenorrheic and eumenorrheic athletes. **N. Engl. J. Med.** 311:277-281, 1984.

DRINKWATER, B.L., K. NILSON, S. Ott, and C.H. CHESNUT III. Bone mineral density after resumption of menses in amenorrheic athletes. **JAMA** 256:380-382, 1986.

FRISCH, R.E. Menstrual cycles: fatness as a determinant of minimum weight for height necessary for their maintenance or onset. **Science** 185:949-951, 1974.

GADPAILLE, W.J., C.F. SANBORN, and W.W. WAGNER Jr. Athletic amenorrhea, major affective disorders, and eating disorders. **Am. J. Psychiatry** 144:939-942, 1987.

GLASS, A.R.; DEUSTER, P.A.; KYLE, S.B.; YAHIRO, J.A.; VIGERSKY, R.A.; SCHOOMAKER, E.B. Amenorrhea in Olympic marathon runners. **Fertil. Steril.**, 48:740-745, 1987.

GOODMAN, A.L. & HODGEN, G.D. Systemic versus intraovarian progesterone replacement after luteectomy in rhesus monkeys: differential patterns of gonadotropins and follicle growth. **J. Clin. Endocrinol. Metab.**, 45:837-840, 1977.
GUYTON, A.C. **Tratado de Fisiologia Médica.** 8ª ed. Ed. Guanabara Koogan, Rio de Janeiro. 1992. 864pp.
HOFFMANN, V. FR. Über die wirkung des progesterons auf das follikelwachstum im zyklus und seine bedeutung für die hormonale steuerung des ovarialzyklus der frau. **Gebwtsh Frauenhk,** 22:433-440, 1962.
KARSH, F.J. Central actions of ovarion steroids in the feedback regulation of pulsatile secretion of luteinizing hormone. **Ann. Rev. Physiol.**, 49:365-382, 1987.
KAISERAUER, S., A.C. SNYDER, M. SLEEPER, and J. ZIERATH. Nutritional, physiological, and menstrual status of distance runners. **Med. Sci. Sports Exerc.** 21 (2):120-125, 1989.
KROLNER, B., B. TOFT, S.P. NIELSEN, and E. TONDEVOLD. Physical exercise as prophylaxis against involutional vertebral vone loss: a controlled trial. **Clin. Sci.** 64:541-546, 1983.
LANYON, L.E. Functional strain in bone tissue as an objetive, and controlling stimulus for adaptative bone remodelling. **J. Biomechanics, 20 (11)**:1083-1093, 1987.
LINDBERG, J.S., M.R. POWELL, M.M. HUNT, D.E. DUCEY, and C.E. WADE. Increased vertebral bone mineral in responseto reduced exercise in amenorrheic runners. **West. J. Med.** 146:39-42, 1987.
LINDBERG, J.S., W.B. FEARS, M.M. HUNT, M.R. POWELL, D. BOLL, and C.E. WADE. Exercise-induced amenorrhea and bone density. **Ann. Internal Med.** 101 (5):647-648:1984.
MARCUS, R., C. CANN, P. MADVIG, J. MINKOFF, M. GODDARD, M. BAYER, M. MARTIN, L. GAUDIANI, W. HASKELL, and H. GENANT. Menstrual fuction and bone mass in elite women distance runners. **Ann. Internal Med.** 102:158-163, 1985.
MICKLESFIELD, L.K.; LAMBERT, E.V.; FATAAR, A.B.; NOAKES, T.D. and MYBURGH, K.H. Bone mineral density

in mature, premenopausal ultramarathon runners. **Med. Sci. Sports Exerc.**, 25 (5):688-696, 1995.

MYBURGH, K.H., J. HUTCHINS, A.B. FATAAR, S.F. HOUGH, and T.D. NOAKES. Low bone density is an etiologic factor for stress fractures in athletes. **Ann. Internal. Med.** 113:754-759, 1990.

MYERSON, M., B. GUTIN, M.P. WARREN, J. WANG, S. LICHTMAN, and R.N. PIERSON, Jr. Total body bone density in amenorrheic runners. **Obstet Gynecol.** 79:973-978, 1992.

MYERSON, M., B. GUTIN, M.P. WARREN, M.T. MAY, I. CONTENTO, M. LEE, F.X. Pi-SUNYER, R.N. PIERSON, Jr. and J. BROOKS-GUNN. Resting metabolic rate and energy balance in amenorrheic and eumenorrheic runners. **Med. Sci. Sports Exerc.** 23 (1):15-22, 1991.

NATIONAL CONSENSUS PROPOSAL. Osteoporose e exercícios. **São Paulo Medical Journal, (suppl 4)**:37-40, 1995.

NELSON, M.E., E.C. FISHER, P.D. CATSOS, C.N. MEREDITH, R.N. TURKSOY, and W.J. EVANS. Diet and bone status in amenorrheic runners. **Am. J. Clin. Nutr.** 43:910-916, 1986.

POCOCK, N.A., J.A. EISMAN, M.G. YEATES, P.N. SAMBROOK, and S. EBERL. Physical fitness is a major determinant of femoral neck and lumbar spine bone mineral density. **J. Clin. Invest.** 78:618-621, 1986.

POHL, C.R. & KNOBIL, E. The role of the central nervous system in the control of ovarian fuction in higher primates. **Ann. Rev. Physiol.**, 44:583-593, 1982.

PRIOR, J.C. Physical exercise and the neuroendocrine control of reproduction. **Baillère's Chnical Endocr. and Metab.** 1 (2):229-317, 1987.

PUTUKIAN, M. A Tríade Feminina – Distúrbios Alimentares, Amenorréia e Osteoporose. **Clínicas Médicas da América do Norte – Medicina Desportiva.** vol. 2, Rio de Janeiro, Interlivros Edições Ltda, 1994. pp.353-365.

RISSER, W.L., E.J. LEE, A. LEBLANC, H.B.W. POINDEXTER, J.M.H. RISSER, and V. SCHNEIDER. Bone density in eumenorrheic female college athletes. **Med. Sci Sports Exerc.** 22 (5):570-574, 1990.

SANBORN, C.F., B.J. MARTIN, and W.W. WAGNER. Is athletic amenorrhea specific to runners? **Am. J. Obstet. Gynecol.** 143:859-861, 1982.

SCHWARTZ, B., D.C. CUMMING, E. RIORDAN, M. SELYE, S.S.C. YEN, and R.W. REBAR. Exercise-associated amenorrhea: A distinct entity? **Am. J. Obstet. Gynecol.** 141:662-670, 1981.

SMITH JR, E., W. REDDA, and P.E. SMITH. Physical activity and calcium modalities for bone mineral increase in aged women. **Med. Sci Sports Exerc.** 13 (1):60-64, 1981.

SNEAD, D.B., J.Y. WELTMAN, W.S. EVANS, J.D. VELDHUIS, M.M. VARMA, S.D. TEATES, E.A. DOWLING, A.D. and ROGOL. Reproductive hormones and bone mineral density in women runners. **J. Appl. Physiol.** 72 (6):2149-2156, 1992.

SNEAD, D.B., C.C. STUBBS, J.Y. WELTMAN, W.S. EVANS, J.D. VELDHUIS, A.D. ROGOL, S.D. TEATES, and A. WELTMAN. Dietary patterns, eating behaviors, and bone mineral density in women runners. **Am. J. Clin. Nutr.** 56:705-711, 1992.

SOUZA, M.J., M.S. MAGUIRE, K.R. RUBIN, and C.M. MARESH. Effects of menstrual phase and amenorrhea on exercise performance in runners. **Med. Sci. Sports Exerc.** 22 (5):575-580, 1990.

WARREN, M.P. Clinical review 40. Amenorrhea in endurance runners. **J. Clin. Endocr. and Metab.** 75 (6):1393-1397, 1992.

WILMORE, J.H., K.C. WAMBSGANS, M. BRENNER, C.E. BROEDER, I. PAIJMANS, J.A. VOLPE, and K.M. WILMORE. Is there energy conservation in amenorrheic compared with eumenorrheic distance runners? **J. Appl. Physiol.** 72 (1):15-22, 1992.

YEN, S.S.C.; TSAI, C.C.; NAFTOLIN, F.; VANDERBERG, G. and AJABOR, L. Pulsatile patterns of gonadotropin release in subjects with and without ovarian function. **J. Clin. Endocri.**, 34:671-675, 1972.

Capítulo 9

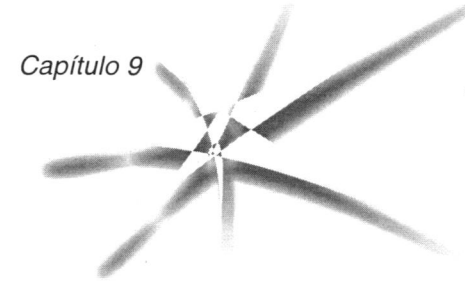

Avaliação Física no Futebol

José Francisco Daniel
Cláudia Regina Cavaglieri

O futebol tem passado por muitas transformações ao longo de sua evolução. Há algum tempo a defesa passou a ser muito mais importante que o ataque e as contagens mínimas e os empates prevaleceram (Golomazov e Shirva, 1996). Com a necessidade da marcação mais acirrada, onde até os atacantes necessitam retornar para defender, estes mudaram suas características físicas e técnicas e, apesar da marcação ser mais forte, voltaram a levar vantagem sobre os zagueiros (Daniel & Cavaglieri, 2001), prova disto é a média de gols do Campeonato Brasileiro que vem subindo a cada ano.

Pela necessidade de grande desenvolvimento das capacidades físicas envolvidas no jogo e, mais especificamente com as respectivas posições, muitos profissionais envolvidos no processo formativo passaram a valorizar mais a constituição física e fisiológica do iniciante do que o talento esportivo, deixando em segundo plano a formação técnica e fragmentando o processo formativo (Golomazov e Shirva, 1996) e, ainda mais, privando os jovens atletas de maiores possibilidades de entendimento do jogo (Silva, 1998).

Buscando trabalhos sobre a detecção e formação de talentos mesmo fora do futebol, encontramos Bergamo e Paes (2001) citando que durante um jogo de basquetebol feminino, as ações são muito complexas e exigem um grande número de habilidades motoras, cognitivas e perceptivas. Entendemos que isto também cabe ao futebol, assim como para praticamente todos os esportes, mas, não podemos deixar de lado tudo que foi estudado e trabalhado sobre as capacidades físicas e sim organizar com muita atenção todo o processo de treinamento.

Muitos trabalhos científicos sobre a avaliação física foram desenvolvidos, mas pela complexidade e necessidade de equipamentos e materiais sofisticados ou caros para a nossa realidade, são utilizados pela minoria dos grandes clubes de futebol em nosso país.

Inicialmente faremos uma análise da modalidade em suas respectivas posições; a partir disto levantaremos as capacidades físicas predominantes e; só então citaremos testes físicos que atendam as necessidades das mesmas.

Características dos Esforços no Futebol

O futebol caracteriza-se por um enorme volume de deslocamentos (Godik 1996) e as mudanças na forma de jogar transformou esta modalidade em um esporte de muita força e velocidade. Além destas capacidades, a resistência, flexibilidade, equilíbrio, coordenação e agilidade também estão presentes (Gomes 1997). Golomazov e Shirva (1996) citam que para um jogador dominar bem uma determinada técnica deve possuir determinadas características físicas (rapidez, força, flexibilidade, etc) sem as quais a qualidade do gesto estaria comprometida.

Um fator de importância determinante na exigência física dos jogadores é a tática aplicada pela equipe (Feldman 1978), mas normalmente, independente da tática utilizada, os mais exigidos são os meio campistas (Withers at al 1982). Corroborando este achado, Campeiz (1997) analisando através de filmagem e de anotação em um campograma, as distâncias, durações e intensidades percorridas pelos atletas de uma equipe profissional da série B1A do Campeonato Paulista de Futebol nas diversas posições, encontrou determinados valores, que fizemos uma média entre os dois (filmagem e campograma) e apresentamos na tabela 1.

Tabela 1- *Médias entre filmagem e anotação em campograma, calculada a partir dos dados encontrados por Campeiz (1997). Observação: Para o cálculo da média não foram consideradas as corridas para trás e lateral descritas na filmagem.*

	Corrida Rápida	Trote	Andar	Total
Atacantes	1476m	3343m	2514m	7333m
Meio campistas	1199m	4729m	2309m	8237m
Zagueiros	986m	2836m	4532m	8354m
Médias	1220,33m	3636m	3118,33m	7974,66m

Oliveira, Amorim & Goulart (2000) caracterizaram e quantificaram o esforço físico de uma equipe de futebol categoria juniores (menores de 20 anos – sub 20), durante o Campeonato Paulista de 1998 através de filmagens e, encontraram os seguintes resultados apresentados na tabela 2.

Tabela 2 – *Característica do esforço físico na categoria juniores, fazendo uma média da intensidade independente do tipo de movimentação (frente, trás e lateral), adaptado dos achados de Oliveira, Amorim e Goulart (2000).*

	Corrida Rápida	Trote	Andar	Total
Atacantes	1176m	2682m	2632,5m	6557,5m
Laterais	1097m	2849,5m	2150m	6725m
Meio campistas	1197m	3818,5m	2396m	8026,5m
Zagueiros	1039m	2478m	1992,5m	6014m
Médias	1127,25m	2957m	2092,75m	6830,75m

Uma média de dados encontrados na literatura mundial é apresentada por Reilly (1998) que estima entre 8 e 12 km a distância percorrida pelos atletas durante o jogo, sendo que desta, 24% foi andando, 36% trotando, 20% correndo em velocidade sub máxima, 11% correndo rápido, 7% para trás e 2% com a posse da bola. O nível inferior destes valores relaciona-se aos encontrados para a categoria juniores em nosso país (Oliveira, Amorim & Goulart, 2000), mas diferem dos encontrados para a categoria profissional – adulto (Campeiz, 1997), que talvez se utilize muito mais da movimentação da bola.

Segundo Barbanti (2001), a distância percorrida em jogo sem dúvida caracteriza o futebol como um esporte predominantemente aeróbio, com somente 12% do tempo total de jogo e exigindo primariamente fontes de energia anaeróbia, com duração média de cada corrida em alta intensidade, de aproximadamente 4,4s, evidenciando o sistema anaeróbio alático. Apesar da característica citada acima, a degradação anaeróbia do glicogênio muscular é a principal fonte de energia para os atletas de futebol, que muitas vezes podem chegar ao final do jogo com uma redução nos músculos ativos de 84% (Barbanti, 2001). Bosco (1990) sugere que a participação do sistema anaeróbio alático situa-se por volta dos 50%, sendo que os outros 50% fazem parte do metabolismo glicolítico, mas, com pequena produção de lactato.

Weineck (2000) se refere ao perfil de exigências segundo Binz/Wenzel (1984) contemplando uma boa flexibilidade global e um amplo fortalecimento da musculatura do tronco e das extremidades.

Temos observado nos jogos e nos treinos que as posições estão relacionadas com as capacidades físicas dos atletas. Segue abaixo na tabela 3 a descrição das posições e respectivas situações de jogo e capacidades físicas.

Tabela 3 – Relação entre as posições, situações de jogo e as capacidades físicas.

Posições	Situações de jogo	Capacidades físicas
Goleiros	Bolas inesperadas	Velocidade de reação e velocidade segmentar
Goleiros	Defesas seguidas com mudanças de direção e altura	Agilidade e resistência anaeróbia alática
Goleiros, zagueiros, alas (laterais), volantes, meias e atacantes.	Saídas rápidas em distâncias curtas e médias – 3 a 15 m (arranque) ou em distâncias superiores	Potência de pernas em corrida, velocidade de deslocamento e resistência de velocidade ou resistência anaeróbia alática.
Goleiros, zagueiros e atacantes.	Saltos para defesas, recuperação de bola e cabeceios.	Potência de pernas em saltos – impulsão vertical com o auxílio dos braços
Goleiros	Jogadas seguidas na máxima velocidade	Resistência anaeróbia alática
Goleiros (principalmente)	Estresse mental	Resistência aeróbia
Volantes e meias	Corridas com muitas mudanças de direção nas diversas velocidades	Agilidade e resistência anaeróbia alática e lática
Zagueiros, alas (laterais), volantes, meias e atacantes.	Distância percorrida durante o jogo	Resistência aeróbia
Todas as posições	Velocidade de deslocamento, amplitude de movimento e elevada carga de trabalho na musculatura posterior da coxa.	Flexibilidade

Este pequeno número de situações com certeza não traduzem a complexidade do jogo (Bergamo & Paes, 2001), mas, levantando as deficiências físicas de nossos atletas e corrigindo ou minimizando as mesmas, certamente alcançaram um grau mais elevado de performance.

Capacidades Físicas e Respectivos Testes

Não queremos aqui discutir ou levantar os períodos de ênfase em determinadas capacidades físicas, que dizem respeito a organização do treinamento em suas diversas etapas. Não queremos também levantar testes para as habilidades esportivas, que refletem a capacidade de execução de um aluno ou atleta em um determinado esporte (Mathews, 1980), mas sim, conforme relatamos anteriormente apenas relacionar as situações encontradas às capacidades físicas e, a testes físicos fidedignos. Antes da realização de qualquer teste físico devem ser observadas as contra indicações absolutas e relativas para a realização de esforço, como também os sinais e sintomas de interrupção de teste (Matsudo, 1984).

Lembramos ainda que uma série de fatores estão presentes para se determinar o desempenho máximo em um determinado tipo de exercício. Pode-se citar o metabolismo, a técnica, a tática, a motivação, os recursos ergogênicos e a vestimenta, sendo que o percentual de interferência de cada fator pode variar (Denadai et al, 2000).

Velocidade

Velocidade de reação – expressa-se pelo tempo de reação entre um determinado sinal e o movimento muscular solicitado (Barbanti, 2001). No caso em questão estaria muito mais relacionado às habilidades esportivas.

Velocidade – Rapidez – "É uma característica neuromuscular que está presente em todas as situações nos vários esportes" e podemos dizer "que tudo se orienta pela velocidade" (Barbanti, 2001). Quando tratamos da velocidade não podemos deixar de citar os processos metabólicos que fornecem energia para o trabalho muscular e as capacidades de força (Verkhoshanski, 2001) ou mais precisamente potência.

Quanto maior a intensidade de um exercício e mais curta sua duração, maior será a contribuição do sistema anaeróbio alático (ATP-CP); realizando-se estímulos intensos sucessivos ou mantendo-se uma intensidade elevada por um período maior de tempo, o fornecimento de energia se dará pelo sistema anaeróbio lático (glicólise anaeróbia) (Powers e Howley, 2000).

No futebol, a maior freqüência de corridas rápidas ocorre em distâncias relativamente curtas, ou seja, entre 2 a 10 metros para zagueiros e meio campistas, e entre 10 e 20 metros para atacantes (Oliveira, Amorim e Goulart, 2000); para os alas ou laterais as distâncias são um pouco maiores, por volta dos 40 metros.

Pelas características apresentadas com relação à velocidade e resistência de velocidade ou resistência anaeróbia, optamos por utilizar em nosso laboratório o teste TVPA – RAST (Teste de Velocidade para Potência Anaeróbia – Runnin – based Anaerobic Sprint Test) (Pelegrinotti & Daniel, 2001) (Daniel & Cavaglieri, 2001), que é semelhante ao Teste Anaeróbio Wingate para cicloergômetro. Consiste na realização de seis corridas de 35 metros no máximo de velocidade, com 10 segundos de recuperação entre as corridas. O teste foi realizado em gramado devidamente demarcado e os atletas calçando chuteiras. Nele nós obtemos a velocidade máxima para a distância, a potência máxima gerada na corrida, a média das potências e a fadiga gerada pelas seis corridas. Para efeito de cálculos utiliza-se as seguintes fórmulas para obtenção das Potências: máxima, média e mínima, e o índice de fadiga:

Potência = Distância^2 / Tempo^3 e obtem-se a potência referente a cada corrida, e conseqüentemente a menor e a maior potência em watts por quilo;

Potência Média = Soma das seis potências / 6;

Índice de Fadiga = (Potência Máxima – Potência Mínima) / Potência Máxima * 100.

Nas tabelas 4, 5, 6 e 7 apresentamos as médias dos resultados desses testes realizados em nosso laboratório, para atletas das categorias profissional, juniores e juvenil, divididos pela posição em que atuam em campo. Os testes foram realizados quando da chegada dos atletas para o início da temporada.

Tabela 4 – *Valores para a velocidade em metros por segundo, para as categorias profissional, juniores e juvenil, nas respectivas posições de jogo e média da equipe, obtidos no teste TVPA – RAST, no início da temporada.*

	Goleiros	Zagueiros	Alas/Laterais	Volantes/Meias	Atacantes	Média
Profissional	7,21±0,16	6,98±0,24	7,28±0,14	7,14±0,32	7,32±0,32	7,16±0,28
Juniores	7,02±0,28	6,95±0,20	7,13±0,22	7,04±0,24	7,21±0,06	7,06±0,22
Juvenil	6,90±0,21	6,78±0,20	7,09±0,12	6,98±0,10	7,09±0,12	6,92±0,21

Tabela 5 – *Valores para a potência máxima em watts por quilo (watts/kg), para as categorias profissional, juniores e juvenil, nas respectivas posições de jogo e média da equipe, obtidos no teste TVPA – RAST, no início da temporada.*

	Goleiros	Zagueiros	Alas/Laterais	Volantes/Meias	Atacantes	Média
Profissional	10,73±0,76	9,74±1,05	11,00±0,60	10,46±1,49	11,28±1,51	10,53±1,29
Juniores	9,92±1,21	9,63±0,81	10,70±0,27	9,98±0,98	10,35±0,98	10,07±0,92
Juvenil	10,41±0,93	10,33±1,22	10,59±0,88	9,54±7,64	10,8±0,86	10,37±0,98

Tabela 6 – *Valores para a potência média (resistência anaeróbia) em watts por quilo (watts/kg), para as categorias profissional, juniores e juvenil, nas respectivas posições de jogo e média da equipe, obtidos no teste TVPA – RAST, no início da temporada.*

	Goleiros	Zagueiros	Alas/Laterais	Volantes/Meias	Atacantes	Média
Profissional	9,10±0,82	8,60±0,62	9,10±0,60	9,08±1,01	9,33±0,85	9,02±0,83
Juniores	8,06±0,99	8,11±0,70	8,78±0,35	8,38±0,67	8,80±0,26	8,40±0,69
Juvenil	8,01±0,78	8,30±0,81	8,56±0,69	7,89±0,50	9,16±0,57	8,44±0,65

Tabela 7 – *Valores para o Índice de Fadiga em percentual (%), para as categorias profissional, juniores e juvenil, nas respectivas posições de jogo e média da equipe, obtidos no teste TVPA – RAST. No início da temporada.*

	Goleiros	Zagueiros	Alas/Laterais	Volantes/Meias	Atacantes	Média
Profissional	26,11±6,20	23,68±7,45	32,83±1,79	24,40±9,09	32,24±5,45	26,56±7,83
Juniores	36,86±6,32	29,28±10,09	31,42±3,78	30,71±7,17	28,98±14,83	31,36±8,45
Juvenil	32,80±3,75	34,08±4,16	39,63±11,13	32,11±5,98	34,73±4,58	34,16±6,22

Agilidade

Relacionamos a agilidade às mudanças rápidas de direção e altura, características dos esforços dos goleiros, volantes e meio campistas (principalmente). Matsudo (1984) define a agilidade "como uma variável neuro-motora caracterizada pela capacidade de realizar trocas rápidas de direção, sentido e deslocamento da altura do centro de gravidade de todo o corpo ou parte dele".

Para a avaliação da agilidade optamos por utilizar o teste "Shuttle Run", onde o atleta realizou na máxima velocidade, em duas tentativas, a corrida em gramado devidamente demarcado com duas faixas a 9,14 metros uma da outra, com dois blocos de madeira a 10 cm da borda externa do setor e a 30 cm um do outro. O atleta saiu do lado oposto aos blocos assim que foi dada a voz de comando, pegou um dos blocos, trouxe até o local de sua saída, colocou-o no solo e retornou imediatamente em busca do segundo bloco. O cronômetro foi acionado com a voz de comando e parado assim que o atleta colocou o segundo bloco no solo e ultrapassou a linha demarcatória. Foi considerado o menor tempo em segundos das duas tentativas. (Matsudo, 1984; Daniel & Cavaglieri, 2001).

Na tabela 8 apresentamos as médias dos resultados do teste "shuttle run" realizados em nosso laboratório, para atletas das categorias profissional, juniores e juvenil, divididos pela posição em que atuam em campo. Os testes foram realizados quando da chegada dos atletas para o início da temporada.

Tabela 8 – *Valores para a agilidade, em segundos, para as categorias profissional e juniores, nas respectivas posições de jogo e média da equipe, obtidos no teste "Shuttle Run", no início da temporada.*

	Goleiros	Zagueiros	Alas/Laterais	Volantes/Meias	Atacantes	Média
Profissional	9,13±0,41	9,37±0,33	9,33±0,18	9,26±0,41	9,34±0,43	9,29±0,36
Juniores	10,11±0,37	10,02±0,14	10,12±0,57	10,03±0,19	10,04±0,27	10,06±0,30

Potência de Pernas em Saltos - Impulsão à Vertical

A potência ou força explosiva é o produto da velocidade de execução do movimento e da força desenvolvida pelo músculo considerado e pode caracterizar-se por um predomínio da força, da velocidade, ou de um equilíbrio entre as duas variáveis (Dantas, 1985). Verkoshanski (2001) define a força "como a capacidade de superar a resistência externa à custa dos esforços musculares" e esta é considerada "como a condição para assegurar a velocidade dos movimentos (deslocamentos) do desportista"; neste contexto incluímos os saltos.

Para a medida da impulsão vertical, medindo indiretamente a força muscular, optamos por utilizar o Teste de Impulsão Vertical com auxílio dos membros superiores (Matsudo, 1984), onde primeiramente foi determinado um ponto de referência com o braço dominante elevado verticalmente e marcando a área da medida. Após isto o avaliado afastou-se lateralmente e realizou a série de três saltos, sendo-lhe permitido a movimentação de braços e tronco. A diferença entre a melhor marca atingida e o ponto de referência em centímetros, foi considerada como valor da impulsão vertical.

Na tabela 9 apresentamos as médias dos resultados do teste de Impulsão Vertical com o auxílio dos membros superiores, em centímetros, realizados em nosso laboratório, para atletas das categorias profissional, juniores e juvenil, divididos pela posição em que atuam em campo. Os testes foram realizados quando da chegada dos atletas para o início da temporada.

Tabela 9 – *Valores da Impulsão Vertical com auxílio dos membros superiores, em centímetros, para as categorias profissional, juniores e juvenil, nas respectivas posições de jogo e média da equipe, no início da temporada*

	Goleiros	Zagueiros	Alas/Laterais	Volantes/Meias	Atacantes	Média
Profissional	62,93±8,77	53,50±5,60	56,50±9,00	56,03±4,45	55,50±8,26	56,33±6,67
Juniores	54,90±6,04	11,87±4,50	53,05±3,40	49,22±4,38	50,75±2,96	51,38±4,55
Juvenil	53,20±6,35	50,64±3,54	52,04±3,08	49,20±3,30	57,35±4,88	50,88±4,32

Flexibilidade

Dantas (1985) define a flexibilidade como sendo a capacidade física "expressa pela maior amplitude possível do movimento voluntário de uma articulação ou combinações de articulações num determinado sentido". Neste sentido podemos concluir que o grau de flexibilidade é determinado pela amplitude articular e pela elasticidade ou extensibilidade muscular.

Dintiman, Ward e Tellez (1999) citam que para se obter o grau de velocidade máxima é preciso possuir uma amplitude adequada de movimentos nos ombros, quadris e tornozelos. Gomes, Monteiro e Vianna (1997) associam o alongamento muscular a prevenção de lesões e citam que a flexibilidade é de grande importância para as modalidades de velocidade e força.

Para a medida da flexibilidade optamos por utilizar o teste de Sentar e Alcançar de Wells e Dillon (Matews, 1980 – Carnaval, 1997 – Terrazul Informática, 1996), que consiste em colocar o avaliado sentado no chão, com os joelhos estendidos, sem calçados, apoiando a região plantar dos pés na caixa de madeira (ou banco de Wells). O mesmo deve inclinar seu corpo à frente (flexão de tronco), empurrando com as pontas dos dedos uma haste, o máximo que conseguir sem solavancos. Registra-se a distância em centímetros, que as pontas dos dedos das mãos, ficam em relação à região plantar dos pés (local em que a haste parou).

Na tabela 10 apresentamos as médias dos resultados do teste Sentar e Alcançar, para a medida da flexibilidade, em centímetros, realizados em nosso laboratório para atletas das categorias profissional, juniores e juvenil, divididos pela posição em que atuam em campo. Os testes foram realizados quando da chegada dos atletas para o início da temporada.

Tabela 10 – *Valores da flexibilidade em centímetros, para as categorias profissional, juniores e juvenil, nas respectivas posições de jogo e média da equipe, obtidas através do teste Sentar e Alcançar, no início da temporada.*

	Goleiros	Zagueiros	Alas/Laterais	Volantes/Meias	Atacantes	Média
Profissional	18,43±2,15	17,06±4,33	15,65±0,15	11,53±4,12	11,75±8,23	14,03±5,26
Juniores	13,50±2,84	11,87±4,50	12,82±6,85	10,17±5,84	11,88±4,79	11,82±5,10

Resistência Aeróbia

Como foi citado anteriormente, que o futebol tem uma grande predominância do sistema aeróbio (Barbanti, 2001 – Ananias at al, 1998), seja pela distância percorrida pelos atletas durante o jogo (Reilly, 1996 – Ananias at al, 1998) ou pela necessidade de recuperação entre os estímulos intensos (Ananias at al, 1998).

O sistema aeróbio trata da perfeita integração entre os sistemas cardiovascular, respiratório e muscular (Barbanti, 1997) e caracteriza a capacidade de todo o organismo responder ao exercício. É expresso pelo Consumo Máximo de Oxigênio ($VO_{2máx}$) que representa a mais alta captação de oxigênio alcançada por um indivíduo, respirando ar atmosférico ao nível do mar (Powers & Howley, 2000) e esta variável é utilizada para a determinação da capacidade aeróbia relacionado a saúde e a performance (Foss e Keteyian, 2000). O inconveniente deste tipo de avaliação é o elevado custo dos equipamentos e materiais que inviabilizam sua popularização.

A partir da década de 60 alguns estudos identificaram que o lactato sanguíneo também poderia ser utilizado para a identificação da capacidade aeróbia. Denadai e col. (2000) cita Wasserman & McLlory que "propuseram o termo Limiar Anaeróbio para identificar a intensidade de esforço onde existe o aumento da concentração de lactato sanguíneo durante o exercício de cargas progressivas" e Mader at al "na introdução do termo Limiar Aeróbio-Anaeróbio, para identificar a intensidade de exercício correspondente a 4mM de lactato sanguíneo". Para atletas de elite em vários esportes este é o parâmetro utilizado para a melhoria da performance que normalmente coincide com um percentual de 85 a 90% do $VO_{2máx}$ (Foss e Keteyian, 2000).

Em nosso trabalho utilizamos com certa freqüência como referência o limar de lactato, que pode ser determinado com alguns protocolos de corrida através do lactato sanguíneo, mas entendemos que também esta prática é inviável para a maioria das pessoas, equipes, ou mesmo determinadas faixas etárias – categorias destas equipes (Daniel e Cavaglieri, 2001).

Para a avaliação da resistência aeróbia através do lactato sanguíneo, aplicamos um teste em que os atletas realizam 2 a 3 corridas de 1000 metros, em velocidade constante, com intervalo entre as corridas de aproximadamente 8 minutos. As coletas são feitas retirando uma amostra de sangue do lóbulo da orelha para análise do lactato sangüíneo, em capilar calibrado para 25 microlitros, 4 minutos após cada uma das corridas. A análise pode ser realizada em lactômetro portátil da marca Accusport, ou similar, sendo considerado a faixa de limiar de lactato a concentração de 4mMol. (Kokubun e Daniel, 1992 – Campbell at al, 1998). O teste deve ser realizado em pista de atletismo demarcada de 100 em 100 metros e, o avaliador deve se utilizar de planilha que conste o tempo na velocidade desejada, a cada 100 metros, para as velocidades em quilômetros por hora (km/h) ou metros por minuto (m/m). Outros testes de campo foram introduzidos onde através de uma determinada distância percorrida, associada ao tempo gasto, pode-se determinar indiretamente o $VO_{2máx}$, e através deste, também indiretamente o limiar anaeróbio (Powers e Howley, 2000).

Tendo em vista esta situação, para a determinação da capacidade aeróbia optamos por utilizar o teste de 12 minutos (Teste de Cooper), que é aceito internacionalmente para este fim (Foss e Keteyian, 2000). Neste teste o avaliado deve percorrer a maior distância possível em 12 minutos. Na medida do possível algumas observações devem ser seguidas como por exemplo: o ritmo deve ser constante; o término do teste deve ser com um apito; após o término os avaliados devem andar da borda interna para a borda externa da pista e assim sucessivamente até que seja anotada a distância percorrida pelo mesmo; imediatamente após o término do teste o avaliado deve obter sua freqüência cardíaca, seja pelo comando do avaliador ou pela utilização de frequencímetros. Para a predição do consumo máximo de oxigênio preconiza-se a seguinte equação (Lepex):

$VO_{2máx}$ (ml/kg/min) = D − 504,1 / 44,9
Onde: D = distância em metros percorrida em 12 minutos;
504,9 = correção em relação com o teste em esteira;
44,9 = constante do consumo de oxigênio para 12 minutos.

Para determinarmos a faixa de limiar anaeróbio utilizamos o percentual entre 85 e 90% da velocidade de corrida no teste, que coincide com a faixa de limiar de lactato.

Para determinarmos a velocidade de corrida do teste utilizamos a seguinte fórmula:

Velocidade (V) = (d) distância percorrida no teste em metros "dividido" pelo (t) tempo de duração do teste em segundos "vezes" 3,6.

Exemplo: $V = \dfrac{d = 3000 \text{ metros}}{t = 720s} = 4{,}16$ metros por segundo

4,10 m/s "x" 3,6 = 14,97km/h

A partir disto multiplicamos este valor pelo percentual referente ao limiar de lactato (85 e 90%) e obtemos a faixa do limiar de lactato, que no exemplo acima seria de 12,7 a 13,5km/h.

Na tabela 11 apresentamos as médias dos resultados do teste de Limiar de lactato, para a medida da resistência aeróbia, em quilômetros por hora (km/h), realizados em nosso laboratório, para atletas das categorias profissional, divididos pela posição em que atuam em campo. Os testes foram realizados quando da chegada dos atletas para o início da temporada.

Tabela 11 – *Valores da resistência aeróbia em km/h, para as categorias profissional, juniores e juvenil, nas respectivas posições de jogo e média da equipe, obtidos através do teste de limiar de lactato, no início da temporada.*

	Goleiros	Zagueiros	Alas/Laterais	Volantes/Meias	Atacantes	Média
Profissional	13,10±0,36	13,86±0,89	14,25±0,25	14,06±1,00	13,88±1,44	13,89±0,96

Na tabela 12 apresentamos as médias dos resultados do teste de 12 minutos (Teste de Cooper), para a medida da resistência aeróbia, em quilômetros por hora (km/h), realizados em nosso laboratório, para atletas das categorias juniores e juvenil, divididos pela posição em que atuam em campo. Os testes foram realizados quando da chegada dos atletas para o início da temporada.

Tabela 12 – *Valores da resistência aeróbia em km/h, para as categorias juniores e juvenil, nas respectivas posições de jogo e média da equipe, obtidas através do teste de 12 minutos, no início da temporada.*

	Goleiros	Zagueiros	Alas/Laterais	Volantes/Meias	Atacantes	Média
Juniores	2722,50±105,63	2737,50±126,95	2707±58,05	2891±154,75	2900±141,19	2802,5±147,09
Juvenil	2790±79,15	3076,67±165,61	3000±10,00	3094,29±106,47	2923,33±187,17	3037,78±150,94

Composição Corporal

Embora quando citamos o termo "composição corporal" relacionamos isto ao peso e a altura, esta se refere ao conceito de percentual de gordura. É amplamente aceito que o percentual de gordura de uma pessoa pode estar relacionado à saúde e ao desempenho físico (Sousa at al, 1999). Os valores ideais deste percentual diferem dependendo do sexo, idade, se é ou não atleta, e do esporte que pratica. Para atletas de futebol adultos aceitamos como percentual ideal à faixa entre 8 a 12% e, para adolescentes e jovens a faixa entre 12 e 18%. O percentual de gordura foi obtido por meio das medidas das dobras cutâneas utilizando-se um plicômetro da marca Cescorf, realizando as medidas por três vezes no lado direito do corpo.

O protocolo utilizado para indivíduos adultos foi o de Faulkner (modificado de Yuhasz) com a seguinte equação: % de gordura = Soma das 4 dobras x 0,153 + 5,783.

Para atletas jovens, das categorias juvenil e juniores (entre 15 e 20 anos de idade) sabemos que muitas vezes a idade cronológica não corresponde a idade biológica e, é esta que estaria mais relacionada à performance (Matsudo, 1984). Nestes casos verificamos primeiramente o nível maturacional do indivíduo, utilizando para isto os fatores de Tanner citados por Guedes (2000). Após esta verificação utilizamos o método de Slaugter com as seguintes equações (Costa, cd rom):

Meninos brancos (soma < 35mm)
Pré-púberes % G = 1,21 (TR+SE) − 0,008 (TR+SE)^2 − 1,7
Púberes % G = 1,21 (TR+SE) − 0,008 (TR+SE)^2 − 3,4
Pós-púberes % G = 1,21 (TR+SE) − 0,008 (TR+SE)^2 − 5,5

Meninos negros
Pré-púberes % G = 1,21 (TR+SE) − 0,008 (TR+SE)^2 − 3,2
Púberes % G = 1,21 (TR+SE) − 0,008 (TR+SE)^2 − 5,2
Pós-púberes % G = 1,21 (TR+SE) − 0,008 (TR+SE)^2 − 6,8

Os pontos anatômicos utilizados foram os seguintes (Matsudo, 1984 − Silva, 1998):

Subescapular − obliqua, imediatamente abaixo do ângulo inferior da escápula;

Tríceps − vertical, na face posterior do braço, no ponto médio entre o acrômio e o olecrano;

Supra-ilíaca − obliqua, 3 a 5 cm do processo ilíaco ântero-superior;

Abdominal − vertical, 3 a 5 cm da cicatriz umbilical.

Na tabela 13 apresentamos as médias dos resultados do percentual de gordura, realizadas em nosso laboratório, para atletas das categorias profissional, juniores e juvenil, divididos pela posição em que atuam em campo. As medidas foram realizadas quando da chegada dos atletas para o início da temporada, conforme protocolo adequado a maturação dos mesmos.

Tabela 13 – *Valores do percentual de gordura para as categorias profissional, juniores e juvenil, nas respectivas posições de jogo e média da equipe, obtidos através das dobras cutâneas, no início da temporada, conforme protocolo adequado a maturação dos mesmos.*

	Goleiros	Zagueiros	Alas/Laterais	Volantes/Meias	Atacantes	Média
Profissional	12,60±2,03	11,71±2,78	10,92±1,38	11,20±1,45	10,92±1,38	11,31±2,44
Juniores	15,93±2,93	17,03±3,57	12,38±3,78	14,76±3,38	15,51±3,43	15,03±3,56
Juvenil	13,43±1,98	12,92±3,24	12,15±2,84	12,63±3,61	15,52±1,73	13,07±0,62

Considerações Finais

Existem muitos outros testes que podem ser utilizados para as capacidades físicas envolvidas, alguns que exigem elevados recursos tecnológicos e de alto custo e, outros com relativa simplicidade e de baixo custo. O importante é criar ou utilizar sempre o mesmo teste de avaliação para ser possível a comparação e análise dos resultados e performance dos atletas.

Nosso intuito foi o de oferecer uma bateria de testes fidedignos e replicáveis com equipamentos e materiais simples e de baixo custo, que forneçam as informações necessárias para a avaliação da situação e, baseado nestas se faça a prescrição dos exercícios.

Referências Bibliográficas

ANANIAS, GEO., KOKUBUN, E., MOLINA, R., SILVA, PRS e CORDEIRO, JR. Capacidade funcional, desempenho e solicitação metabólica em futebolistas profissionais durante situação real de jogo monitorados por análise cinematográfica. **Revista Brasileira de Medicina do Esporte**, 4 (3):87-95. 1998.

BARBANTI, VJ. **Teoria e Prática do treinamento Desportivo** – 2ª edição. São Paulo: Editora Edgard Blucher Ltda, 1997. 240p.

BARBANTI, VJ. **Treinamento Físico – Bases Científicas** – 3ª ed. – São Paulo: CLR Balieiro Editores Ltda, 2001. 108p.

BERGAMO VR. e PAES, RR. Basquetebol feminino: uma perspectiva na detecção, seleção e promoção de talento. **XXIV Simpósio Internacional de Ciências do Esporte – Vida Ativa para o Novo Milênio**, São Paulo, 11 a 13/10/2001. 198p.

BINZ, C., J. WENZEL – Dem Training der antrittschnelligkeit mehr beachtung sckenken. Fuballtraining. 5(1987), 8, 3-9.

BOSCO, C. **Aspectos fisiológicos de la preparacion física del futbolista**. Barcelona: Ed. Paidotribo S.A., 1990.

CAMPBELL, CSG., SIMÕES, HG. e DENADAI, BS. Reprodutibilidade do limiar anaeróbio individual e lactato mínimo determinados em teste de pista. **Revista Brasileira de Atividade Física & Saúde**. (1998) 3 (3):24-31.

CAMPEIZ, JM. A caracterização do esforço físico realizado no futebol. **Uniclar – Revista das Faculdades Claretianas**, 6:91-104. 1997.

DANIEL, JF. & CAVAGLIERI, CR. Características físicas atuais dos atletas de uma equipe de futebol profissional do interior do estado, integrante do Campeonato Paulista da Divisão Especial. **II Congresso Internacional de Motricidade Humana – Motricidade Humana: teoria e prática – Motricidade Humana e Performance**. Muzambinho, MG. 2001.

DANTAS, EHM. A Prática da Preparação Física – 1ª ed. – Rio de Janeiro: Editora Sprint, 1985. 344p.

DENADAI, BS., e colaboradores. Avaliação Aeróbia – determinação indireta da resposta do lactato sanguíneo – 1ª ed. – Rio Claro: Motrix, 2000. 156p.

DINTIMAN, G., WARD, B. e TELLEZ, T. Velocidade nos Esportes – Programa nº 1 para atletas – 2ª ed. – São Paulo: Editora Manole Ltda, 1999. 245p.

FELDMAN, M. Los aspectos médicos del fútbol – atención sanitaria del jugador. Buenos Aires, Argentina: Editoral Médica Panamericana, 1978; 138 pág.

FOSS, ML. e KETEYIAN, SJ. Fox – Bases Fisiológicas do Exercício e do Esporte – 6ª ed. – Rio de Janeiro: Editora Guanabara Koogan SA, 2000. 560p.

GODIK, MA. Futebol – Preparação dos futebolistas de alto nível / tradução e adaptação científica: Gomes, A. C. e Mantovani M. 1ª edição, Londrina: Editora Grupo Palestra Sport, 1996; 182 p.

GOLOMAZOV, S. e SHIRVA, B. Adaptação técnica e científica de GOMES, A.C. e MANTOVANI, M. Futebol: Treino da qualidade do movimento para atletas jovens. 1ª ed. – São Paulo: FMU, 1996. 160 p.

GOMES, AC., MONTEIRO, GA. e VIANNA, PM. Alongamento. Treinamento Desportivo, 2 (1):91-94. 1997.

GUEDES, DP. e GUEDES, JERP. Crescimento, composição corporal e desempenho motor de crianças e adolescentes. São Paulo: CLR Balieiro, 2000. 362p.

KOKUBUN, E., DANIEL, D.F., Relações entre a intensidade e duração das atividades em partida de basquetebol com as capacidade aeróbica e anaeróbia: estudo pelo lactato sangüíneo. Rev. Paul. Ed. Física. SP., 6(2): 37-46, Jul/dez. 1992.

LEPEX. Curso Teórico – Prático de Ergometria e Avaliação Funcional. Universidade de Passo Fundo.

MATHEWS, DK. Medida e Avaliação em Educação Física. 5ª ed. – Rio de Janeiro: Editora Interamericana, 1980. 452p.

MATSUDO, VKR. Testes em Ciências do Esporte – 3ª ed. – São Paulo: editor Victor K.R. Matsudo, 1984. 153p.

OLIVEIRA, PR., AMORIM, CEN. e GOULART, LF. Estudo do esforço físico no futebol Junior. **Revista Paranaense de Educação Física**, 1 (2):49-58. 2000.

PELEGRINOTTI, IL. e DANIEL, JF. Análise da potência anaeróbia de jogadores de futebol de três categorias, por meio do "Teste de Velocidade para Potência Anaeróbia" (TVPA) Running Based Anaerobic Sprint Test (RAST). **XXIV Simpósio Internacional de Ciências do Esporte – Vida Ativa para o Novo Milênio**, São Paulo, 11 a 13/10/2001. 198p.

POWERS, SK. e HOWLEY, ET. **Fisiologia do Exercício – Teoria e Aplicação ao Condicionamento e ao Desempenho.** 1ª ed. – São Paulo: Editora Manole Ltda, 2000. 527p.

REILLY, T. **Science and Soccer.** 2ª ed. London: E & FN Spon, 1998. 392p.

SILVA, JMG. O ensino dos jogos desportivos colectivos. Perspectivas e tendências. **Movimento**, 8:19-27. 1998.

SILVA, PRS. At al. Avaliação funcional multivariada em jogadores de futebol profissional: uma metanálise. **Revista Brasileira de Medicina do Esporte**, 4 (6):182-196. 1998.

SOUSA, MSC. At al. O percentual de gordura em atletas profissionais de futebol segundo diferentes métodos: ensaio envolvendo condições desportivas e de saúde. **Atividade Física & Saúde**, 4 (3):63-74. 1999.

TERRAZUL INFORMÁTICA. **Manual do usuário Physical Test 3.0 for Windows**, 1996. 36p.

VERKHOSHANSKI, YV. **Treinamento Desportivo – Teoria e Metodologia** – organização: Antonio Carlos Gomes e Paulo Roberto de Oliveira – 1ª ed. – Porto Alegre: ARTMED Editora, 2001. 217p.

WITHERS, RT., MARICIC, Z., WASILEWSKI, S. KELLY, L. Match analysis of australian professional socier players. J. Human Mov. Stud. (1982) 8:159-176.

WEINECK, EJ. **Futebol total: o treinamento físico no futebol.** 1ª ed. Guarulhos, SP: Phorte Editora, 2000. 555p.

Capítulo 10

Teste de Conconi em Esteira: Avaliação do Limiar Anaeróbio em Jogadoras de Basquetebol na Faixa Etária de 17 a 23 Anos

Ídico Luiz Pellegrinotti
Anderson Marques de Moraes
Marcelo Bandiera Sálvio

Introdução

O basquetebol é uma modalidade esportiva que tem sofrido acentuada evolução nos últimos anos. Esta evolução tem sido marcada por fatores que compreendem desde alterações nas regras fundamentais do jogo aos processos relacionados com os sistemas de treinamento. Os sistemas de treinamento objetivam a obtenção de resultados satisfatórios da capacidade física em um curto espaço de tempo. Aliado a isso, é necessário que os sistemas de treinamento propicie a preservação da saúde do atleta, para que ele possa responder com segurança as cargas de treinamento e, também, o calendário competitivo da modalidade.

Nessa direção, trabalhos quantificando as intensidades e os tipos de movimentos utilizados por atletas praticantes de basquetebol vem sendo muito pesquisados, como os de Woolford e Angove (1991), Smith e Thomas, (1991) que observaram velocidades, saltos e mudanças de direções durante uma partida de basquetebol.

Segundo Dantas (1998), o basquetebol tem como objetivo, em sua fase especifica, a especialização da força explosiva e a resistência anaeróbia. Essas duas capacidades juntamente com a força e velocidade acíclica, formam o conjunto de capacidades físicas utilizadas durante uma partida de basquetebol. Portanto, fica visível que o basquetebol possui uma característica anaeróbia no contexto de seu jogo.

O estudo de McInnes et. al. (1995), com relação ao jogo de basquetebol competitivo, explicitou que o mesmo possui grande quantidade de movimentos descontínuos e com diferentes intensidades, exigindo muito do sistema orgânico do praticante. Os resultados apontaram que a frequência cardíaca e o lactato sanguineo dos atletas permaneciam acima das taxas preconizadas para limiares anaeróbios.

O jogo de basquetebol, na sua essência, possui movimentos rápidos realizados em curtas distâncias, porém contínuos, o que exige do atleta bom desenvolvimento de suas capacidades físicas para apresentar eficiência técnica e tática durante a partida.

As avaliações dos sistemas orgânicos são importantes para entender as respostas que o organismo apresenta quando submetido a cargas funcionais de altas intensidades e de curta duração, bem como de média intensidade e de longa duração.

Denadai (1995), em seu estudo, faz menção histórica da avaliação citando que Hollmann, no final dos anos 50 e inicio dos anos 60, com o objetivo de mensurar o desempenho cardiorrespiratório, introduziu o conceito de "inicio do metabolismo anaeróbio". Nesse estudo os autores observaram que durante o exercício, com incremento de cargas a cada três minutos, atingia-se um ponto onde a ventilação pulmonar (VE) aumentava, proporcionalmente, mais que o VO_2; como as mudanças no VE e o lactato sangüíneo eram coincidentes, o autor definiu esse momento do exercício como "ponto de ótima eficiência ventilatória". Continuando a menção histórica, Denadí (1995), descreve que Wasserman & Mcllroy (1964) estudando indivíduos com doenças cardiovasculares, introduziram o termo "Limiar Anaeróbio", propondo que parâmetros ventilatórios pudessem ser utilizados para estimar o ponto de inflexão da curva de lactato sangüíneo.

Dessa forma, limiar anaeróbio refere-se a intensidade de exercício em que o nível de lactato sangüíneo começa a se acumular numa velocidade mais alta do que vinha acontecendo em intensidades mais leves. A partir desse ponto a velocidade de produção de lactato ultrapassa a velocidade de remoção causando um acumulo que vai se acentuando cada vez mais, levando o atleta à fadiga. Nesse contexto, o limiar anaeróbio e lactato são entendidos como um balizador importante para se graduar as intensidades de trabalhos no treinamento. McInnes (1995) por meio de seus estudos fez um prognóstico de que a concentração de lactato no sangue de atletas de basquetebol poderá superar os 6,8mM, indicando que está modalidade traz um forte componente anaeróbio durante a partida

A evolução do esporte nos aspectos técnicos, táticos e físicos ensejou a configuração de estudos que culminaram na criação de testes e retestes específicos para o desenvolvimento das capacidades físicas utilizadas e de acompanhamento da evolução da performance do esportista. Estes testes conduzem, em sua aplicação prática, à realização de avaliações iniciais e finais que sustentam o trabalho de preparação atlética. Dentre os testes para análise da performance, os que identificam o limiar anaeróbio tem sido amplamente utilizado por pesquisadores, fisiologistas, preparadores físicos e médicos, demonstrando ser um índice de referencia para aplicação do treinamento individualizado.

Uma das metodologias empregadas para se controlar os níveis de intensidade do treinamento tem sido o uso da freqüência cardíaca, por ser mais prática e por englobar um menor custo. McInnes et al, (1995) em seu trabalho sobre a frequência cardíaca, observou que os batimentos cardíacos dos atletas de basquetebol durante o desenvolvimento do jogo situavam-se entre 85 a 90% da frequência cardíaca máxima. Porem a utilização de percentual da freqüência cardíaca máxima já demonstrou ser imprecisa, pois existe uma variabilidade individual muito grande, dificultando saber até que ponto estas frequências estariam próximo, abaixo ou muito acima do limiar de anaeróbiose.

Atualmente, a busca de valores que ofereçam maior segurança para saúde e na predição de programas de treinamento para atletas de basquetebol tem sido feito por meio de testes de limiar anaeróbio. Contudo, ainda se discute quais dos protocolos seriam mais indicados. Trabalhos clássicos como os de Farrel et al, (1979) e de Jacobs et al, (1985) apontam para utilização do protocolo de 4mM de lactato para avaliar as respostas do organismo quando submetidos à programas de treinamentos anaeróbios.

Por outro lado, protocolos menos invasivos têm se apresentado com eficiência para análise do limiar anaeróbio. O teste indicado para tal avaliação é descrito por Conconi et al, (1982), em que os autores fazem a relação do comportamento da frequência cardíaca com a intensidade da corrida e apresentam uma forma para estimar o limiar anaeróbio com baixo custo, permitindo os movimentos específicos relacionados a modalidade esportiva do atleta. Nessa direção, Dutra et al, (1997) pesquisam a comparação entre o teste de Conconi com incremento na velocidade a cada 200 metros e a cada 1000 metros em corredores de longa distância, encontrando resultados nas corridas de 200 metros velocidade de deflexão melhores quando comparadas com as corridas de 1000 metros. Contudo, a frequência cardíaca não apresentou diferença significativa entre o aumento da velocidade nas corridas de 200 e 1000 metros. Embora os autores alertem para moderações na utilização dessas distâncias, acreditamos que o protocolo a ser aplicado seja aquele que mais se identificar com a modalidade esportiva a ser testada.

O objetivo do presente trabalho foi detectar o limiar anaeróbio de atletas de basquetebol feminino por intermédio do teste de Conconi em esteira rolante elétrica, e fazer uma análise comparativa com o nível de lactato sangüíneo ao final do teste para observar se elas realmente atingiram o nível máximo de exaustão, buscando: 1) Avaliar a velocidade do limiar anaeróbio por intermédio da freqüência cardíaca; 2) Analisar o nível de lactato após 2 minutos do término do teste para observação do grau de esforço realizado; e 3) Observar a velocidade e freqüência cardíaca do limiar, comparando-os com o nível de lactato obtido.

Procedimentos Metodológicos

Universo do Estudo

Foram avaliadas doze atletas de basquetebol feminino da cidade de Itatiba, S.P., na faixa etária de 17 a 23 anos, todas com histórico anterior de no mínimo dois anos de treinamento nesta modalidade, participantes de campeonatos oficiais da Federação Paulista de Basquetebol, Associação Regional de Basquetebol, Jogos Abertos do Interior e Jogos Regionais.

Local das avaliações: Os testes foram realizados no Laboratório de Avaliação Humana – Núcleo de performance humana – da Faculdade de Educação Física da Universidade Metodista de Piracicaba – Unimep.

Materiais utilizados: a) 1 (uma) Esteira rolante elétrica, com incremento de velocidade até 15 Km/h e inclinação até 20%; b) 1 (um) frequencímentro da marca Polar Vantag; c) 1 (um) analisador de lactato Accusport; d) Capilares de 25µl = microlitros; e) Fitas BM-Lactate – ROCHE, para análise da concentração do lactato sanguineo.

Protocolos das Avaliações

Teste de Conconi

CONCONI et al, (1982) descrevem um teste que consiste num método simples para medir os valores aproximados das taxas de limite de esforços máximos, limite anaeróbio e limite aeróbio. Neste teste, o atleta aumenta a velocidade e o nível de esforço gradualmente, e mede a freqüência cardíaca em diferentes etapas para obter uma relação da velocidade com a freqüência cardíaca.

O teste de Conconi analisado na esteira rolante, neste trabalho, iniciou-se com a velocidade de 6Km/h, e incremento de 0,5Km/h a cada 200m, medindo a freqüência cardíaca a cada etapa, e ao mesmo tempo memorizando em frequencimetro da marca Polar Vantag. As atletas corriam até atingirem a exaustão, sendo caraterizada como a máxima velocidade. O mínimo de etapas preconizado foram 8 (oito).

No inicio do teste, a freqüência cardíaca está em proporção linear com o aumento da velocidade, até o ponto em que a velocidade começa a aumentar mais rapidamente do que a freqüência cardíaca. O limite anaeróbio é alcançado justamente neste "ponto angulo" ou também chamado de ponto de deflexão. Guglielmo (2000) faz uma revisão explicitando a maneira prática de observar tal deflexão, sendo chamada de velocidade de deflexão (Vd).

Análise de Lactato

A dosagem de lactato sangüíneo foi realizada após 2 minutos do término do teste. Foram usadas lancetas para perfurar o lóbulo da orelha, a captação foi feita através do uso de capilares de $25\mu l$ = microlitros e o sangue recolhido foi colocado em fitilhos para análise no lactímetro Accusport. O tempo de 2 (dois) minutos após o esforço para a coleta do sangue foi determinado tendo em vista que encontramos na literatura períodos que variam de 2 (dois) a 10 (dez) minutos após o esforço, dependendo dos objetivos do estudo (Brochado, Kokubum 1997; Campbell, Simões, Denadai 1998).

Resultados / Discussão

Os Gráficos 1 e 2 são amostragens do comportamento da frequência cardíaca e da velocidade de deflexão de uma das avaliadas. Os resultados dos testes na Tabela 1 e nos Gráficos 3 e 4 demostram valores individuais, medias e desvios-padrão respectivamente.

Amostragem de Dois Gráficos da Analise Realizada

A atleta C, não atingiu o valor de 4mM de lactato, pois suas condições físicas, referentes a peso 110Kg e altura 1,93m podem ter levado a atleta a uma fadiga muscular localizada antes de atingir os níveis desejados de exaustão

GRÁFICO 1 – *Representação da freqüência cardíaca e o número de voltas (cada 200metros) durante o teste de uma das avaliadas.*

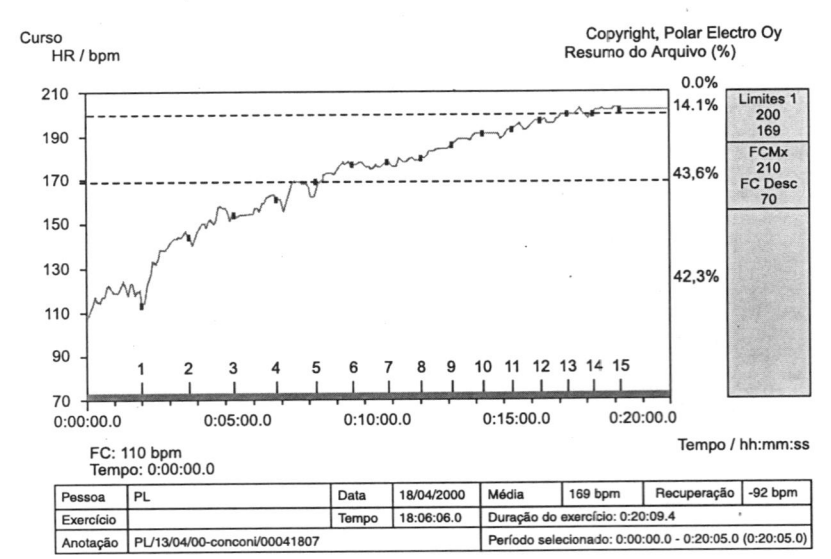

TABELA 1 – Resultados de velocidade do limiar anaeróbio, nível de lactato, freqüência cardíaca máxima, limite aeróbio e limite anaeróbio obtidos através do teste, bem como as médias do grupo.

Atletas	F.C.Máx. /bpm	Limite Anaeróbio/bpm	Limite Aeróbio/bpm	Vel. M /s	Vel.km /h	Tempo /km	Lactato /Mml
C	183	165	145	2.22	8.01	07:29	3,60
D	189	175	155	2.31	8.30	07:13	8,70
F.G.	180	162	142	2.62	9.44	06:21	6,30
F	194	176	156	2.63	9.47	06:20	6,60
FE	191	182	162	2.51	9.02	06:38	7,70
FL	200	161	141	2.23	8.02	07:29	7,60
K	178	174	154	2.9	10.45	05:44	4,20
PT	179	160	140	2.64	9.49	06:19	7,00
PL	200	169	149	2.32	8.36	07:10	7,70
TA	197	188	168	3.25	11.69	05:08	5,00
TE	187	177	157	2.5	9.01	06:39	4,70
V	199	175	155	2.22	8.01	07:29	7,50
Médias	189.75	172	152	2,44	9.10	06:49	6,38
DS	8,36	8,74	8,74	0,31	1,11	0,03	1,6

GRÁFICO 2 – Representação do resultado do ponto de deflexão da curva do limiar anaeróbio obtido no teste de conconi por uma das avaliadas.

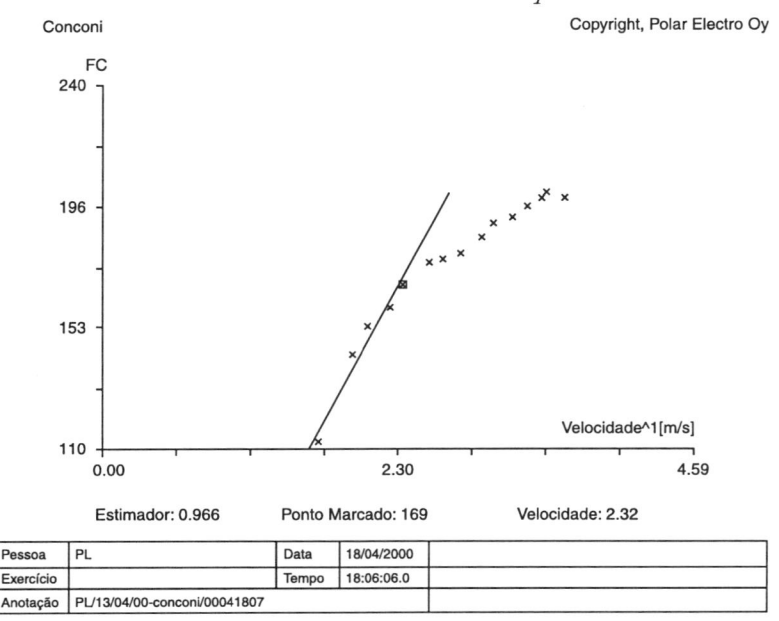

Conconi   Copyright, Polar Electro Oy

FC
240

196

153

110
                                         Velocidade^1[m/s]
0.00   2.30   4.59

Estimador: 0.966   Ponto Marcado: 169   Velocidade: 2.32

Pessoa	PL		Data	18/04/2000	
Exercício			Tempo	18:06:06.0	
Anotação	PL/13/04/00-conconi/00041807				

Os resultados encontrados demonstram o nível de capapcidade anaeróbia das atletas. Observando o gráfico 1 verifica-se que a frequência caríaca aumenta de forma linear de acordo com o aumento da velocidade, porém quando a atleta atingia a exaustão a fequêrncia cardíaca se apresentava, em sua elevação, de forma menos acentuada quando comparada com as do início do teste. Nesse ponto era considerado o limiar anaérobio (LAn) da atleta, esta observação é preconizada por Conconi (1982). Os valores deste estudo estão de acordo com o trabalho de revisão de Glugielmo (2000) que cita que a deflexão poderia ser causada, progressivamente, pelos maiores incrementos na velocidade no final do teste. Batista (1992) encontrou a velocidade de deflexão em corredores como um bom preditor da capacidade anaeróbia, pois, os atletas com resultados entre os melhores corredores nacionais em suas provas se apresentaram com a deflexão em velocidades superiores

GRÁFICO 3 – *Limiar de lactato alcançado 2 minutos após o término do teste de conconi.*

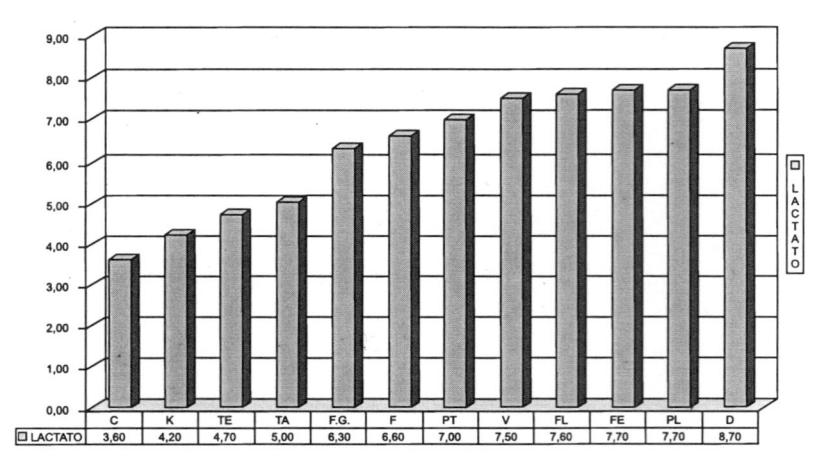

	C	K	TE	TA	F.G.	F	PT	V	FL	FE	PL	D
LACTATO	3,60	4,20	4,70	5,00	6,30	6,60	7,00	7,50	7,60	7,70	7,70	8,70

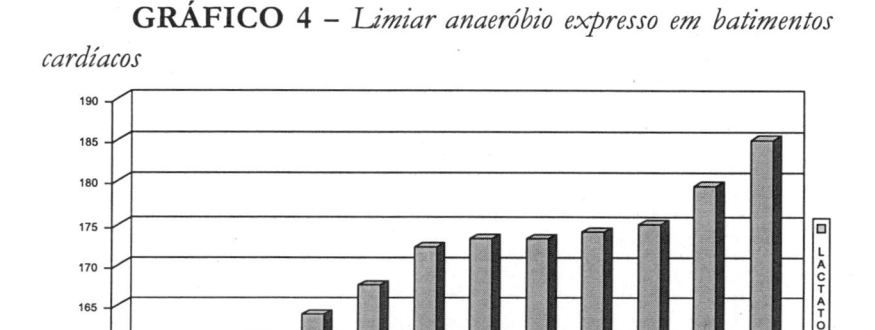

GRÁFICO 4 – *Limiar anaeróbio expresso em batimentos cardíacos*

	PT	FL	F.G.	C	PL	K	D	V	F	TE	FE	TA
L. Anaer.	160	161	162	165	169	174	175	175	176	177	182	188

aos atletas com resultados inferiores, demosntrando que o teste de Conconi pode ser um bom indicador do grau de capacidade anaérobia.

Assim sendo, a utilização do teste de Conconi em esteira rolante para atletas de basquetebol poderá se transfromar num preditor da performance específica da modalidade, já que o mesmo é relizado em ambiente fechado bem próximo da realidade de treinamento e competição das atletas. A utilização do teste de Conconi em diferentes modalidades é muito aproveitado tendo em vista que o mesmo permite modificações. Segundo Weltmam (1995), o limiar aneróbio vem se constituindo como uma das formas seguras para avaliar e prescrever treinamentos em atletas que participam de modalidades em que o esforço anaeróbio esteja presente, como é o caso do basquetebol.

Gaisl e Hofmann (1989) em seu estudo do teste de Conconi em esteira rolante com incremento a cada 200 metros encontrou bons resultados, e os dados permitiram assegurar que este protocolo possibilita um controle mais próximo do avaliado, demonstrando ser o teste na esteira um recurso confiável.

Considerações Finais

Observou-se que a dosagem de lactato sangüíneo das atletas obtido 2 minutos após o final do teste foi em média 6,3mM, as quais indicaram que as atletas atingiram índices de lactato superiores a 4mM o que demostra que o teste foi adequado para a avaliação do limiar de anaerobiose em atletas de basquetebol feminino.

A atleta C, única a não atingir o valor de 4mM de lactato, pois suas condições físicas e sua composição corporal referente a peso 110Kg e a altura 1,93m podem ter dificultado a habilidade de corrida, nos momentos do incremento da velocidade, levado a atleta a uma fadiga muscular localizada e o aparecimento da exaustão, embora o seu nível de lactato estivesse abaixo de 4 mM.

O teste de Conconi realizado em esteira rolante apresenta-se como um teste indicado para atletas do sexo feminino jogadoras de basquetebol, tendo em vista que o esporte praticado se realiza em ambiente fechado. As jogadoras se mostraram motivadas para a realização do mesmo, comparadas as condições que poderiam apresentar quando realizado ao ar livre. A pista de atletismo foge da realidade da prática da modalidade.

Referências Bibliográficas

BATISTA, A.F.; **Atletas: resistência específica para corredores de 5.000 metros.** Campinas, Ed. Unicamp, 1992.

BROCHADO, M.M.V.; KOKUBUN, E. Treinamento intervalado de corrida de velocidade: efeitos da duração da pausa sobre o lactato sanguineo e cinemática da corrida. **Revista Motriz**, 3 (1):11-18, 1997.

CAMPBELL, C.S.G.; SIMÕES, H.G., DENADAI, B.S. Reprodutibilidade do limiar anaeróbio individual (IAT) e lactato mínimo (Lm) determinados em teste de pista. **Revista Brasileira de Atividade Física e Saúde**, 3 (3): 24-31,1998.

CONCONI, F, FERRARI, M., ZIGLIO, P.G., DROGHETTI, P., CODECA, L.; Determination of the anaerobic threshold by noninvasive field teste in runners. **Journal of Applied Physiology**, 52 (4):869-873, 1982.

DANTAS, E.H.M.; **A prática da preparação física.** 4º ed., São Paulo, Sharpe, 1998.

DUTRA NETO, R.H.; SELMER, A.; BOHEME, M.T.; KISS, M. A. P. D. M. Compareção entre o teste de conconi com incremento na velocidade a cada 200 e a cada 1000 metros em corredores de longa distância. **Âmbito Medicina Desportiva**, 3 (31):29-34, 1997.

DENADAI, B.S.; Limiar anaeróbio: considerações fisiológicas e metodológicas. **Revista Brasileira de Atividade Física e Saúde**, 1 (2): 74-88, 1995.

GUGLIELMO, L.G. A. Limiar de Conconi e percentual da frequência cardíaca máxima. In: Denadai, B. S. **Avaliação aeróbia.** Rio Claro-SP Motrix, 2000, pg 37-64.

GAISL, G.; HOFMANN, P. Um método não invasivo para determinação do limiar anaeróbio em crianças e adultos sedentários. **Revista Brasileira de Ciência e Movimento**, 3 (3): 42 – 50, 1989.

FARRELL, P. A.; WILMORE, J.; COYLE, E.F.; BILLING, J.E.; COSTILL, D. L. Plasma lactate accumulation and distance running performance. **Medicine and Science in Sports, 11** (4): 338-344, 1979.

JACOBS, I.; SCHÉLE, R.; SJODIN, B. Blood lactate vs. Exhaustive exercise to evaluate aerobic ftness. European Journal of Applied Physiology, 54: 10-25, 1986.

McINNES, S.E; CARLSON, J.S., JONES, C.J., McKENNA, M.J. The psysiological load imposed on basketball players during competition. **Journal of Sports Sciences, 13** : 387-397, 1995.

SMITH, H.K.; THOMAS, S.G. Physiologica characteristics of elite female basketball players. **Canadian Journal of Applied Sports Sciences,** 16, 289-295, 1991.

WOOLFORD, S., ANGOVE, M.; A comparison of training techiques and game intensities for National level netball players. **Sports Coach,** 14,18-21,1991.

WELTMAM, A. **The blood lactate response to exercise.** Champaign, Human Kinetics, 1995.

Seção III
Nutrição e Performance

Capítulo 11

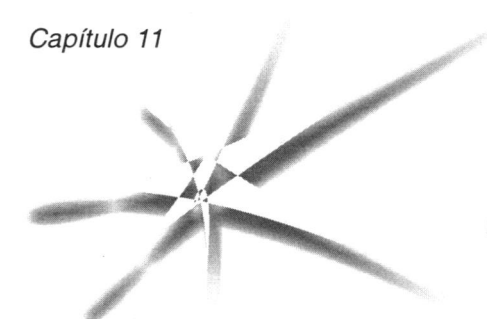

Efeito da Suplementação de Creatina na Performance de Nadadores

José Fernando de Oliveira
Maria de Fátima Nepomuceno

A busca por melhores resultados faz o atleta ir além de um treinamento físico, mental e biomecânico para maximizar seu potencial genético, recorrerendo muitas vezes ao uso de auxílios ergogênicos, que são substâncias ou tratamentos teoricamente elaborados para aumentar o desempenho esportivo além dos efeitos do treinamento (Williams et al, 2000).

É nesse contexto que a creatina é um dos mais populares suplementos dietéticos já comercializados para uma população fisicamente ativa, mesmo que o uso disseminado da suplementação de creatina ainda seja um evento recente, já observamos várias pesquisas relatando os seus efeitos sobre a performance humana, composição corporal, além de relatos sobre o seu uso médico.

A creatina ou ácido acético metilguanidina segundo Greenhaff *et al* (1994), foi descoberta em 1832 pelo cientista francês Michel Eugene Chevreul que extraiu da carne de canguru um novo constituinte orgânico e assim o nomeou, mas somente em 1847 Justus von Liebig confirmou que a creatina era um constituinte regular da carne animal e relatou um maior conteúdo dessa substância em animais selvagens quando comparados a animais de cativeiro e fisicamente menos ativos.

Entre 1927 e 1929 Fiske e Subbarow fizeram a descoberta da fosfocreatina e pouco antes disso Schlossman e Tiegs comprovaram que a creatina aumenta durante a contração muscular. A creatina quinase, enzima que catalisa a fosforilação da creatina foi descoberta em 1934, porem só em 1968, com o advento da descoberta da técnica de biopsia por agulha foi possível extrair amostras de músculo humano e cientistas suecos investigaram o papel da creatina fosfato durante o exercício e sua recuperação. Recentemente a ressonância nuclear magnética tem sido usada para estudar a dinâmica da creatina fosfato durante o exercício. (Williams et al, 2000).

A creatina é encontrada naturalmente nos alimentos de origem animal devido ao fato da creatina se concentrar principalmente no tecido muscular, sendo que suas principais fontes na dieta são os peixes e as carnes vermelhas, porém, a creatina não é um nutriente essencial, devido ser sintetizada endogenamente no fígado, rins e pâncreas, a partir de 3 aminoácidos arginina, glicina e metionina. (Bacurau, 2000).

A creatina é uma importante fonte de energia química para a contração muscular. O nosso organismo armazena creatina tanto na forma livre (1/3), como na forma de fosfocreatina (2/3), e cerca de 95% da creatina corporal está armazenada na musculatura esquelética, com concentrações mais altas (45 a 55%) nas fibras de contração rápida, entretanto uma pequena quantidade de creatina é armazenada no coração e cérebro e está intimamente ligada ao metabolismo do miocárdio, assim como as funções cerebral e neural (Juhn e Tarnopolsky, 1998).

Teoricamente para a suplementação de creatina ser um ergogênico eficaz ela deve ser absorvida eficientemente pelos intestinos, deve aumentar os níveis plasmáticos e ser transportada para dentro das células musculares a fim de:

- Aumentar a quantidade total de creatina e fosfocreatina no músculo;
- Facilitar a ressíntese intramuscular de fosfocreatina e ATP;
- Prolongar a atividade física de alta intensidade e diminuir o tempo de recuperação (Williams *et al*, 2000).

Assim quando há suplementação de creatina, ocorre uma redução significativa na biossíntese e estudos têm demonstrado que levam cerca de 4 a 5 semanas para que tais níveis musculares retornem aos valores normais após o término da suplementação de creatina de curto e longo prazo (Vandenberghe *et al*, 1997).

O procedimento de suplementação consiste num protocolo de sobrecarga o qual o mais comumente utilizado é a ingestão diária de um total de 20 – 30g de creatina, usualmente de monoidrato de creatina, em quatro doses iguais de 5 – 7 g dissolvidos em cerca de 250 ml de líquido. Isso deve ser feito ao longo do dia (manhã, ao meio dia, à tarde e no inicio da noite), por um período de 5 a 7 dias. Quando baseada no peso corporal, a dose de creatina recomendada é 0,3 g/kg de massa corporal diariamente por um período de 5 a 6 dias. Um protocolo de sobrecarga mais prolongado, 3 g/dia durante 28 dias, é tão efetivo quanto o protocolo de sobrecarga a curto prazo (Bacurau, 2000).

Após a fase de sobrecarga de creatina, as doses recomendadas para a manutenção são consideravelmente mais baixas, aproximadamente 2 a 5 g de creatina por dia ou 0,03 g/kg de massa corporal por dia (Hultman *et al*, 1996).

Quando a suplementação de creatina é realizada concomitantemente com uma ingestão de um carboidrato simples, como a glicose, aumentará o transporte de creatina para o interior do músculo, apresentando também um aumento na concentração muscular total de creatina em 60% e de creatina fosfato em 100% em comparação com o valor obtido pela suplementação apenas de creatina (Juhn e Tarnopolsky, 1998).

A suplementação oral de elevadas doses de creatina por vários dias aumenta significativamente a concentração de creatina durante o repouso e o exercício e segundo (Hultman et al, 1996) os benefícios da creatina em relação à performance aparece nas seguintes condições:-

Testes de *sprint* em nadadores

- Produção máxima de força em cicloergometros
- Tiros de 700 metros em corridas
- Velocidade final em tiros de 60 metros em corridas
- No tempo de exaustão em testes de alta intensidade em bicicleta
- Sobre a capacidade de força e composição corporal em levantadores de peso
- Sobre a performance de saltos

A suplementação de creatina colabora também na acidez muscular reduzida, pois, segundo (Williams *et al* 2000), a fosfocreatina atuaria como o principal tampão metabólico no músculo, sendo responsável por aproximadamente 30% do total da capacidade tamponante muscular, pois a ressíntese de ATP a partir de ADP e fosfocreatina consome um H+ no processo, assim, a utilização de fosfocreatina contribuirá para tamponar o íon hidrogênio. O beneficio de um elevado valor tamponante é permitir que o músculo acumule mais ácido láctico antes de alcançar um pH muscular limitante, permitindo dessa forma que mais exercícios de alta intensidade possam ser realizados (Rossiter *et al*, 1996).

Em combinação com o treinamento, a creatina pode aumentar o nível da atividade da citrato sintase (enzima componente do ciclo dos ácidos tricarboxílicos), um marcador da capacidade oxidativa tanto em fibras musculares rápidas quanto lentas. Além disso, alguns atletas de atividades aeróbicas prolongadas podem usar fosfocreatina durante um período de exercício intenso em uma competição atlética e se beneficiar em função da ressíntese aumentada de fosfocreatina durante períodos de recuperação aeróbia (Williams *et al*, 2000).

A suplementação de creatina pode influenciar na massa corporal e possivelmente a composição corporal de várias maneiras, pois ela é uma substância osmoticamente ativa; assim, o aumento de seu conteúdo intracelular total na forma de creatina livre e creatina fosfato pode induzir um influxo de água para dentro da célula, aumentar a água intracelular e, concomitantemente, a massa corporal (Volek *et al*, 1997). Além disso, um aumento na hidratação celular e/ou creatina fosfato pode estimular a síntese protéica ou diminuir a degradação de proteínas, possivelmente aumentando a massa isenta de gordura (Clark, 1997).

A creatina ainda pode capacitar os atletas a alcançarem uma carga de trabalho mais elevada, reduzindo a fadiga do treinamento, fatores estes que podem aumentar a performance competitiva (Williams *et al*, 2000).

Porém o escopo do nosso trabalho é avaliar o resultado da suplementação oral de creatina em nadadores, assim relatamos o resultado de alguns pesquisadores que desenvolveram estudos sobre o referido assunto:

Em 1996 Burke *et al*, testou os efeitos da suplementação oral de creatina (5g x 4 dias), em 32 nadadores de elite (18 masculinos e 14 femininos), os testes executados foram *sprints* de 25m, 50m e 100m com 10 minutos de recuperação ativa entre eles. Os resultados não revelaram nenhuma diferença significante entre o grupo de suplementação e o grupo placebo.

Leenders *et al,* (1996), estudaram os efeitos da suplementação de creatina sobre a velocidade média de nado durante o trabalho intervalado de 50 e 100 m. Por duas semanas, seis nadadoras universitárias consumiram um placebo e depois foram aleatoriamente designadas como placebo ou suplementação com creatina (20g/dia por 6 dias; 10g/dia por 8 dias) por 2 semanas adicionais. Os indivíduos completaram as seguintes sessões intervaladas: 6 x 50 m com um intervalo de 3 minutos, 2 vezes/semana; 12 x 100 m com 2,5 minutos de intervalo, 1 vez/semana. Os autores reportaram um tratamento significativo (placebo versus creatina) pela interação pelo tempo, com um aumento médio na velocidade do nado de 50 m de 1,54 para 1,6 m/s para o grupo creatina em comparação a ausência de mudanças no grupo placebo. Não foram observados efeitos de tratamento, tempo ou interação na velocidade média de nado para os 100 m. Os autores concluíram que 2 semanas de suplementação de creatina podem aumentar o desempenho do nado no treinamento intervalado em que os exercícios apresentam duração de 30 a 35 segundos.

Mujika *et al,* (1996), estudaram os efeitos da suplementação de creatina em 20 nadadores altamente treinados (9 do sexo masculino e 11 do sexo feminino) que foram divididos aleatoriamente em dois grupos: grupo creatina (5 gramas de monoidrato de creatina 4 vezes ao dia por um período de 5 dias, 100 gramas no total), e grupo placebo (a mesma dosagem de um placebo de lactose), em um desígnio de pesquisa duplo cego.Os nadadores foram avaliados a partir da concentração de amônia e lactato no sangue após sprints de 25 m, 50 m e 100 m. Analisou-se a seguir os melhores desempenhos nas tentativas iniciais e pós-suplementação (7 dias de intervalo entre elas). Não foram observados nenhuma diferença significante nos tempos entre as duas tentativas. A concentração de amônia diminuiu após os sprints de 50m e 100 m no grupo creatina e nos 50 m no grupo placebo, porem o período de suplementação não teve nenhum efeito no lactato sanguíneo pós-exercício. Portanto a suplementação de creatina não pode ser considerada uma ajuda ergogênica para o desempenho de sprints de curta distância em nadadores altamente treinados.

Em seu estudo com 18 nadadores juniores competitivos de ambos os sexos, Grindstaff *et al,* (1997) designou aleatoriamente indivíduos num sistema duplo cego, onde receberam uma suplementação de monoidrato de creatina (21 gramas por 9 dias) ou a mesma quantidade de um placebo de maltodextrina. Os tempos para 3 tiros de 100 m de nado livre foram mensurados antes e depois da suplementação. Diferenças significativas ($p = 0,04$) foram observadas nos tempos. O grupo creatina foi significativamente mais rápido que o grupo placebo. Havia também alguma evidência que o tempo cumulativo para executar os 3 tiros de 100 m foi diminuído no grupo creatina. Portanto os resultados indicam que 9 dias de suplementação de creatina durante o treinamento de natação pode promover um efeito ergogênico em nadadores juniores competitivos durante o desempenho em tiros repetidos de curta distância.

Peyrebrune *et al,* (1998), forneceram placebo ou uma suplementação de creatina de baixa dosagem para 14 nadadores de elite e testaram o seu desempenho natatório em um sprint de 50 jardas (45,72m) e depois em sprints repetidos (8 x 50 jardas) com intervalos de 1 minuto e 30 segundos. Antes e depois de um período de 5 dias de suplementação de creatina (9 gramas de creatina + 4,5 gramas de maltodextrina + 4,5 gramas de glicose, em apenas uma dose diária), ou placebo (18 gramas de glicose/dia) num sistema duplo cego. Foram também avaliados amostras de sangue para determinação de amônia, pH e lactato. Os tempos registrados para o único sprint de 50 jardas permaneceu inalterado após o período de suplementação, porém durante os sprints repetidos o desempenho foi melhorado como resultado da suplementação ($p < 0,03$). Não houve diferenças no lactato do sangue e no pH.. A concentração de amônia foi mais baixa, mas segundo os autores não pode ser atribuído ao efeito da suplementação. Em resumo os resultados sugerem que ingerindo 9 g de creatina por dia durante 5 dias é possível melhorar o desempenho natatório em competidores de elite durante sprints repetidos, mas parece não haver nenhum efeito em um único sprint de 50 jardas.

Leenders *et al,* (1999), propuseram em pesquisa recente, determinar se a suplementação oral de creatina por 2 semanas comparada com um placebo permitiria aos nadadores a manter uma velocidade média de nado durante um trabalho intervalado. Foram utilizados nadadores universitários 14 do sexo feminino e 18 do sexo masculino que durante duas semanas, consumiram um placebo e depois foram aleatoriamente designados como placebo ou suplementação com creatina (20g/dia por 6 dias; 10g/dia por 8 dias) por 2 semanas adicionais. Os indivíduos completaram as seguintes sessões intervaladas: 6 x 50 m, 2 vezes/semana; 10 x 25 m, 1 vez/semana. Nenhum efeito foi observado nos atletas que receberam a suplementação com creatina nas sessões de 10 x 25 m tanto para os homens como para as mulheres, assim como também não foi notado nenhum efeito nos 6 x 50 m para as mulheres. Em contraste a creatina melhorou significativamente a velocidade natatória global nos 6 x 50 m para os homens. Portanto embora ineficaz em mulheres, a suplementação de creatina permitiu aos homens manter uma média mais rápida nas sessões intervaladas de 6 x 50 m com uma duração de aproximadamente 30 segundos de esforço; porem a suplementação de creatina se mostrou ineficaz nas sessões de 10 x 25 m onde o esforço natatório era de 10 – 15 segundos.

Theodorou *et al,* (1999), investigaram o efeito da suplementação aguda de creatina (25g/dia por 4 dias) e a suplementação de creatina a longo prazo (5g/dia creatina ou 5g/dia placebo, durante 2 meses), no desempenho de 22 nadadores de elite durante sessões intervaladas. Depois da suplementação aguda de creatina houve uma melhora significativa ($p < 0{,}01$) na média de velocidade do nado. Porém depois de 2 meses de suplementação de creatina ou placebo os atletas não mostraram nenhuma mudança significante no desempenho natatório. Os autores concluíram que em nadadores de elite 4 dias de uma suplementação aguda de creatina melhoram o desempenho natatório quando avaliados em sessões intervaladas de treinamento. Porém a longo prazo (2 meses de suplementação), não beneficiou o grupo suplementado com creatina em comparação ao grupo que ingeriu placebo.

Quando se empreende a suplementação de creatina para melhorar o desempenho do exercício máximo, os autores relatam dois pontos importantes:

1. Nem todos os indivíduos respondem a suplementação, pois a captação muscular de creatina é relativamente baixa em cerca de 30% dos indivíduos;
2. Os efeitos mais pronunciados da suplementação de creatina sobre a realização do exercício em geral são observados em indivíduos que apresentam aumento superior a 25% da concentração de creatina total muscular durante a suplementação (principalmente dentro das fibras do tipo II).

Na natação a suplementação com creatina poderia beneficiar os atletas a longo prazo pela capacitação ao treino com cargas mais elevadas e pela melhoria da capacidade de repetir esforços rápidos e intervalados, porém, um aumento na massa corporal, poderia prejudicar a performance em atividades que dependam do movimento da massa muscular de um ponto a outro de modo eficiente, assim esse aumento de peso corporal nos nadadores pode aumentar o atrito hidrostático e, portanto, contribuir para tempos mais lentos em sprints de natação (Williams *et al,* 2000).

Contudo a literatura disponível sobre a suplementação de creatina e o desempenho de nadadores ainda é escassa, assim parafraseando outros autores recomendamos pesquisas adicionais sobre o tema, principalmente no que se refere a resultados práticos em relação aos tempos nos períodos competitivos.

Referências Bibliográficas

BACURAU, R. F. Nutrição e suplementação esportiva. São Paulo – Guarulhos: Phorte Editora, 2000.

BURKE, L. M.; PYNE, D. B.; TELFORD, R. D. Effect of oral creatine supplementation on single-effort sprint performance in elite swimmers. Journal Sport Nutrition. Sep; 6 (3):222-233, 1996.

CLARK, J. F. Creatine and phosphocreatine: A review of their use in exercise and sport. Journal of Athletic Training. 32: 45-50, 1997.

GRINDSTAFF, P. D.; KREIDER, R.; BISHOP, R.; WILSON, M.; WOOD, L.; ALEXANDER, C.; ALMADA, A. Effects of creatine supplementation on repetitive sprint performance and body composition in competitive swimmers. Journal Sport Nutrition. Dec; 7 (4):330-46, 1997.

HULTMAN, E.; SÖDERLAND, K.; TIMMONS, J. A.; CERDERBLAD, G.; GREENHAFF, P. L. Muscle creatine loading in men. Journal of Applied Physiology. 81:232-237, 1996.

JUHN, M. S.; TARNOPOLKY, M. Oral creatine supplementation and athletic performance: a critical review. Journal Sports Medicine. Oct;8 (4):286-297, 1998.

KREIDER, R. B. Creatine, the next ergogênico supplement? Sport Science Training an Tchnology, Internet Society for Sport Science. <http://www.sportssci.org/traintch/creatine/rbk.html>.

LEENDERS, N. M.; LAMB, D. R.; NELSON, T. E. Creatine supplementation and swimming performance. Journal Sport Nutrition. Sep; 9 (3):251-262, 1999.

MUJIKA, I.; CHATARD, J. C.; LACOSTE, L.; BARALE, F.; GEYSSANT, A. Creatine supplementation does not improve sprint performance in competitive swimmers. Medicine Science Sports Exercise. Nov; 28 (11):1435-1441, 1996.

PEYREBRUNE, M. C.; NEVILL, M. E.; DONALDSON, F. J.; COSFORD, D. J. The effects of oral creatine supplementation on performance in single and repeated sprint swimming. **Journal Sports Science.** Apr; 16 (3):271-279, 1998.
ROSSITER, H. B.; CANNELL, E. R.; JAKEMAN, P. M. The effect of oral cretine supplementation on the 1000m performance of competitive rowers. **Journal of Sports Sciences.** 14: 175-179, 1996.
THEODOROU A. S.; COOKE, C. B.; KING, R. F. HOOD, C.; DENISON, T.; WAINWRIGHT, B. G.; HAVENETIDIS, K. The effect of longer-term creatine supplementation on elite swimming performance after an acute creatine loading. **Journal Sports Science.** Nov; 17 (11):853-859, 1999.
THOMPSON, C.H.; KEMP, G. J.; SANDERSON, A. L.; DIXON, R. M. STYLES, P. TAYLOR, D. J.; RADDA, G. K. Effect of creatine on aerobic and anaerobic metabolism in skeletal muscle in swimmers. **Journal Sports Medicine.** Sep; 30 (3):222-225, 1996.
VANDENBERGHE, K.; GORIS, M.; VAN HECKE, P.; VAN LEEMPUTE, M.; VAN GERVEN, L.; HESPEL, P. Long-term creatine intake is beneficial to muscle performance during resistance training. **Journal of Applied Physiology.** 83: 2055 – 2063, 1997
WILLIAMS, M. H.; KREIDER, R. B.; BRANCH, J. D. **Creatina.** São Paulo: Editora Manole Ltda., 2000.

Capítulo 12

Carnitina e o Transporte de Ácidos Graxos: Observações Prós e Contras da Suplementação no Exercício Físico

Ricardo Yukio Asano

Considerações Gerais

A carnitina foi estudada pela primeira vez em 1905, mas apenas a partir de 1955 que pesquisadores constataram a sua real função. Atribuiu-se maior atenção a esse composto quando foi demonstrado sua importância para o crescimento dos anelídeos, mais tarde foi demonstrado seu importante papel no transporte intramitocondrial de ácidos graxos, principalmente os de cadeias longas, num processo de acetilação reversível, pela acetil-coenzima A (Alves, 1999).

A L-Acetil-Carnitina é uma substância que ocorre naturalmente no organismo, produzida principalmente no processo de queima de gordura. A L-carnitina, elemento que faz parte do hall dos chamados fat burners, é um constituinte natural dos organismos superiores e, em particular células de origem animal. É uma amina quaternária sendo conhecida quimicamente como ácido b-Hidroxi-c-N,N,N-trimetil-aminobutírico. Sabe-se que apenas o isômero L é biologicamente ativo existindo nos sistemas biológicos na forma esterificada e não esterificada. Em condições normais, sua presença nas células e nos fluídos biológicos é predominantemente na forma esterificada, sendo que os ácidos graxos de cadeia longa apenas atingem a mitocôndria (local de oxidação "queima") na forma de éster de acetilcarnitina (Lima 2000).

A Carnitina é sintetizada a partir de dois aminoácidos essenciais Lisina e Metionina, processo dependente das vitaminas hidrossolúveis ascorbato, niacina e piridoxina, e do íon ferroso. Em humanos, os principais sítios de produção desta amina são o fígado e os ríns, sendo que os tecidos como o músculo esquelético e o cardíaco, os quais dependem da oxidação de ácidos graxos, são altamente dependentes do transporte dessa amina desses sítios de produção, 90% da carnitina está armazenada nos músculos esqueléticos e cardíacos (Wolinsk & Hickson, 1996).

Toda a Carnitina produzida ou consumida através da dieta é armazenada no coração e no músculo esquelético. Apesar de ocorrer síntese endógena de carnitina, cerca de 75% é obtida através da alimentação onde é absorvida por mecanismos ativos e passivos, aproximadamente até 87% de sua ingestão total. As principais fontes são as carnes, ovos, peixes e leite. A deficiência de carnitina pode ser induzida por dietas que utilizam apenas cereais e grãos, ou outras fontes de proteínas vegetais, as quais são relativamente deficientes em lisina e metionina, seus aminoácidos precursores. (Azen, 1999)

Além da dieta vegetariana e da restrição calórica, existem outros fatores que podem influenciar diretamente na disponibilidade de Carnitina: defeito na biossíntese da Carnitina; defeito na absorção intestinal; defeito no transporte intra-celular; excessiva perda urinária. Os sintomas e deficiências de carnitina, são observados mais claramente em indivíduos que apresentam desordens hereditárias incomuns. Nesses, o metabolismo lipídico é o mais afetado resultando em acúmulo de gorduras nos músculos, e anormalidades funcionais nos músculos cardíaco e esquelético. Essas desordens são manifestadas pelas baixas concentrações de carnitina no plasma, músculo, e fígado, e os sintomas incluem fraqueza muscular, cardiomiopatias, função hepática anormal, cetogênese prejudicada, e hipoglicemia durante o jejum (Alves, 1999).

A quantidade total de carnitina estocada no adulto de tamanho médio do sexo masculino, com aproximadamente 30 kg de massa muscular, gira em torno de 20 a 25g, sendo que sua excreção urinária diária é de aproximadamente 15 a 50 mg. Nota-se que os rins reabsorvem, de seu filtrado, a maior parte da carnitina (aproximadamente 90%) garantindo a concentração plasmática desta amina. Em pacientes com problemas renais, que são submetidos à hemodiálise, a suplementação com carnitina se torna uma necessidade devido às grandes perdas ocorridas. Esse estado reflete nas baixas concentrações plasmáticas de carnitina encontradas nesses indivíduos. Além do seu importante papel como carreador dos ácidos graxos para dentro das mitocôndrias e, consequentemente geração de energia, a carnitina e seus ésteres parecem desempenhar outras funções tais como: sua administração farmacológica reduz a mortalidade e as conseqüências metabólicas em ratos com intoxicação aguda pela amônia; pode aumentar a síntese de uréia no fígado, facilitando a entrada de ácidos graxos na mitocôndria, desta forma, aumentando a oxidação de gorduras (b –oxidação) e consequentemente energia na forma de ATP; é atribuído a esta amina, a capacidade de proteção contra isquemia cardíaca talvez pelo seu efeito seqüestrador de radicais livres ou por sua capacidade de quelar o ferro prevenindo a formação destes compostos; pode aumentar a função contrátil do coração; proporciona efeitos benéficos protegendo contra as isquemias induzidas por disfunção do miocárdio (músculo do coração), em humanos com angina pectoris aumenta a tolerância ao estresse sofrido pelo coração, diminue as concentrações de lipoproteina de baixa densidade e aumentam a fração de lipoproteina de alta densidade circulantes. A necessidade de carnitina em adultos é satisfeita pelas fontes dietéticas e pela síntese endógena. Contudo, recém nascidos com baixo peso e de pré-termo são considerados indivíduos com alto risco de apresentarem deficiência de carnitina, portanto podem se beneficiar com a suplementação desta amina. Populações de terceiro mundo, as quais consomem cereais e grãos com fonte primária de alimento, podem desenvolver deficiência de carnitina. Também sabe-se que atletas engajados em atividades físicas de longa duração (triathlon, maratona, e outros), cujo metabolismo aeróbio está aumentado, podem apresentar redução nas concentrações fisiológicas de carnitina (Bassit e Malverdi, 2000).

O Papel da L-carnitina no Transporte de Ácidos Graxos Livres para o Interior das Mitocondrias

Os ácidos-graxos livres são transportados do citoplasma para a mitocôndria pela carnitina transferese, uma enzima associada à membrana mitocôndrial. Essa enzima catalisa a reação do ácido graxo livre e a molécula transportadora, a carnitina, a qual se move rapidamente pela membrana mitocôndrial, onde a reação é revertida, fornecendo ácido graxo livre para oxidação. Sabe-se que as gorduras ou lipídeos são moléculas orgânicas que apresentam a característica marcante de serem hidrofóbicas (insolúveis em água). Partindo-se desse princípio, essas moléculas não podem transitar pelo sistema sangüíneo livremente e, geralmente os lipídios corporais são encontrados compartimentalizados (ex: lipídios associados à membrana e gotículas de triacilglicerol nos adipócitos) ou transportados pelo sangue associados a uma proteína (ex: Albumina, molécula que tem a característica de solubilidade em meio aquoso). Em segundo lugar, estando as gorduras disponíveis na circulação na forma de ácidos graxos livres (AGL) devidamente ligados a uma proteína, tal estrutura não atravessa a membrana mitocôndrial interna, que é impermeável a íons e moléculas, condição fundamental para manutenção da fosforilação oxidativa. Entretanto a oxidação dos ácidos graxos ocorre na matriz mitocôndrial, dentre esse longo caminho que os ácidos graxos irão percorrer, penetrar eficientemente no seu local de oxidação (matriz mitocôndrial), de fundamental importância para os AGL, principalmente os de cadeia longa. Esses AGL não podem atravessar a membrana mitocondrial e precisam sofrer uma série de 3 reações enzimáticas antes de atingirem seu local de oxidação. Assim como na circulação, os AGL circulam dentro das células ligados a uma outra proteína a "Fatty Acid Binding Protein" (**FABP**, proteína ligadora dos ácidos graxos) sendo que na verdade os AGL nunca estão realmente livres.Para atingirem seu local de oxidação, os AGL, primeiramente, precisam sofrer uma reação de ativação que envolve gasto de energia na forma de ATP. Como segue:

Reação 1 – o ácido graxo de cadeia longa junto com a Coenzima A (CoA), sofre uma reação catalítica pela ação da enzima acil-CoA sintetase formando acil-CoA graxo. Essa é a única etapa da degradação completa do AGL que envolve gasto de energia (ATP).

A seguir o acetil-coa formado atravessa a membrana da mitocôndria, conforme descrito.

Reação 2: O éster de acil-CoA graxo não pode atravessar a membrana mitocondrial interna e, através de uma reação catalisada pela enzima carnitina palmitoil transferase-I (CPT-I), presente na superfície externa da membrana mitocondrial interna, o éster de acil-carnitina pode atravessar a membrana interna e atingir seu local de oxidação. Outra enzima, a Carnitina-acilcarnitina translocase (CACT), situada na parte interna da membrana mitocondrial interna, age como um transportador de membrana das acil-carnitina formadas, para dentro da mitocôndria, ao mesmo tempo que transporta uma molécula de carnitina para fora da mitocôndria. Ocorre então a formação de acil-CoA na matriz mitocondrial e é liberado carnitina.

Reação 3: o grupo acil-carnitina é transferido enzimaticamente da carnitina para a CoA intramitocondrial pela carnitina palmitoil transferase-II (CPT-II), dentro da membrana interna.

Essas reações têm a função de manter separados a CoA extramitocondrial da intramitocondrial pois têm funções diferentes. A CoA intramitocondrial é utilizada principalmente para a degradação oxidativa do piruvato, dos ácidos graxos e de alguns aminoácidos, enquanto que a CoA citosólica é utilizada para biossíntese dos ácidos graxos.

A CPT-I, primeira enzima do processo de introdução dos AG na mitocôndria é reguladora e controladora da velocidade com que o os grupos acil-graxos penetram na organela, consequentemente, controlando a oxidação dos AG. Além da ação da CPT-I, da CACT e da CPT-II, uma outra enzima a carnitina acetil-transferase (CAT), permite que a carnitina possa ser utilizada como transportador direto dos ácidos graxos de cadeia curta e dos grupos acetil, respectivamente para dentro e para fora da mitocôndria. Sabe-se que nos sistemas biológicos, as enzimas nunca atingem sua capacidade máxima de catalisar uma reação, ou seja, essas trabalham num patamar biológico variando para cima ou para baixo dentro de níveis fisiológicos e modulando-se à quantidade de substratos que lhe é ofertada. Portanto a partir do momento em que uma enzima ou um complexo enzimático atinge sua capacidade máxima fisiológica de catalisar uma reação (ex: CPT-I e CPT-II, e CACT) não adianta aumentar a oferta de substratos que a quantidade do produto formado, por tempo, permanecerá a mesma. Estudos revelam que, durante um exercício submáximo a concentração de AGLs no plasma está aumentada. Teoricamente "supõe-se" que, a concentração de carnitina no citoplasma, é insuficiente em relação a disponibilidade de substratos (AGL), durante o exercício, acumulando este substrato no plasma (Fusta s/d).

Possíveis Benefícios da L-carnitina em Atletas

Indivíduos que não mantêm uma dieta adequada, ou não ingerem quantidades suficientes de alimentos que contenham carnitina ou, ainda, indivíduos que mantêm uma atividade física de endurance, onde o metabolismo aeróbio é requerido em sua plena capacidade, podem se beneficiar da suplementação dessa amina.", no metabolismo aeróbico o limite para a produção de energia pelo sistema muscular é ajustado pelo fluxo metabólico máximo do ciclo de Krebs, o qual depende de 3 fatores básicos: concentração de substratos; concentração de enzimas limitantes, essencialmente relacionadas com a massa mitocondrial; e disponibilidade de oxigênio, o qual é dependente do débito cardíaco máximo e do fluxo sangüíneo local. O fluxo de substratos, particularmente aqueles do produto de degradação dos AG, glicerol, glicose e alguns aminoácidos, a maioria deles convertidos de unidades de acetil para acetil-CoA, é na maioria das vezes comparado ao potencial de produção de energia do ciclo de Krebs. Dependendo da intensidade do exercício a quantidade de produção de Acetil-CoA derivado das gorduras ou dos carboidratos irá variar. A produção de Acetil-CoA pelos músculos é quase que exclusivamente dependente de gorduras em situação de repouso e de exercício moderado, contudo, essa produção é dependente de carboidratos em aproximadamente 85%, quando em atividade física aeróbica intensa como, por exemplo, numa competição de triathlon e maratona. Quando excedemos a capacidade máxima de trabalho com o qual o nosso músculo é capaz de suportar aerobicamente (limiar anaeróbico), esse passa a utilizar energia obtida anaerobicamente. Nessa condição, o músculo tende a produzir ácido láctico pelo aumento da conversão de piruvato a lactato, cujo acúmulo médio é o índice da média de geração de energia na forma de ATP pela degradação da glicose anaeróbica. Quando se excede a capacidade máxima do ciclo de Krebs na geração de energia, como acontece quando em exercícios máximos ou supramáximos, não apenas a degradação da glicose é estimulada a gerar piruvato (consequentemente acetil-CoA e/ou lactato), mas também a degradação das gorduras parece estar plenamente ativa. Os acil-CoA e, particularmente, os acetil-CoA (acil-CoA, molécula com 2 carbonos, após ter sofrido degradação pela b-oxidação) originados da lipólise, tendem a se acumular no citosol da célula e dentro da mitocôndria. Esse acúmulo leva a um aumento na razão acetil-CoA/CoA inibindo a oxidação da glicose a qual não pode, nessa situação, dar conta da demanda metabólica. Parece que em atividades físicas moderadas (até 60% do consumo máximo de O_2) a carnitina pode exercer um efeito chamado de "Glicogen Sparing", ou seja, efeito poupador do glicogênio, pela facilitação da entrada dos AG na mitocôndria e conseqüente aumento da oxidação. Também, a carnitina parece exercer vantagens quando da passagem de um exercício físico moderado para um exercício aeróbico submáximo (entre 65 e 85% do volume máximo de O_2), devido a um aumento da oxidação total de substratos, principalmente carboidratos e gorduras. Entretanto, ao mesmo tempo que a suplementação de carnitina pode oferecer as vantagens supra citadas, o aumento total da oxidação de substratos durante a atividade física, principalmente os carboidratos, pode levar a uma fadiga precoce já que sua concentração tem correlação positiva com o tempo de resistência ao esforço. Mesmo assim, acreditamos que se um indivíduo, durante sua atividade física, consumir quantidades adequadas de carboidratos o efeito na redução desses estoques provavelmente estará sanado (Bassit e Malverdi (2000)

Pesquisas Encontradas na Literatura

Existem hoje em todo o mundo centenas de tipos de suplementos esportivos disponíveis para a venda, para classificar os suplementos esportivos, dividindo os inúmeros tipos de suplementos em duas grandes categorias: suplementos dietéticos e auxiliares ergogênicos. Os suplementos dietéticos, por si, não promovem melhorias, o resultado positivo na performance seria uma conseqüência da capacidade do suplemento conseguir atender a demanda nutricional decorrente do exercício, por exemplo a suplementação de carboidrato.Já os auxiliares ergogênicos, são produtos que podem estar limitados no organismo, ou o aumento da sua concentração no organismo, poderá auxiliar na performance como por exemplo, creatina, creatina fosfato, carnitina e as várias vitaminas, ou ainda produtos contendo substancias anabólicas capazes de aumentar a performance por meio da mudança da composição corporal, como a proteína, cromo, picolinato de cromo e vanádio. A carnitina está classificada como um auxiliar ergogênico agindo diretamente no organismo, no transporte dos AGL para dentro das mitocôndrias, podendo portanto auxiliar tanto a performance, por reagir como "poupadora" de glicogênio, para atletas com dificuldade ou necessidade de perder peso (Bacurau, 2000).

Com o exercício prolongado, o nível de ácidos graxos livres no plasma apresenta-se elevado com freqüência acima da demanda energética real. Essa elevação nas gorduras plasmáticas poderia resultar de uma captação inadequada dos ácidos graxos pelas mitocôndrias em virtude de uma concentração inadequada de carnitina. Portanto, maior velocidade no transporte dos AGLs do citoplasma para dentro da mitocôndria para a oxidação, diminui a concentração de AGL livres no plasma, aumentando a sua utilização na produção de energia. O aumento do nível intracelular de L-carnitina através da suplementação poderia promover a oxidação lipídica, conservado dessa forma as reservas corporais limitadas de glicogênio durante o exercício. Os benefícios da suplementação seriam mais evidentes nas condições com depleção de glicogênio, quando as demandas são maiores para a oxidação dos ácidos graxos (Mcardle, Katch & Katch, 1998).

Este mecanismo se comprovado, aumentaria a oxidação de ácidos graxos, durante a atividade física, estimulando os mecanismos de conservação do glicogênio muscular retardando a fadiga." Se esse processo de, maior utilização dos AGLs durante a atividade física se comprova, a suplementação carnitina benéfico tanto para atletas que necessitam de melhoras na performance, retardando a fadiga, quanto para praticantes de atividade física que tem o objetivo de redução da massa gorda. Até o momento, no entanto esta via não foi confirmada. Por outro lado, diversos estudos têm demonstrado que a suplementação com carnitina pode ter um efeito benéfico para atletas através de outro processo. Os resultados de pesquisas realizadas no Laboratório de Metabolismo do Instituto de Ciências Biomédicas-I da Universidade de São Paulo (ICB-I USP), onde sob essas condições, animais são submetidos à suplementação de carnitina e exercício físico, o tempo até a exaustão aumentou 45,85%. (Bacurau, 2000)

Vários estudos verificaram melhoras significativas no VO2 max, na utilização de lipídios no exercício, no metabolismo da carnitina e na potencialização do desempenho do exercício. Os aumentos de corrida de marcha em esteira, o aumento do potencial muscular, a capacidade anaeróbia máxima, o rendimento de força a partir de um exercício de marcha em esteira máxima e uma melhora no desempenho do exercício submáximo; sendo estes os principais efeitos no exercício. Foi constatado também, que a suplementação com a L-carnitina reduziu os danos causados por radicais livres após o exercício (Wolinsk & Hickson, 1996).

Decombaz e col. (1993), testaram os efeitos da suplementação de carnitina, no metabolismo, após a depleção do glicogênio muscular. Nove indivíduos foram suplementados com 3.g de carnitina por dia, durante sete dias. Foram realizados testes antes e depois da suplementação, os indivíduos foram submetidos a exercícios na esteira, com o objetivo de depleção do glicogênio muscular, após a depleção, foram realizados testes através de calorimentria direta, excreção urinária, lactato sangüíneo entre outros. Apesar do aumento de carnitina livre no plasma e acyl-carnitina, com a suplementação, os resultados não demonstraram efeito poupador de glicogênio, após a depleção do glicogênio, nem melhora na performance.

Em um estudo, quando eram ingeridos suplementos de L-carnitina de até 2000mg por dia, nenhum efeito era observado sobre a mistura de combustível metabolizado durante o exercício aeróbico nem sobre os níveis de OBLA, o desempenho de endurance, ou a capacidade aeróbica. Até mesmo sob condições de exercício durante as quais o glicogênio fica depletado, os indivíduos que recebiam suplementos de L-carnitina não mostravam qualquer alteração no metabolismo de substratos (Mcardle, Katch & Katch, 1998).

A maioria dos estudos são taxativos na conclusão de que a suplementação de Carnitina não potencializa a utilização dos ácidos graxos e nem melhora a performance, pois para que a suplementação de Carnitina seja eficaz, os níveis de Carnitina no músculo devem estar aumentados e não foram encontradas alterações após a sua suplementação com 4 a 6g durante 2 semanas (quantidade média testada na maioria dos estudos). Um estudo, porém, observou um aumento da L-carnitina muscular após 6 meses suplementando 2g por dia (Alves, 2000). Em controvérsia, Bacurau (2000), diz que, a ingestão de 2g dia de carnitina (L) promove aumento da concentração intramuscular desta amina, em períodos superiores a 14 dias. Este aumento na disponibilidade de carnitina intramuscular tem sido capaz de alterar a atividade de enzimas oxidativas, favorecendo os processos de produção de energia por esta via.

Ao utilizar-se as dosagens de 1 a 6g por dia em um período de 6 meses, constatou-se uma melhora consistente no estado de carnitina, sem efeitos colaterais ou intoxicações no exercício." Para que a carnitina possa exercer todos os benefícios esperados, seria necessário um aumento de sua concentração no organismo, através da suplementação do produto, portando uma dosagem ideal seria fundamental para o sucesso deste suplemento, evitando efeitos colaterais e aumentando a sua eficiência na "queima de gordura". Porém este é mais um das várias abordagem sobre carnitina que ainda não se tem uma posição estabelecida. Parece que 2g dia, segundo os estudos terminados até agora, seria o mais próximo do ideal. Os trabalhos que apresentaram aumento da concentração de carnitina intramuscular, demonstraram um aumento do consumo máximo de oxigênio, redução do quociente respiratório

(QR) e aumento da resistência a exaustão em alguns modelos experimentais. Estes estudos, no entanto, ainda não são consenso, uma vez que alguns trabalhos falharam ao tentar demonstrar estes efeitos pró-oxidativos da suplementação com esta amina (Wolinsk & Hickson, 1996).

Desta forma, a eficiência da suplementação de L-carnitina a fim de melhorar a performance permanece inconclusiva, caracterizando-se assim, como excelente campo para a experimentação, quer em humanos, quer em modelos animais.Um consenso sobre a suplementação de carnitina, seria para indivíduos que possuem deficiência desse composto, e consequentemente uma disfunção do metabolismo, por exemplo, disfunções na mitocôndria que acarretam em fadiga, sendo a carnitina de suma relevância para produção de energia pelas mitocôndrias. Devido a esses fatores os indivíduos que apresentavam a SFC que foram medicados com carnitina tiveram melhora clínica estatisticamente comprovada. Essa deficiência poderia ser genética ou uma dieta desbalanceada, mas esta abordagem parece ser muito mais voltada para a área médica, do que para profissionais voltados para a suplementação esportiva (Bacurau 2000).

Vucovich, Costill & Fink (1994),investigaram os efeitos da suplementação de carnitina, na carnitina muscular e demanda de glicogênio durante exercício. A pesquisa foi dividida em três processos. No primeiro, acido graxo livre no plasma foi aumentado em oito individuos (90 g de gordura), três horas depois os indivíduos realizaram exercícios durante 60min.a 70% do VO2max. No segundo processo, quatro dos oito indivíduos do primeiro processo, foram suplementados com 6.g de carnitina dia, durante sete dias, e outros quatro indivíduos receberam a mesma suplementação de carnitina, mais 2000 unidades de Heparim 15 minutos antes do exercício para elever acido graxo no plasma. No terceiro processo, os indivíduos que não utilizaram Heparim, passaram a utilizar e vice versa. Após o segundo e terceiro processos, foram realizados o mesmo teste do primeiro processo (60 min. a 70%VO2max.). Nos três processos não houve diverença no VO2max., na razão das trocas respiratórias, percepção de esforço, g.min. de glicogênio ou oxidação de gorduras. Apesar do aumento de carnitina livre no plasma e acylcarnitina no plasma, no repouso. Durante exercício, carnitina muscular não alterou, carnitina livre diminuiu, e acylcarnitina aumentou significantemente nos três estágios. Glicogênio ficou indiferente, antes e depois do exercício. A aumento da carnitina sérica, não aumentou a carnitina armazenada, e nem alterou a oxidação das gorduras. Aparentemente, há uma quantia adequada de carnitina presente junto a mitocôndria para suportar a oxidação lipídica.

No estudo realizado por Brass & Hiatt (1994), para indivíduos normais, pouca mudança foi observado na carnitina muscular, durante exercício no trabalho realizado abaixo do limiar de lactato. Em contraste, acima do limiar de lactato, a carnitina total é redistribuida para acylcarnitina. Em pacientes com doenças arteriais periféricas, foi constatado um acumulo de acylcarnitina no plasma e capacidade inferior na performance no exercício. Em pacientes com disfunções renais, onde o armazenamento de carnitina é diminuída, também a uma inferioridade na performance. A suplementação com carnitina, tem mostrado melhoras na tolerância ao exercício em pacientes com doenças arteriais periféricas e disfunções renais. Para Brass e Hiatt, trabalhos adicionais é necessário para definir o mecanismo da carnitina exógena na melhora da performance no exercício, no arranjo para melhorar definição potencial dos praticantes de exercício, para otimização de dosagem e utilização adequada.

Houve aumento significativo da enzima, acetyltrasferase e ativação da palmitoyltrasferase, com a suplementação de carnitina em ratos, no estudo realizado por, Negrão et. al. (1987)

Teoricamente esse aminoácido até ajuda a gordura a entrar na célula para ser "queimada", mas estudos revelam que em pessoas cujo nível orgânico de L-carnitina é normal, o efeito do suplemento é nulo," atletas de endurance, ao final de uma prova extenuante, como por exemplo a maratona, os níveis de carnitina estariam depletados, ou durante a fase mais árdua de sua preparação física a amina esteja depletada, se confirmada essa situação a suplementação de carnitina seria muito eficaz para atletas de endurance. Porém ainda não passam de indícios, daí mais uma abordagem que requer mais estudos científicos (Natacci, 2000).

O aumento da quantidade de mitocôndrias com o treinamento de endurance aumenta a área de superfície das membranas mitocondriais e a quantidade de carnitina transferase, de modo que os ácidos graxos livres podem ser transportados com uma maior velocidade do citoplasma para as mitocôndrias na oxidação. A maior velocidade de transporte do citoplasma para as mitocôndrias, favorece o movimento de mais ácidos graxos livres do plasma para a célula muscular. Com o aumento da concentração mitocondrial dentro do citoplasma, e consequentemente o aumento da sua área de superfície, naturalmente haverá um aumento da enzima carnitina transferase, no sitio ativo da carnitina, podendo assim aumentar a síntese e a concentração de carnitina no citoplasma. Portando, seria inútil a suplementação de carnitina, se o seu local de atuação estivesse saturado desse composto. Se a suplementação de carnitina venha a ser eficaz na "queima de gordura", uma abordagem é certa, sem a atividade física a suplementação desse produto é nulo. A carnitina sempre vai estar associado ao exercício físico. Conclui-se que, as abordagens sobre suplementação de carnitina para a performance, seja como "Glicogen Sparing" ou diminuição de massa gorda, merecem mais pesquisas para se obter um consenso dos possíveis benefícios ou não da suplementação desse produto. Algumas pesquisas não demonstraram nenhuma melhora, seja no VO2max., no aumento da porcentagens de gordura como substrato energético durante o exercício ou mesmo na utilização de carnitina para "queimar gordura". Porém outros estudos são controversos nessas abordagens acima, demonstrando efeitos benéficos da suplementação de carnitina, retardando a fadiga, sendo assim comprovando a carnitina como "Glicogen Sparing", aumentando o VO2max. Alguns estudos relataram que ao final de um prova extenuante tipo maratona, os níveis séricos de carnitina estão diminuidos no organismo concluindo que a suplementação é benéfica para atletas de endurance, e estudos relatam o aumento da concentração de carnitina no organismo com a suplementação de 2g dia (Power e Howley, 2000).

Um consenso é a suplementação de carnitina em atletas que adotam uma dieta vegetariana, com restrições calóricas, além de outros fatores que podem influenciar diretamente na disponibilidade de Carnitina: defeito na biossíntese da Carnitina; defeito na absorção intestinal; defeito no transporte intra-celular; excessiva perda urinária de carnitina, nesses casos a suplementação tanto para atletas como para indivíduos não-atletas a suplementação seria benéfica. Foram suplementados com carnitina, indivíduos com doenças arteriais periféricas. Depois de uma 2-wk fase de familiarização de exercício, foram estudados sete indivíduos durante 12-wk, período que consiste em três 4-wk fases, básico (B), suplementação (S), e placebo (P). PLC, suplementação de carnitina foi de, 2 g·d-1. Foram avaliadas força e resistência semanalmente. Desempenho da caminhada foi avaliado ao término de cada fase, através de gases respiratórios. Embora não existisse um aumento significante no tempo máximo da caminhada (14%) no grupo inteiro, tempo da caminhada melhorou a uma maior extensão que o coeficiente do grupo basico. Foram correlatadas as mudanças em desempenho da caminhada com mudanças na relação de troca respiratória, ambos em estado estável (r = 0.59) e exercício máximo (r = 0.79). Força do Músculo aumentou significativamente de 695 ± 198 N para 812 ± 249 N ao final d suplementação. Foram relacionadas mudanças em força de resistência para suplementação, modestamente mudanças em desempenho da caminhada (r = 0.56). Estes dados sugerem que, pode ser melhorada a performance de pessoas que possuem doenças arteriais periféricas, com a suplementação de carnitina, depois de 4 wk de suplementação (Barker et. al. 2001).

Heinonen (1996), com suplementação de carnitina, teve os seguintes resultados; a suplementação de carnitina não trouxe melhorias na performance de atletas; suplementação de carnitina não reduz a gordura corporal e não ajuda na perda de peso; suplementação de carnitina, por si, não melhora o VO2max; durante exercício à um aumento de carnitina livre e acylcarnitina, mas não da perda de carnitina total; apesar de não encontrar efeitos benéficos cientificamente comprovados, a indícios de melhora relatados por indivíduos que se suplementam com carnitina, tanto na melhora da performance,como na perda de massa gorda.

Suplementar com carnitina, quando, quanto e para que tipo de atleta ou praticante de atividade física? De acordo com autores que estudam a carnitina, é necessário mais pesquisas sobre o composto, sendo a carnitina um excelente campo para futuras pesquisas. Pois,apesar de indivíduos que se suplementam com carnitina, relataram melhorias, tanto na performance como no auxilio ao exercício, para "perda", de massa gorda, e os fabricantes de carnitina vendida no mercado relatarem auxilio na perda de massa gorda na bula de seus produtos, cientificamente não se encontrou o mecanismo, onde a carnitina possa atuar como auxiliar ergogênico. Parace não ser a carnitina, a responsável pelo acumulo de ácidos graxos no plasma, durante a atividade física, como foi relatado no trabalho de Vucovich, Costill & Fink (1994), citado acima. Apesar das pesquisas citados acima, encontrarem aumento de carnitina livre no plasma e acylcarnitina, com a suplementação, a maioria dos estudos não encontrou o efeito "poupador de glicogênio", maior beneficio que a carnitina poderia trazer com a sua suplementação.

Referências Bibliográficas

ALVES, L. A.; **Carnitina**. URL:http://www2.trip.net/training/carnitina.html. 1999.

BACURAU, R.. F.; **Suplementação e Nutrição Esportiva**, Guarulhos, SP: PhorteEditora, 2000.

BASSIT, R.T., MALVERDI, M.A.; **Total Sport:Lcarnitina**. (2000) www.totalsport.com.br.

BRASS, E. P. & HIATT, W.R. Carnitine metabolism during exercise. **Life Sciences**. Vol. 54, nº 19, pp.1383-1393, 1994.

CHAMOLES, N.A & FUSTA, M.; **Aspectos actuales del metabolismo de la carnitina (I)**. in Fundacion para el Estudio de las Enfermedades Neurometabólicas. Uriarte, Buenos Aires, (s/d).

DECOMBAZ, J. & COL.; Effect of L-carnitine on submaximal exercise metabolism after depletion of muscle glycogen. **Medicine and Science in Sports and Exercise**.Vol.25 nº 6, pp. 733-710, 1993.

LIMA, D.P.; **L-acetil-carnitina**. www.l-acetil-carnitina.htm., 2000.

HEINONEN, O. J.; Carnitina and Physical Exercise. In **Sport Medicine**. Vol. 22, nº 2, pp.109-132, 1996.

MAHAN, L., K. E KRAUSE, S.E.S.; **Alimentos, Nutrição e Dietoterapia**, São Paulo, SP: Roca, 1998.

MCARDLE, W.D., KATCH, F.I. & KATCH, V. I.; **Fisiologia do Exercício: Energia Nutrição e desempenho Humano**. Rio de janeiro, RJ : Editora. – Guanabara Koogan S.A., 1998.

NATACCI, L.; **Dietnet**. www.dietnet.com.br., 2000.

NEGRÃO, C.L. et.al.; Carnitine suplementation and depletion: tissue carnitines and enzymes in fatt acid oxidation. **Journal of Applied Physiology**.Vol. 63, 1987, pp 315-322.

VUKOVICH, M.D., COSTILL, D.L. and Fink, W.J. Carnitine suplementation: effect on muscle carnitine and glicogên content during exercise. **Medicine and Science in Sports and exercises.** Vol.26, pp.1122-1131, 1994.

WAITZBERG, D.L.; **Nutrição Enteral e Parenteral na Prática Clínica.** Rio de Janeiro, RJ: Editora Atheneu, 1995.

WOLINSKY, I. & HICKSON, J. F. JR.; **Nutrição no Exercício e no Esporte.** Roca, 2º Edição, 1996.

POWERS, S. e HOWLEY, E.T.; **Fisiologia do Exercício.** São Paulo: Manole, 2000.

Capítulo 13

Bases para a Suplementação de Glutamina na Atividade Física

Jair Rodrigues Garcia Junior
Tania Cristina Pithon-Curi
Rui Curi

Introdução

Durante o exercício físico ocorrem estimulações e resposta imediata do metabolismo energético muscular. Este efeito varia de acordo com sua intensidade e duração do esforço. O treinamento, por sua vez, também provoca adaptações, que são mais ou menos duradouras, dependendo dos mecanismos envolvidos[1,2].

Em relação aos substratos que suprem a demanda energética aumentada das células musculares, a intensidade e duração do exercício são determinantes para a mobilização de glicose, ácidos graxos ou aminoácidos. Tem-se bem estabelecido que, para exercício de curta duração e intensidade elevada, a via metabólica predominante é a glicolítica com consumo de glicose e produção de ácido láctico. Já, para exercícios de longa duração e intensidade leve ou moderada, são utilizados também ácidos graxos e aminoácidos.

Nesse caso, a via glicolítica e a beta oxidação têm participação importante mas a produção significativa de energia ocorre no ciclo do ácido cítrico e na cadeia de transporte de elétrons e fosforilação oxidativa[3].

O metabolismo dos aminoácidos, em particular, tem despertado muito interesse recentemente, não apenas pele possibilidade de sua utilização em vias oxidativas de fornecimento de energia[4,5], mas pelo papel que alguns desempenham na interação do tecido muscular esquelético com os tecidos hepático, renal, nervoso e órgãos linfóides[6,7]. A glutamina é o principal substrato utilizado pelos leucócitos[8-11] e seu mais importante sítio produtor para o organismo é o músculo esquelético[9,11], já que a glutamina consumida na dieta é quase totalmente metabolizada pelos próprios enterócitos, ao ser absorvida[12].

Exercícios, principalmente prolongados e de intensidade elevada, causam alterações em diversos parâmetros da função imune inata e adaptativa, incluindo atividade das células *natural killer* citotóxicas, proliferação de linfócitos, secreção de imunoglobulina A e concentração de citocinas circulantes[13-17]. função dos neutrófilos. Recentemente evidenciamos que neutrófilos também utilizam glutamina (PITHON-CURI et alii, 1997). A concentração plasmática desse aminoácido está aproximadamente 50% diminuída e a produção de H_2O_2 e HOCl (hipoclorito) por neutrófilos também apresentam-se diminuídas em indivíduos no período de supertreinamento. Tem sido demonstrado haver relação entre a diminuição da concentração plasmática de glutamina e a maior susceptibilidade a infecções observadas em atletas (sofrendo de excesso de treinamento), após exercício ou períodos de treinamento intensos e de longa duração[15,18-21].

Metabolismo da Glutamina Durante o Exercício

A glutamina é o aminoácido não essencial mais abundante no plasma e músculo esquelético, podendo tornar-se essencial em condições de catabolismo protéico intenso (LACEY & WILMORE, 1990). Os aminoácidos de cadeia ramificada (valina, leucina e isoleucina) são, juntamente com a glutamina, os mais importantes energeticamente[5,22-24]. Para que seus esqueletos de carbono sejam utilizados, é necessário que ocorra transaminação, com transferência do grupo amina para acitoácidos e formação dos aminoácidos glutamato e alanina[25]. Por ação da enzima glutamina sintetase, o glutamato incorpora mais um grupo amina da desaminação de outro aminoácido ou do monofosfato de adenosina (AMP), na via das purinas[26-27], e forma a glutamina.

Durante o exercício, a oxidação dos aminoácidos não é principal fonte de AMP, entretanto, sua utilização pelos músculos é muito importante, para manter o fluxo de substratos no ciclo do ácido cítrico, em atividades de longa duração[3].

As vias de produção de amônia nos músculos esqueléticos durante o exercício são duas: a desaminação do APM para a formação do monofosfato de inositol (IMP). Dispondo dessas duas fontes de amônia produzida pode aumentar proporcionalmente à intensidade do exercício, devido à maior desaminação do AMP[2,26]. Exercícios prolongados demandam elevação do metabolismo dos aminoácidos e também contribuem significativamente para a produção de amônia[28]. A amônia produzida pode ser liberada no plasma, na forma livre, ou ser utilizada na síntese dos aminoácidos alanina e glutamina, que são carreados para os rins e para o fígado[24].

Como a síntese de glutamina depende da desaminação e/ou transaminação, principalmente dos aminoácidos de cadeia ramificada[10], sua concentração no músculo esquelético, que é de aproximadamente 20 mMol/L, tende a aumentar durante o exercício. Porém, a glutamina adicional produzida é rapidamente liberada no plasma, onde sua concentração normal corresponde a aproximadamente 0,6 m Mol/L. Quanto à concentração intramuscular, num estudo de Bergström *et alli*[29], com exercício de intensidade de 70% do $VO_{2máx}$, foi observado aumento do conteúdo muscular de glutamina nos primeiros dez minutos (de 18,9 para 23,6 mMol/L), seguido de diminuição com o prosseguimento do exercício. Em outro estudo com exercício de duração de duzentos e vinte e cinco minutos, a 50% do $VO_{2máx}$. Também encontrou-se diminuição da concentração intramuscular de glutamina (de 21,6 para 14,3 mMol/L). Esses dois trabalhos mencionados[29,30], são sugestivos de que há aumento na síntese de glutamina, porém sua liberação supera a produção e, no decorrer do exercício, a concentração intracelular tende a diminuir. O aumento da síntese e liberação de glutamina pelos músculos ocorre provavelmente com um recurso para prevenir o acúmulo de amônia e intoxicação dos músculos, durante o exercício[7].

Indivíduos submetidos a treinamento aeróbio apresentam menor aumento da concentração plasmática de amônia, durante exercícios prolongados e também intensos. Esse fato pode ser explicado pela diminuição da atividade das enzimas AMP desaminase e glutamato desidrogenase, paralelamente ao aumento da atividade das enzimas de transaminação de aminoácidos, responsáveis pela formação de glutamina e alanina[31].

A concentração plasmática de glutamina em exercício com duração e intensidade variadas tem sido avaliada por vários grupos de pesquisa. Num estudo com exercício de setenta e cinco minutos de duração a 75% do $VO_{2máx}$, a concentração de glutamina, que era de 0,618 mMol/L no repouso, aumentou para 0,767 mMol/L, no final[32]. Babij *et alli* [33] utilizando exercício no ciclo ergômetro com intensidade de 100% do $Vo_{2máx}$, também observam aumento da concentração plasmática de glutamina que partiu do repouso em 0,575 mMol/L e atingiu 0,734 mMol/L durante o exercício. Estes pesquisadores constataram também uma correlação linear entre a intensidade do exercício e o aumento da concentração de glutamina no plasma.

Apesar desse aumento da concentração plasmática de glutamina durante o exercício, tem sido constatado que há também um rápido declínio, logo nos primeiros dez-quinze minutos de recuperação[33,34]. Parry-Billings *et alli* [18] observaram diminuição na concentração de glutamina circulante (de 0,592 para 0,495 mMol/L), após corredores treinados completarem uma prova de maratona. Em outro estudo, com exercício de duzentos e vinte e cinco minutos de duração a 50% do $VO_{2máx}$, foi também observada diminuição da glutamina circulante (de 0,557 para 0,470 mMol/L) após exercício, e os autores chamam a atenção para o fato de que essa diminuição foi a mais acentuada entre todos os aminoácidos que tiveram suas concentrações determinadas[30].

O aumento da síntese e liberação da glutamina pelos músculos esqueléticos podem ser considerados como os fatores responsáveis pelo aumento de sua concentração plasmática durante o exercício[7]. Contudo, a diminuição da concentração no período de recuperação ainda não está muito bem esclarecida.

Há vários órgãos e células que podem aumentar a captação e utilização da glutamina, durante e após o exercício. Os rins podem ser considerados candidatos, pois sabidamente sintetizam glicose a partir da glutamina (gliconeogênese) e, sobretudo, dependem da amônia carreada pela glutamina, para manterem o balanço ácido-básico do organismo[7,35]. Além do fornecimento de amônia, a oxidação de glutamina nos rins aumenta a produção de íons bicarbonato (HCO_3^-), posteriormente liberados na circulação, para tamponarem os íons de hidrogênio. Quanto mais intenso o exercício, maior é a produção de íons hidrogênio e, consequentemente, a demanda dos rins, para tamponarem a acidose provocada. Esse fato está de acordo com os resultados encontrados por Keast et alli[36], segundo os quais, a diminuição da concentração plasmática de glutamina é diretamente proporcional ao aumento da intensidade do exercício realizado.

Outro órgão que utiliza glutamina como precursor gliconeogênico é o fígado, e estudos recentes sugerem maior importância da glutamina, em comparação à alanina, no processo gliconeogênico hepático em humanos, no estado pós-absortivo[37,38]. Segundo Van Hall et alli [39], do total de aminoácidos liberados pelos músculos no estado pós-absortivo, glutamina e alanina correspondem a 48% e 32%, respectivamente.

Num trabalho com exercício moderado (45% do $VO_{2máx}$) e duração de oitenta minutos, praticado por indivíduos moderadamente treinados, foi estudada a cinética da alanina e glutamina e encontrou-se que a taxa de aparecimento de alanina quase triplicou durante o exercício, em comparação ao repouso, enquanto que a taxa de aparecimento da glutamina não se alterou[40]. Estes autores concluíram que a alanina é o principal carreador de grupos amina para o fígado, durante o exercício de intensidade moderada. Por sua vez, os aminoácidos liberados na circulação são provenientes principalmente da síntese e não, da proteólise ou depleção das reservas intracelulares.

Num estudo de Wasserman *et alli* [41], com cães submetidos a um exercício de cento e cinqüenta minutos de duração, foi observado aumento de cinco vezes na captação hepática de glutamina que se manteve por pelo menos noventa minutos, no período de recuperação. Também foi observado aumento significativo, porém transitório, na captação da glutamina pelo intestino.

Tendo em vista a demanda energética do exercício, principalmente o de longa duração, pode-se supor que a gliconeogênese assume um papel significativo tanto no decorrer da atividade como no período de recuperação que se segue, com seus precursores sendo captados e utilizados ativamente tanto no fígado como nos rins[42].

Outra hipótese para o aumento de captação de glutamina no fígado pode ser sua utilização para a síntese de glutationa[43]. O fígado é a principal fonte desse antioxidante[44] e o exercício, ao aumentar a produção de espécies reativas do oxigênio, provavelmente estimula as vias hepáticas de síntese de antioxidantes.

Outras células que podem aumentar a captação de glutamina durante o exercício e no período de recuperação são as células do sistema imune (linfócitos, macrófagos). Recentemente evidenciamos no nosso laboratório que neutrófilos também utilizam glutamina ativamente[47]. Essas células utilizam glutamina como substrato energético e fonte de precursores, para proliferação e síntese de proteínas[9,45-47]. Há evidências de que o estresse provocado pelo exercício agudo aumenta a atividade das células do sistema imune, sendo relacionado principalmente com linfocitose[15] e mobilização das células *natural killer*[13,48]. No entanto, tem-se observado que o aumento do número e da atividade dessas células circulantes é transitório pois, dentro de trinta a sessenta minutos após o final do exercício, retorna aos valores encontrados em repouso[49,50].

Estudos recentes têm demonstrado haver grande diminuição na funcionalidade de neutrófilos, principalmente depois de uma a 2,5 horas do término do exercício prolongado, quando a concentração de glutamina também está diminuída[17]. Desse modo, com o aumento do número de leucócitos apenas durante o exercício, o consumo de glutamina por essas células também estaria aumentando, apenas no decorrer desse período e, não durante a recuperação plasmática da glutamina pode ser mantida durante várias horas[19].

Num estudo de Castell *et alli*[14], com atletas treinados, foi demonstrado aumento do número total de leucócitos, após uma prova de maratona. Este número retornou aos valores pré-exercício, dezesseis horas após a prova e a concentração de glutamina seguiu um padrão inverso, ou seja, apresentou valores diminuídos após o exercício e retornou a concentração pré-exercício, dezesseis horas após o término da prova. Walsh *et alli*[35] obtiveram resultados semelhantes num estudo com indivíduos bem treinados, no qual foi observado aumento do número de leucócitos (principalmente neutrófilos) durante exercício no ciclo ergômetro (vinte séries de um minuto a 100% do $VO_{2máx}$, separadas por dois minutos de recuperação à 30% do $VO_{2máx}$), com a contagem máxima sendo observada 2,5 horas após o final. Paralelamente, a concentração plasmática de glutamina permaneceu significativamente diminuída durante cinco horas após o final do exercício, levando os autores a sugerirem que o aumento do número de leucócitos circulantes e a maior captação renal foram os responsáveis pela diminuição da glutamina.

Correlação entre aumento do número de leucócitos e diminuição da concentração de glutamina também foi encontrada por Rohde *et alli* [51] num estudo com atletas bem treinados que participaram de uma competição de triathon. A intensidade do exercício foi calculada como percentual da freqüência cardíaca máxima, ficando entre 74 e 81%. A concentração de glutamina diminuiu no decorrer da prova e atingiu o menor valor duas horas após o final do exercício, voltando a concentração pré-exercício apenas dois dias após a prova. O número de neutrófilos e monócitos seguiu o mesmo padrão de aumento até duas horas após o exercício, com posterior retorno aos valores da condição pré-exercício. Os linfócitos também tiveram seu número aumentado durante o exercício, porém duas horas após a prova, houve diminuição para valores inferiores ao da condição pré-exercício.

Não é apenas o exercício agudo que tem relação com a diminuição da concentração plasmática de glutamina. Também o treinamento, e principalmente o excesso de treinamento, provocam alterações em parâmetros bioquímicos, que incluem a diminuição crônica desse aminoácido[18-20,52,53].

Além da diminuição da glutamina, há um conjunto de alterações provocadas pelo excesso de treinamento que pode também ser denominado como síndrome do excesso de treinamento. Essa síndrome é provocada geralmente por uma sucessão de exercícios prolongados e intensos, aliada a períodos de recuperação inadequados que impedem a supercompensação necessária para a adaptação às cargas progressívas[54]. Ela é caracterizada pela incapacidade de recuperação total entre sucessivas sessões de exercício. A sensação de exaustão persiste, mesmo após os períodos regulares de recuperação e acarreta alterações físicas, emocionais e comportamentais. Esta situação é prejudicial ao atleta, não apenas pela impossibilidade de continuação do programa de treinamento e pela queda de desempenho nas competições, mas também pelas conseqüências fisiológicas relacionadas à sua própria saúde[55].

Entre essas conseqüências fisiológicas, as alterações na concentração plasmática de glutamina têm recebido interesse crescente e tem-se sugerido que esse parâmetro seja utilizado como indicador para caracterizar a inadequação dos períodos de recuperação frente às sessões de exercício e para o diagnóstico da síndrome do excesso de treinamento[7,42,52,56].

Mesmo na situação de repouso, a concentração de glutamina plasmática de glutamina de indivíduos com diagnóstico com excesso de treinamento é significativamente menor (0,510 mMol/L) em comparação a indivíduos submetidos a um programa de treinamento bem balanceado com exercícios sucedidos de adequados períodos de recuperação (5,580 mMol/L)[18]. Rowbottom *et alli* [52] também encontraram valores da concentração plasmática de glutamina menores em atletas com diagnóstico de excesso de treinamento (0,704 mMol/L), em comparação a indivíduos não treinados, mas de mesma idade (valores entre 0,850 e 1,150 mMol/L).

Quando o indivíduo é submetido a um período de treinamento intenso sem tempo suficiente de recuperação entre as sessões, a concentração plasmática de glutamina sofre alterações marcantes, como demonstrou um trabalho de Keast *et alli* [36]. Neste estudo, um período de dez dias de treinamento provocou redução de 50% na concentração plasmática de glutamina observada antes do início do treinamento (de 0,630 para 0,328 mMol/L). Além da diminuição durante o treinamento, a concentração de glutamina manteve-se abaixo do valor inicial nos quatro dias de recuperação após o treinamento e só elevou-se a partir do quinto dia (0,755 mMol/L). Paralelamente a diminuição da glutamina, houve também redução no desempenho durante o exercício, uma característica indicadora do excesso de treinamento[54].

Relação entre o Metabolismo do Músculo Esquelético e Função

Exercícios prolongados e treinamentos intensos, associados com períodos de recuperação insuficientes, são freqüentemente relacionados à depressão da função imune e a maior incidência de infecções do trato respiratório[13,52,57-59] A hipótese sugerida para tal relação envolve o metabolismo de glutamina, tanto nos músculos esqueléticos como nas células do sistema imune[6,11].

Esta hipótese tem sustentação no fato de que os exercícios acima mencionados provocam diminuição na concentração plasmática de glutamina, não apenas durante o esforço, mas também por várias horas e até mesmo dias, durante a recuperação[7]. A diminuição da concentração de glutamina circulante resulta no desequilíbrio entre as taxas de liberação pelos músculos esqueléticos e captação pelos vários órgãos e células do organismo.

O estresse induzido pelo exercício parece ser o fator de desequilíbrio sistêmico entre a produção/ liberação e a captação da glutamina. Em condições normais, a glutamina é produzida e liberada pelos músculos, em quantidades excedentes àquelas utilizadas pelos linfócitos[8]. Porém, o treinamento pode introduzir alterações no processo de síntese de glutamina nos músculos esqueléticos, ao diminuir a atividade da enzima glutamina sintetase[60], no processo de liberação da glutamina pelos músculos[19] e também na captação, e utilização desse aminoácido por outros órgãos.

O metabolismo da glutamina nas células do sistema imune é responsável tanto pelo fornecimento de energia como de precursores para a síntese de elementos estruturais, para proliferação celular e de mediadores protéicos secretados por essas células[61]. Foi constatado que as células do sistema imune apresentam taxas elevadas de utilização de glicose e glutamina para a produção de energia, mesmo quando estão em estado quiescente[8,10,46]. Além disso foi também observado que a oxidação desses nutrientes é apenas parcial (glicólise e glutaminólise, respectivamente), isto é, produção de energia se dá pela conversão de quase toda glicose em lactato e de quase toda a glutamina em glutamato, aspartato e lactato, apesar da oxidação completa fornecer maior quantidade de energia e de toda a maquinaria para as demais reações estar disponível, nessas células[8]. A via quantitativamente importante na glutaminólise é o lado esquerdo do ciclo do ácido cítrico, isto é, a conversão do 2-oxoglutarato a oxaloacetato[11].

Durante a oxidação parcial da glicose, são fornecidos intermediários para a síntese de DNA, RNA e fosfolípedes, e durante a oxidação da glutamina são fornecidos precursores para a síntese de purinas, pirimidinas, glicosaminas e NAD+[10]. Desse modo, a hipótese sugerida para a alta taxa de oxidação desses nutrientes, mesmo estando as células em estado quiescente, baseia-se na importância desses intermediários para prover condições ideais na regulação precisa das taxas de síntese de moléculas importantes nas situações de proliferações e secreção celulares[46].

Exercícios prolongados ou treinamento exaustivo sem períodos de recuperação suficientes alteram os processos de produção e liberação da glutamina pelos músculos esqueléticos, diminuem a disponibilidade desse aminoácido para as células do sistema imune e podem provocar imunossupressão, tornando os atletas mais susceptíveis a processo infecciosos. Nesse sentido, tem sido proposta por Nieman[62] uma relação direta entre a intensidade do exercício e o risco de infecções do trato respiratório superior. Segundo essa relação, pessoas sedentárias teriam risco médio, pessoas moderadamente treinadas teriam risco abaixo da média e, pessoas submetidas a treinamentos intensos teriam risco acima da média, que poderia aumentar de acordo com a elevação da intensidade do esforço. Representada graficamente, essa relação tem a forma da letra (J)[62,63]. Após exercício prolongado e intenso, o sistema imune pode permanecer deprimido por um período de três e setenta duas horas, que é considerado o mais crítico, podendo ser denominado de "janela aberta", devido a incidência elevada de infecções[16,63].

A diminuição da concentração de glutamina durante e após o exercício[6,19] é tida como a causa metabólica da imunossupressão induzida pelo exercício e a alteração de hormônios como a adrenalina, cortisol, hormônio do crescimento e b-endorfina é considerada a causa neuroendócrina[62,64,66]. Foi demonstrado experimentalmente que linfócitos não se proliferam *in vitro* na ausência de glutamina e que a taxa de proliferação aumenta numa relação direta à concentração de glutamina[67]. Foi demonstrado também que uma injeção intraperitoneal de sulfoximina de metionina (inibidor da glutamina síntetase), em ratos, tem um efeito semelhante ao exercício na proliferação de linfócitos, independente de alteração na concentração de corticosterona[68]. Essa relação da diminuição da concentração de glutamina com a imunossupressão pode também ser observada em experimentos com programas de treinamento. Hack et alli[69] submeteram indivíduos sedentários a treinamento aeróbio (60-70% do $VO_{2máx}$) e anaeróbio (90-100% do $VO_{2máx}$) durante oito semanas e observaram redução significativa da concentração da glutamina, ao final desse período, no grupo de treinados anaeróbicamente (de 0,713 para 0,601 mMol/L). Além disso, foi observada uma forte correlação dessa diminuição da glutamina com a redução de contagem das células T CD4+, reforçando a proposta da causa metabólica na imunossupressão.

Suplementação de Aminoácidos

A importância da suplementação nutricional de glutamina vem sendo estudada em processos que envolvem respostas imune e inflamatória. A concentração plasmática de glutamina está diminuída em condições variadas de estresse tais como em pacientes queimados (PARRY-BILLINGS et alii, 1990; STINNETT et alii, 1982), durante sepsemia (MILEWSKI et alii, 1982; ROTH et alii, 1982;), pós-cirurgia (JENSEN et alii, 1996; POWELL et alii, 1994; PARRY-BILLINGS et alii, 1992), após exercícios de resistência (CASTELL et alii, 1997; ROHDE et alii, 1996) e no supertreinamento (PARRY-BILLINGS et alii, 1992). De fato, em exercícios intensos e prolongados (CASTELL & NEWSHOLME, 1996), a ingestão de fluidos contendo glutamina reduz a incidência de infecções no trato respiratório (NIEMAN & DAVID, 1997). Além disso, indivíduos submetidos a um período de 10 dias de treinamento intenso, com tempo insuficiente de repouso entre as sessões, apresentam redução de 50% na concentração plasmática de glutamina (KEAST et alii, 1995).

Têm sido estudadas algumas alternativas de suplementação antes, durante e após o exercício, com a intenção de reverter a diminuição da concentração de glutamina que ocorre após o esforço. A efetividade da suplementação com a própria glutamina, pode ser questionada, devido ao fato de aproximadamente 50% desta ser metabolizada pelos próprios enterócitos[12]. Entretanto, estudos demonstraram que uma dose de 5g de glutamina (em 330ml de água) dada para corredores de média-distância, maratonistas, ultramaratonistas e remadores, imediatamente após a competição ou sessão de treinamento intenso e duas horas depois, foi suficiente para diminuir a incidência de infecções nos sete dias posteriores ao exercício. Dos atletas que receberam a suplementação, apenas 19% registraram alguma infecção, enquanto que no grupo de atletas que receberam placebo, 51% mencionaram ter adquirido algum tipo de infecção durante o período estudado[70,71].

Num outro trabalho com suplementação de glutamina, indivíduos moderadamente treinados realizaram uma série de três exercícios no ciclo ergômetro com duração de sessenta, quarenta e cinco e trinta minutos, separados por duas horas de repouso e intensidade de 75% do $VO_{2máx}$. Em relação à concentração plasmática de glutamina, no grupo que recebeu apenas placebo, houve diminuição (de 0,508 mMol/L antes para 0,402 mMol/L após duas horas do último exercício da série) e no grupo que recebeu suplementação, houve aumento, ao final do esforço. A suplementação com glutamina após uma prova de maratona (100mg/kg, peso corporal), também foi capaz de manter a glutamina plasmática em concentrações iguais às do período pré-exercício, porém não teve efeito na resposta proliterativa, no número total ou na proporção dos leucócitos[73].

Em contrário esses efeitos de suplementação de glutamina relatados acima, Shewchuk *et alli* [74] não encontraram diferenças na concentração de glutamina plasmática de ratos, após submetê-los ao treinamento de natação com intensidade moderada por três semanas, juntamente com a suplementação de 2% de glutamina na ração. Corroborando com esses resultados, Krzwkowski *et alli* (2001) verificaram o possível efeito da glutamina na função de linfócitos. Foram avaliados dez atletas, suplementados e não suplementados com glutamina. Os atletas exercitaram-se na bicicleta ergométrica, em dois dias diferentes, durante 2 horas, à 75% do $VO_{2máx}$. Glutamina ou placebo foi administrado oralmente, durante e após duas horas de exercício. A suplementação de glutamina não alterou a proliferação de linfócitos T.

A suplementação de glutamina (duas doses de 5g em 330ml de água) usada por atletas treinados, após uma prova de maratona, também não foi suficiente para alterar os parâmetros de concentração de glutamina e do número total de leucócitos, em comparação àqueles que receberam placebo (5g de malto dextrina)[14]. Estudando o potencial de tamponamento do pH e da melhora do desempenho em exercícios intensos executados por indivíduos treinados, Haub *et alli* [75] observaram que a suplementação com glutamina (0,03g/kg peso corporal) não melhora esses parâmetros.

Em outros estudos clínicos com suplementação de glutamina têm-se especulado sobre as vantagens da utilização desse aminoácido, pois têm-se observado uma série de benefícios em parâmetro como metabolismo de glicose, metabolismo proteico muscular, função do sistema imune[76] e incidência de infecções, após exercícios prolongados[77]. Quanto a outras alternativas de suplementação, num estudo de Parry-Billings *et alli*[18], foram oferecidas, para indivíduos treinados, 16g de aminoácidos de cadeia ramificada em 400ml de água, durante uma prova de maratona. Após a prova, foi observado que a concentração plasmática dos aminoácidos de cadeia ramificada foi 100% maior (0,920 mMol/L) em comparação à concentração medida em repouso (0,478 mMol/L). Quanto à glutamina, sua concentração permaneceu praticamente inalterada no grupo que recebeu a suplementação (de 0,581 para 0,561 mMol/L) e foi significativamente diminuída no grupo placebo (de 0,592 para 0,495 mMol/L), confirmando que a disponibilidade dos aminoácidos de cadeia ramificada tem um papel importante na síntese e liberação da glutamina pelo músculo esquelético. Outro estudo com suplementação de aminoácidos de cadeia ramificada (308 mg/kg peso corporal) antes do exercício dinâmico de extensão do joelho com duração de noventa minutos, a 64% da carga máxima, demonstrou aumento de quatro vezes na concentração plasmática dos aminoácidos de cadeia ramificada (de 0,373 para 1,537 mmol). Também houve aumento na liberação de amônia no grupo suplementado com aminoácidos (4,223 mmol/kg), em comparação ao grupo controle sem suplementação (2,889 mmol/kg), na liberação de glutamina (3,476 contra 2,213 mmol/kg para suplementado e controle, respectivamente) e de alanina (2,771 contra 1,557 mmol/kg para suplementado e controle, respectivamente). Os autores concluíram que os aminoácidos de cadeia ramificada são uma fonte importante para a produção de amônia e que a disponibilidade desses aminoácidos pode alterar significativamente a produção de amônia e também de glutamina e alanina, durante o exercício moderado[78].

As reservas de glicogênio muscular são determinadas para a continuação de exercícios prolongados e intermitentes intensos[3]. Com a depleção do glicogênio muscular e hepático, aumenta a captação e oxidação dos aminoácidos de cadeia ramificada pelos músculos[79]. Como a glicose é um substrato energético importante para os leucócitos e um fornecedor de cadeias de carbono para a síntese de glutamina[39], alguns pesquisadores têm estudado a influência da suplementação de carboidratos e das reservas de glicogênio na concentração de glutamina, durante e após o exercício.

Num estudo de Mitchell *et alli*[80] com indivíduos moderadamente treinados, realizando exercício em ciclo ergômetro (sessenta minutos a 75% do $VO_{2máx}$), foi observada a influência de dietas ricas e deficientes em carboidratos sobre a concentração de glutamina, o número total de leucócitos e a resposta proliferativa de linfócitos, após o exercício. Quanto à glutamina, sua concentração foi significativamente maior no grupo com maior reserva de glicogênio. Em relação às células, o número de leucócitos circulantes foi significativamente maior no grupo com menor reserva de glicogênio e a proliferação dos linfócitos foi significativamente reduzida após o exercício, não apresentando diferença entre os grupos.

Gleeson *et alli*[81] determinaram a concentração de glutamina e a resposta dos leucócitos circulantes em indivíduos não treinados que realizaram exercício em ciclo ergômetro (sessenta minutos a 70% do $VO_{2máx}$), após três dias de dietas rica (75%) ou deficiente (7%) em carboidratos. Os indivíduos com dieta deficiente em carboidratos tiveram diminuição acentuada na concentração de glutamina e aumento do número de neutrófilos circulantes no período de recuperação. Nos indivíduos com dieta rica em carboidratos, a concentração de glutamina e o número de leucócitos circulantes não foram afetados pelo exercício. Os autores concluíram que a disponibilidade de carboidrato pode influenciar a concentração de glutamina e o número de leucócitos, nos exercícios prolongados e intensos. Nieman *et alli*[16] também mencionam que a ingestão de bebidas, contendo carboidratos, durante o exercício, pode diminuir as alterações no número de células do sistema imune, na atividade fagocitária de monócitos e na resposta de citocinas pró e anti-inflamatórias.

Em outro estudo, com ciclistas bem treinados e suplementação de carboidratos durante o exercício (ciclo ergômetro alterando de 50 a 80% do $VO_{2máx}$, até a exaustão), foi observado que a concentração de glutamina teve uma diminuição semelhante durante o período de recuperação em ambos grupos (suplementado e controle), demonstrando a ineficiência da glicose preservar as concentrações normais de glutamina[39].

Zanker *et alli*[82] realizaram um estudo no qual corredores treinados tiveram as reservas de glicogênio depletadas e então executaram um exercício de corrida em esteira (sessenta minutos a 75% do $VO_{2máx}$), após quatorze horas de jejum ou três horas depois da ingestão de uma refeição rica em carboidratos (80%). Em comparação aos valores obtidos antes do exercício, a concentração de glutamina não se alterou, ao final do exercício, no grupo que ficou em jejum. No grupo alimentado, a concentração de glutamina aumentou após o exercício (de 0,603 para 0,725 mMol/L), indicando que a maior disponibilidade de glicogênio no músculo e no fígado, durante exercício prolongado, estimula a liberação de glutamina por esses órgãos.

Considerações Finais

Parece ter dados suficientes, provando a influência que o exercício agudo e crônico tem sobre a síntese, liberação e concentração plasmática da glutamina. Também tem sido muito bem estabelecia a relação dos exercícios e treinamentos prolongados e intensos, com a maior susceptibilidade a infecções, principalmente do trato respiratório. A hipótese sugerida para o papel da glutamina, na integração do sistema muscular esquelético com a função imune, está baseada nos resultados de vários experimentos, mas ainda carece de confirmação definitiva.

Considerando o papel fundamental que a glutamina tem no metabolismo das células do sistema imune e inflamatória, e as alterações que sua concentração sofre após exercícios prolongados e intensos, a programação e periodização do treinamento deve ser criteriosa, no sentido da escolha na intensidade das sessões e dos períodos de recuperação entre as sessões. Devido ao importante papel da glutamina, alguns pesquisadores têm sugerido que a determinação da concentração plasmática desse aminoácido possa ser utilizada em somatória aos demais parâmetros, normalmente utilizados como indicadores do excesso de treinamento.

Referências Bibliográficas

1. HENRIKSSON J. Effect of training and nutrition on the development of skeletal muscle. J Sports Sci 13: S25-S30, 1995.
2. ROWBOTTOM DG, KEAST D, GARCIA-WEBB P, MORTON AR. Treining adaptation and biological changes among well-trained mal triathletes. Med Sci Sports Exerc 29: 1233-39, 1997.
3. HARGREAVES M. (Ed.). Exercise metabolism. Champaign, IL, Human Kinetics, 1995.
4. KREIDER RB, MIRIEL V, BERTUM E. Amino acid supplementation and exercise performance: analysis of the proposed ergogenic value. Sports Med 16: 190-209, 1993.
5. WAGENMMAKERS JM & VAN HALL G. Branched-chain amino acids: nutrition and metabolism in exercise. In: Biochemistry of exercise IX, Ed. MAUGHAN RJ & SHIRREFFS SM, ABERDEEN, SCOTLAND, HUMAN KINETICS, 1996.
6. PARRY-BILLINGS M, BLOMSTRAND E, MCANDREW N, NEWSHOLME EA. A communication link between skeletal muscle, brain, and cells of the immune system. Int J Sports Med 11 (Suppl 2): S122-S128, 1990.
7. ROWBOTTOM DG, KAST D, MORTON AR. The emerging role of glutamine as an indicator of exercise stress and overtraining. Sports Med 21: 80-97, 1996.
8. ARDAWY NSM & NEWSHOLME EA. Metabolism in lymphocytes and its importace to the immyne response. Essays Biochem 21: 1-44, 1985.
9. NEWSHOLME EA, CRABTREE B, ARDAWY SM. Glutamine metabolism in lymphocytes: its biochemical, physiological and clinical importance. Q J Exp Phisiol 70: 473-89, 1985.
10. NEWSHOLME EA, NEWSHOLME P, CURI R.The role of citric acid cycle in cells of the immune system and its importance in sepsis, trauma and burns. Biochem Soc Symp 54:145-61,1987.

11. NEWSHOLME EA & PRRY-BILLINGS M. Properties of glutamine release from muscle and importance for the immune system. J Parenter Enteral Nutr 14:63S-67S, 1990.
12. DÉCHELOTTE P, DARMAUN D, RONGIER M, HECKETSWEILER B, RIGAL O, DESJEUX J-F. Absorption and metabolic effects of enterally administered glutamine in humans. Am J Physiol 260: G677-G682, 1991.
13. MACKINNON LT & HOOPER SL. Plasma glutamine and upper respiratory tract infection during intensified training in swmmers. Med Sci Sports Exerc 28: 285-90,1996.
14. CASTELL LM, POORTMANS JR, LECLERCQ R, BRASSEUR M, DUCHATEAU J, NEWCHOLME EA. Some aspects of the acute phase response after a marathon race, and the effects of glutamine supplementation. Eur J Appl Phisiol 75:47-53, 1997.
15. NIEMAN DC. Immune response to heavy exertion. J Appl Physiol 82: 1385-94,1997.
16. NIEMAN DC & PEDERSEN BK. Exercise and immune function. Recent developments. Sports Med 27: 73-80, 1999.
17. ROBSON PJ, BLANNIN AK, WALSH NP, CASTELL LM, GLEESON M. Effects of exercise intensity, duration and recovery on in vitro neutrophils function in male athletes. Int J sports Med 20: 128-35, 1999.
18. PARRY-BILLINGS M, BUDGETT R, KOUTEDAKIS Y, BLOMSTRAND E, BROOKS S, WILLIAMS C, CALDER PC, PILLING S, BAIGRIE R, Newsholme EA. Plasma amino acid concentrations in the overtraining syndrome: possible effects on the immune system. Med Sci Sports Exerc 24: 1353-58,1992.
19. NEWSHOLME EA. Biochemical mechanisms to explain immunosuppression in well-trained an overtrained athletes. Int J Sports Med 15:S142-S147, 1994.
20. EICHNER ER. Overtraining: consequences and prevention. J Sports Sci 13: S41-S48. 1995.
21. ROHDE T, KRZYWKOWSKI K, PEDERSEN BK. Glutamine, exercise, and the immune system-is there a link? Exerc Immunol Rev 4: 4-49, 1998a.

22. WAGENMAKERS AJM. Amino acid metabolism, muscular fatigue and muscle wasting: speculations on adaptations at high altitude. Int J Sports Med 13: S110-S113, 1992.
23. WAGENMAKERS AJ. Protein and amino acid metabolism in human muscle. Adv Exp Med Biol 441: 307-19, 1998a.
24. WAGENMAKERS AJ. Muscle amino acid metabolism at rest and during exercise: role in human physiology and matabolism. Exerc Sport Sci Rev 26: 287-314, 1998b.
25. NELSHOLME EA & LEECH AR. Biochemistry for the medical Sciences. New York, John Wiley & Sons, 1993.
26. LOWENSTEIN JM. The purine nucleotide cycle revised. Int Sports Med 11: S37-S46,1990.
27. TERJUNG RL. Ammonia metabolism in muscle. In: Biochemistry of exercise IX, Ed. Maughan Rj & Shirreffs SM, Aberden, Scotland, Human Kinetics, 1996.
28. GRAHAM TE, KIENS B, HARGRAVES M, RICHTER EA. Influence of fatty acids on ammonia and amino acid flux from active human muscle. Am J Physiol 261: E168-E176, 1991.
29. BERGSTRÖM J, FURST P, NOREE L-O, VINNARS E. Intracellular free amino acid concentration in human muscle tissue. J Appl Physiol 36: 693-7, 1974.
30. RENNIE MJ, EDWARDS RHT, KRYWAWYCH S, DAVIES CT, HALLIDAY D, WATERLOW JC, MLLWARD DJ. Effect of exercise on protein turnorver in man. Clin Sci 61: 627-39,1981.
31. GRAHAM TE, TURCOTTE LP, KIENS B, RICHTER EA. Effect of endurance training on ammonia and amino acid metabolism in humans. Med Sci Sports Exerc 29: 646-53, 1997.
32. SAHLIN K, KATZ A, BROBERG S. TRICARBOXYLIC acid cycle intermediates in human muscle during prolonged exercise. Am J Physiol 259: C834-C841, 1990.
33. BABIJ P, MATTHEWS SM, RENNIE MJ. Changes in blood ammonia, lactate and amino acids in relation to hurkluad during bicycle ergomater exercise in man. Eur J Appl Physiol 50: 405-11, 1993.

34. MAUGHAN RJ & GLEESON M. Influence of a 36h fast followed by refeeding whit glucose, glycerol or placebo on metabolism and performance during prolonged exercise in man. Eur J Appl Physiol 57: 570-6, 1988.
35. WALSH NP, BLANNIN AK, CLARK AM, COOK L, ROBSON PJ, Gleeson M. The effects of high-intensity intermittent exercise on the plasma concentrations of glutamine and organic acids. Eur J Appl Physiol 77: 434-8, 1998a.
36. KEAST D, ARSTEIN D, HARPER W, FRY RW, Morton AR. Depression of plasma glutamine concentration after exercise stress and its possible influence on the immune system. Med J Aus 162:15-8, 1995.
37. NURJHAN N, BUCCI A, PERRIELO G, STUMVOLL M, DAILEY G, BIER DM, TOFT I, JENSSEN TG, GERICH FE. Glutamine: a major gluconeogenic precursor and vehicle for interorgan carbon transport in man. J Clin Invest 95: 272-7, 1995.
38. HANKARD RG, HAYMOND MW, DARMAUN D. Role of glutamine as a precursor in fasting humans. Diabetes 46: 1535-41, 1997.
39. VAN HALL G, SARIS WHM, WAGENMAKERS AJM. Effect of carbohydrate supplementation on plasma glutamine during prolonged exercise and recovery. Int J Sports Med 19: 82-6, 1998.
40. WILLIAMS BD, CHINKES DL, WOLF RR. Alanine and glutamine Kinetics at rest and during exercise humans. Med Sci Sports Exerc 30: 1053-8, 1998.
41. WASSERMAN DH, GEER RJ, WILLIAMS PE, BCKER T, LACY DB, ABUMRAD NN. Interaction of gut and liver in nitrogen metabolism during exercise. Metabolism 40: 307-14, 1991.
42. WALSH NP, BLANNIN AK, ROBSON PJ, GLESSON M. GLUTAMINE, exercise and immune function. Links and possible mechanisms. Sports Med 26: 177-91, 1998b.
43. HONG RW, ROUNDS JD HELTON WS, ROBINSON MK, WILMORE DW. Glutamine preserves liver glutathione after lethal hepatic injury. Ann Surg 215: 114-9, 1992.

44. KAPLOWITZ N, AW TY, OOKTENS M. The regulation of hepatic glutathione. Ann Pharmacol Toxicol 25: 715-44,1985.
45. MOSKOVITZ B, KATZ Y, SINGER P, NATIV O, ROSENBERG B. Glutamine metabolism and utilization: relevance to major problems in health care. Pharmacol Res 30: 61-71, 1994.
46. CALDER PC. Fuel utilization by cells of the immune system. Proc Nutr Soc 54: 65-82, 1995.
47. PITHON CURI TC, PIRES-DE-MELO P, AZEVEDO RB, ZORN TMT, CURI R. Glutamine utilization by rat neutrophils: presence of phosphate-dependent glutaminase. Am J Physiol 273: C1124-C1129, 1997.
48. FRISINA JP, GAUDIERI S, CABLE T, KEAST D, PALMER TN. Effects of acute on lymphocyte subsets and metabolic activity. Int J Sports Med 15: 36-41, 1994.
49. FRY RW, MORTON AR, CRAWFORD GPM, KEAST D. Cell numbers and in vitro responses of leukocytes and lymphocytes sub-populations following maximal exercise and interval training sessions of different intensities. Eur J Appl Physiol 64: 218-27, 1992.
50. GABRIEL HHW, URHAUSEN A, VALET G, HAIDELBACH U, KINDERMANN W. Overtraining and immune system: a prospective longitudinal study in endurance athletes. Med Sci Sports Exerc 30: 1151-7, 1998.
51. ROHDE T, MACLEAN DA, HARTKOOP A, PEDERSEN BK. The immune system and serum glutamine during a triatlhon. Eur J Appl Pysiol 74: 428-34, 1996.
52. ROWBOTTOM DG, KEAST D, GOODMAN C, MORTON AR. The haematological, biochemical and immunological profile of athletes suffering syndrome. Eur J Appl Pysiol 70: 502-9, 1995.
53. SHEPHARD RJ & SHEK PN. Heavy exercise, nutrition and immune function: is there a connection? Int J Sports Med 16: 491-97, 1995.
54. BUDGETT R. Overtraining syndrome. Br J Sp Med 24: 231-6, 1990.

55. KUIPERS H. Training and overtraining: an introduction. Med Sci Sports Exerc 30: 1137-9, 1998.
56. MCKENZIE DC. Markers of excessive exercise. Can J Appl Physiol 24: 66-73, 1999.
57. KEAST D, CAMERON K, MORTON AR. Exercise and the immune response. Sports Med 5: 248-67, 1988.
58. SHARP NCC & KOUTEDAKIS Y, Sport and the overtraining syndrome: immunological aspects. Br Med Bull 48 (3): 518-33, 1992.
59. LIN YS, JAN MS, CHEN HI. The effect chronic and acute exercise on immunity in rats. Int J Sports Med 14: 86-92, 1993.
60. FALDUTO MT, HICKSON RC, YOUNG AP. Antagonism by glucocorticoids and exercise on expression of glutamine synthetase in skeletal muscle. FASEB J 3: 2623-38, 1989.
61. NEWSHOLME EA. The possible role of glutamine system and the possible consequence for the whole animal. Experientia 52: 455-9, 1996.
62. NIEMAN DC. Effect of long-term training on the immune system and on resistance to infectious diseases. Biochemistry of exercise IX, Ed. MAUGHAN RJ & SHIRREFFS SM, ABERDEEN, SCOTLAND, HUMAN KINETICS, 1996.
63. NIEMAN DC. Exercise and resistence to infection. Can J Physiol Pharmacol 76: 573-80, 1998.
64. PEDERSEN BK. Acute, time limited exercise stress and the immune system: role of stress hormones. In: Biochemistry of exercise IX, Ed. Maughan RJ & Shirreffs SM, Aberdeen, Scotland, Human Kinetics, 1996.
65. PEDERSEN BK, BRUUNSGAARD H, KLOKKER M, KAPPEL M, MACLEAN DA, NIELSEN HB, ROHDE T, ULLUM H, ZACHO M. Exercise-induced immunomodulation- possible roles of neuroendocrine and metabolic factors. Int J Sports Med 18: S2-S7, 1997.
66. PEDERSEN BK, ROHDE T, OSTROWSKI K. Recovery of the immune system after exercise. Acta Physiol Scand 162: 325-32, 1998.

67. NEWSHOLME EA, CALDER PC. The proposed role of glutamine in some cells of the immune system and apeculative consequences for the whole animal. Nutrition 13: 728-30, 1997.
68. KOYMA K, KAYA M, TSUJITA J, HORI S. Effects of decreased plasma glutamine concentrations on peripheral lymphocytes proliferation rats. Eur J Appl Physiol 77: 25-31, 1998.
69. HACK V, WEISS C, FRIEDMANN B, SUTTNER S, SCHYKOWSKI M, ERBE N, BENNER A, BARTSCH P, DROGE W. Decreased plasma glutamine level and CD4+ T cell number in response to 8 wk of anaerobic training. Am J Physiol 272: E788-E795, 1997.
70. CASTELL LM, POORTMANS JR, NEWSHOLME EA. Does glutamine have a role in reducing infections in athletes? Eur J Appl Physiol 73: 488-90, 1996.
71. CASTELL LM & NEWSHOLME EA. The effect of oral glutamine supplementation on athletes after prolonged, exhaustive exercise. Nutrition 13: 738-42, 1997.
72. RHODE T, MACLEAN DA, PEDERSEN BK. Effect of glutamine supplementation on changes in the immune system induced by repeated exercise. Med Sci Sports Exerc 30: 856-62, 1998b.
73. ROHDE T, ASP S, MACLEAN DA, PEDERSEN BK. Competitive sustained exercise in humans, lymphokine activated killer cell activity, and glutamine- an intervention study. Eur J Appl Physiol 78: 448-53, 1998c.
74. SHEWCHUK LD, BARACOS VE, FIELD CJ. Dietary l-glutamine does not improve lymphocytes metabolism or function in exercise-trained rats. Med Sci Sports Exerc 29: 474-81, 1997.
75. HAUB MD, POTTEIGER JA, NAU KL, WEBSTER MJ, ZEBAS CJ. ACUTE l-glutamine ingestion does not improve maximal effort exercise. J Sports Med Phys Fitness 38: 240-4, 1998.
76. ANTONIO J, ATREET C. GLUTAMINE: potentially useful athletes. Can J Appl Physiol 24: 1-14, 1999.
77. CASTELL LM, NEWSHOLME EA. Glutamine and the effects of exhaustive exercise upon the immune response. Can J Physiol Pharmacol 76: 524-32, 1998.

78. MACLEAN DA, GRAHAM TE, SALTIN B. Stimulation of muscle ammonia production during exercise following branched-chain amino acid supplementation in humans. J Physiol (lond) 493: 909-22, 1996.
79. GASTMANN UAL, LEHMANN MJ. Overtraining and the BCAA hypothesis. Med Sci Sports Exerc 30: 1173-8, 1998.
80. MITCHELL JB, PIZZA FX, PAQUET A, DAVIS BJ, FORREST MB, BRAUN WA. Influence of carbohydrate status on immune responses before and after endurance exercise. J Appl Physiol 84: 1917-25, 1998.
81. GLEESON M, BLANNIN AK, WASH NP, BISHOP NC, CLARK AM. Effect of low-and high-carbohydrate diets on the plasma glutamine and circulating leukocytes responses to exercise. Int J Sport Nutr 8: 49-59,1998.
82. ZANKER CL, SWAINE IL, CASTEL LM, NEWSHOLME EA. Responses of plasma glutamine, free tryptophan and branched-chain amino acids to prolonged exercise after a regime designed to reduce muscle glycogen. Eur J Appl Physiol 75: 543-8, 1997.